はしがき（改訂版）

JN087614

　社会保険・労働保険の実務は非常に広範囲であり、従業員の生活にも影響がある手続きも多いため、社会保険・労働保険の実務担当者の方々は、手続きを漏れなく、タイムリーに行うことが求められています。

　最近では、マイナンバー制度が導入されたことに伴い、電子申請が進み、手続きの添付書類の省略や新型コロナウイルス感染症の拡大予防のため、多くの書類での押印の廃止など、簡素化も進んできていますが、一方で、人手不足や雇用の多様化が進んでいることも影響し、法改正の頻度も多く、あわせて副業による二か所勤務、男性の育児休業の取得推進など、手続きも複雑化し、新しい取り扱いも増えてきています。

　そのような背景を踏まえて、本書は、従業員の入社から退社までに遭遇する社会保険・労働保険事務手続きを中心に、11セクションに大別して配置し、トピックごとに辞書を引く感覚で必要な手続き内容を参照できるように構成にしています。また、法改正や運用の変更を反映した最新の書式例を多数掲載していますので、書類作成の際に参考にしていただけるかと存じます。

　今後は、従業員の個別の状況にあわせて、アドバイスや提案を求められるなど、社会保険・労働保険の実務担当者に求められる役割は益々高度化してくることが予測されます。そのような中で、本書が、社会保険・労働保険の実務に携わる方々の参考書として活用していただけたら、著者としてもとてもうれしく思います。

令和5年1月

吉川直子

はしがき（初版）

　社会保険・労働保険の実務は非常に広範囲で、法改正の頻度も高く、最近はマイナンバーの記載や社会保険の書式の変更などもあり、社会保険・労働保険の実務担当者の方々が、漏れなく適切に手続きを行うことは容易ではありません。また、漏れなく手続きを行うことだけではなく、社会保険・労働保険の仕組みや知識、従業員や会社にとってのメリット・デメリットに基づいたアドバイスや提案など、手続きに付随する保険制度への総合的な理解も必要不可欠となってきています。

　そこで本書は、従業員の入社から退職までに遭遇する社会保険・労働保険事務手続きを中心に、11セクションに大別して配置し、トピックごとに辞書を引く感覚で必要な手続き内容を参照できるように構成しました。また、具体的な書式例を多数掲載したほか、各セクションの最後尾においては、日常的に社会保険実務において質問を受ける機会が多いQ＆Aも収録しましたので、実務に関する理解を深めていただけることと思います。さらに、本文中に手続きのポイントとして整理した内容を、巻末にも一覧としてまとめていますので、手続きのポイントを迅速に確認したいという読者の方は、こちらからもご活用いただけるよう便宜を図っています。

　日常的に社会保険実務に携わる経営者、経理担当者、人事総務担当者、税理士の先生、税理士事務所の方々等にとって、本書が身近に活用していただける一冊になりましたら、著者として、とてもうれしく思います。

平成30年10月

吉川直子

第8章　出産・育児・介護休業の手続き

第9章　退職したときの手続き

第10章　60歳・70歳・75歳になったときの手続き

第11章　教育を受けたときの手続き

参考資料

＊本書の内容は原則として令和 5 年 1 月 1 日現在の法令等に基づいています。

＊書式の内容や申請手続きについては変更されることがあり、また、個別の事情等によっては本書の記述と異なる可能性もあります。

実際の手続きの際は、管轄の役所や専門家等に確認の上行われるようお願い致します。

＜収録書式一覧＞

用語の解説

被保険者	健康保険、介護保険、厚生年金保険、雇用保険等に加入していて、保険事故（病気、ケガ、休業、障害、死亡、出産、老齢、失業など）があったときに必要な給付を受けられる人のことをいいます。
被扶養者	従業員の収入で生活を支えられている家族であって、一定の条件を満たし、日本年金機構や健康保険組合に健康保険上の扶養家族であることを認定された人のことをいいます。
社会保険の事業所整理記号・番号	会社が社会保険に加入したときに会社に割り振られる独自の記号のことをいいます。日本年金機構では「渋谷いろは」といったひらがなで表示され健康保険、厚生年金保険の手続きを行う際に使用します。また、健康保険組合では健康保険の記号は「5437」といった数字で表示され、厚生年金保険の記号は「渋谷AWE」といったアルファベットで表示されます。会社が社会保険に加入した際に交付された「適用通知書」に記載されています。
標準報酬月額	毎月の保険料や保険給付の計算をするために、給料額をいくつかの幅（等級）に区分した仮の報酬月額に当てはめて決められる等級区分のことをいいます。
標準報酬月額等級	標準報酬月額は健康保険（介護保険を含む）については第1級の58,000円から第50級の1,390,000円までの50等級に区分されています。厚生年金保険は第1級の88,000円から第32級の650,000円までの32等級に区分されています。
健康保険証	健康保険に加入している被保険者であることを証明するための証明証のことで、いわゆる"保険証"のことをいいます（正式名称は「健康保険被保険者証」）。私傷病（業務に起因するケガや病気以外）で病院にかかるときに窓口へ提示すると自己負担額2割～3割で治療を受けることができます。今後、健康保険証は廃止し、マイナンバーカードと一体化した形に切替が予定されています。
雇用保険証	雇用保険に加入している被保険者であることを証明するための証明証のことをいいます（正式名称は「雇用保険被保険者証」）。転職後の会社で雇用保険に加入するときや、退職後失業給付を受けるときなどに使用します。
労働保険番号	会社が労働保険に加入したときに割り振られる番号のことをいいます。労働保険料の申告・納付や、労災保険を請求するときに使用します。
雇用保険事業所番号	会社が雇用保険に加入したときに割り振られる番号のことをいいます。従業員の雇用保険の加入・脱退の手続きや育児休業給付、介護休業給付・高年齢雇用継続給付等を請求するときに使用します。
管轄の役所	健康保険（介護保険を含む）・厚生年金保険、労働保険、雇用保険等の手続きを行う窓口となる役所（日本年金機構の年金事務所、労働基準監督署、ハローワーク）は、会社の住所地ごとにあらかじめ決まっています。

協会けんぽ （全国健康保険協会）	中小企業等で働く従業員やその家族が加入する健康保険は全国健康保険協会が運営しています。この協会が運営する健康保険の愛称を「協会けんぽ」といいます。協会けんぽの支部は都道府県ごとに設置されています。 本書では原則「協会けんぽ」と表記します。
健康保険組合	健康保険組合とは、国から認可を受け、おもに大企業の健康保険事業を行う公の法人です。企業単位または業界単位で設立し、自主的な健康保険事業の運営を行っています。
日本年金機構	日本年金機構では、各地域に事務センターを設置して、年金事務所で受け付けた届書や申請書の処理を行うほか、郵送による受付業務を行っています。なお、事務センターでは、窓口相談や電話相談は受け付けていないため、郵送した書類に関しては「管轄の年金事務所」に問い合わせます。
年金事務所	日本年金機構が運営する窓口機関で、全国に設置されています。健康保険・厚生年金保険に関する事業所からの届出の受付、保険料の徴収、年金記録の管理、年金相談、年金額の決定・給付などの業務を行っています。
ハローワーク （公共職業安定所）	厚生労働省からの指示を受けた都道府県労働局の窓口となり、職業紹介・雇用保険・雇用対策を一体的に実施しているのが公共職業安定所です。この公共職業安定所の愛称を「ハローワーク」といいます。 本書では原則「ハローワーク」と表記します。
事業主 事業所 代表者 会社	「事業主」とは、会社などの法人組織の場合にはその法人そのものであり、個人事業の場合はその事業主個人をいいます。 「事業所」とは、継続的に経済活動（事業）が行われている一定の場所をいいます。 本書では、「事業主」を総称して「代表者」、「事業所」を総称して「会社」と表記します。
労働者 社員 従業員	労働基準法では、「職業の種類を問わず、事業又は事務所に使用される者で、賃金を支払われる者」のことを「労働者」といいます。また、賃金が支払われていても、「法人、団体、組合等の代表者又は執行機関たる者の如く、事業主体との関係において、使用従属関係に立たない者は労働者ではない」とされています。つまり、会社の社長（法人の代表者等）は労働保険（労災保険・雇用保険）上の「労働者」に該当しません。 一方、健康保険法および厚生年金法では、被保険者となれる者かなれない者かで区分されており、労働者、使用者の区分はされていません。つまり、会社の社長（法人の代表者等）でも、労働者と同じく健康保険、厚生年金保険の給付の対象となります。 本書では、「労働者」または「社員」を総称して、「従業員」と表記します。

第1章

社会保険・労働保険の
しくみ

1-1 公的保険と私的保険

公的保険としての社会保険

　病気やケガなどの災難に対して皆でお金を出し合って備えるのが「保険」という仕組みです。社会保険は、人々が病気やケガ、出産、死亡、老齢、障害、失業など生活の困難をもたらす事故に遭った場合に一定の給付を行い、生活の安定を図ることを目的とした強制加入の保険制度です。

　生命保険や損害保険などの私的保険(民間保険)は任意加入で、事故が起こる危険度(リスク)に応じて保険料が定められ、度合いが大きいと加入できないこともあります。一方、健康保険や労災保険などの国が運営する公的保険(社会保険)は、原則として強制加入です。また、生活保護などの公的扶助は税金のみが財源です。社会保険は一部公費も投入されていますが、原則として保険料を財源に給付を行います。

◆ 社会保険は強制加入 ◆

　生活に余裕がなく保険料の負担が困難な場合は強制加入の方法を採らなければ、保険に加入できず救済も得られません。また、危険度が高い人ばかりが加入しても保険が成り立ちません。

　そこで、日本の社会保険は、すべての国民が公的医療保険や公的年金による保障を受けられるようにする「国民皆保険・皆年金」制度としており、一定の要件に該当する場合に社会保険への加入を強制することによって、保険運営に必要な加入者数を確保して財源を得て、危険分散を適切に行うことができるようにしています。一方、低所得者も含めて強制加入とされていることから、公費を投入する仕組みも設けられています。

◆ 職域保険である社会保険 ◆

　社会保険を適用対象によって区分すると、職域保険(被用者保険)と地域保険に分けられます。これらの保険は誰でも自由に選んで加入できるわけではなく、職業によって加入できる社会保険が決まっています。

※なお、本書では職域保険(被用者保険)である民間の会社に勤めている人が加入する社会保険について解説していきます。

◀国民生活を生涯にわたって支える社会保障制度▶

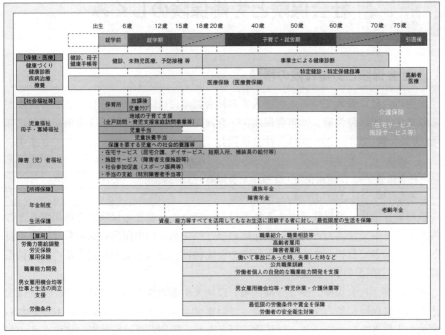

出典：厚生労働省　平成29年版「厚生労働白書」

1-2 社会保険と労働保険のしくみ

◆ 社会保険と労働保険の種類 ◆

　民間の会社に勤めている人が加入する社会保険には、大きく分けて5つの保険があります。①医療保険、②年金保険、③介護保険、④雇用保険、⑤労働災害補償保険(労災保険)です。①〜③は「社会保険」、④・⑤は「労働保険」に分類できます。

総称	保険の種類
社会保険	①健康保険・②厚生年金保険・③介護保険
労働保険	④雇用保険・⑤労災保険

　被用者保険は、被保険者である従業員だけでなく、会社も保険料を負担するところがポイントです。たとえば社会保険のひとつである健康保険の保険料は、従業員と会社の両者で負担します。労災保険の保険料は、会社が全額負担するので、被保険者の負担額は「ゼロ」です。

　従業員が「社会保険」や「労働保険」に加入する要件を満たした場合、会社は法律上当然に保険に加入する義務を負っています。要件を満たしているにもかかわらず加入手続きを行わないことは法律違反となり、罰則が設けられています。その他にも社会保険非加入のリスクがありますので、注意が必要です。

　また、従業員を1人でも雇用した場合、会社は原則として「社会保険」「労働保険」に強制的に加入させられるため、手続きなどの事務処理を代行しなければなりません。

◆ 社会保険の窓口 ◆

　社会保険の種類によって手続きの窓口が分かれていて、それぞれの事業所所在地を管轄する役所で対応しています。手続きを行う場合、自分の事業所を管轄している役所はどこかを事前に調べておくことが事務処理をスムーズにする秘訣です。管轄する役所はホームページなどで確認することができます。

　健康保険や厚生年金、介護保険といった社会保険の手続窓口は日本年金機構(年金事務所)または協会けんぽ都道府県支部です。健康保険組合に加入している事業所は健康保険組合が手続窓口になります。雇用保険や労災保険といった労働保険の手続窓口は、労災保険が労働基準監督署、雇用保険はハローワークが手続窓口になっています。

総称	保険の種類	提出先
社会保険	健康保険	日本年金機構、協会けんぽまたは健康保険組合
	介護保険	日本年金機構、協会けんぽまたは健康保険組合
	厚生年金保険	日本年金機構
労働保険	労災保険	労働基準監督署
	雇用保険	ハローワーク

◆ 社会保険加入によって得られる保険給付 ◆

　社会保険から治療や補償、手当などを受けられることを給付といいます。社会保険の保険給付は、あらかじめ対象となる事故が決められています。この事故のことを保険事故といいます。社会保険の保険事故は、病気・ケガ・休業・障害・出産・死亡・老齢・失業・介護の9つです。保険に加入していれば、これらの事故が生じた場合に、保険の種類に応じた給付が被保険者に支払われます。

総称	保険の種類	内容
社会保険	健康保険	仕事上や通勤途上以外のケガや病気、出産、死亡といった生活上の事故がおきたときに治療費の一部を従業員の代わりに支払ってくれる保険
	介護保険	介護が必要になった加入者が本人の能力に応じて自立した日常生活を送ることができるように社会保険でカバーする目的で作られた保険 ※会社は保険料徴収のみを行う
	厚生年金保険	高齢になったり、病気やケガにより障害を負ったり、あるいは死亡したときに従業員本人やその家族の生活を保障するために金銭を支給する保険
労働保険	労災保険	仕事上や通勤途上でのケガや病気に対する治療費の支払や生活補償、死亡に対しては遺族に補償を行う保険
	雇用保険	失業したとき、育児や介護により継続した勤務が難しくなったときや、高齢になってから雇用を継続するとき、教育訓練を受けるとき等に一定の給付をする保険

1-3 健 康 保 険

健康保険の概要

　健康保険は、仕事上または通勤途上以外のケガや病気、出産、死亡等の生活上の事故が起きた場合に、治療費の一部を従業員の代わりに支払い、また必要なタイミングで必要な給付金を支給する保険です。

　一定の要件を満たしている場合には、従業員だけではなく、その家族も健康保険の給付を受けることができます。

◆ 健康保険の種類 ◆

　会社が加入する健康保険には、全国健康保険協会が管理運営する「協会けんぽ」と、健康保険組合が独自に管理運営する「組合管掌健康保険」との2種類があります。

　協会けんぽは、一般的には中小企業が加入することが多く、健康保険組合が設立されていない会社で働く人が加入する健康保険のことです。全国健康保険協会により運営されていますが、厚生年金保険と共通する適用事務や保険料の徴収などの手続については日本年金機構(年金事務所)が行っています。健康保険の給付や任意継続等に関する手続は協会けんぽで行います。

　組合管掌健康保険には、大企業などが独自に設立する会社専用の健康保険組合と、複数の会社が共同で設立する業種別の健康保険組合があります。

　協会けんぽと組合管掌健康保険が提供する健康保険の給付内容は同じですが、組合管掌健康保険の方が独自に保険料の額や上乗せ給付等を決めることができるため、一般的には協会けんぽより保険料も安く、手厚い保障を受けられるケースが多くなります。

◆ 健康保険の給付内容 ◆

　被保険者である従業員とその家族が、仕事や通勤途上の災害とは関係のない病気やケガをした場合に必要な給付を受けられます。

　例えば、病院で治療を受けると治療費がかかりますが、健康保険証を提示することで、かかった治療費の2～3割の負担(協会けんぽの場合。年齢や収入によって異なります)で治療を受けることができます。残りの治療費は健康保険が負担しています。

　健康保険からの給付を受けるためには、届出や手続きが必要です。

◀健康保険の給付内容一覧▶

保険事故		本人への給付内容	家族への給付内容
病気・ケガをしたとき	健康保険証で治療を受けたとき	療養の給付 入院時食事療養費 入院時生活療養費 保険外併用療養費	家族療養費
	立替え払いしたとき	療養費	家族療養費
	病院へ移送されたとき	移送費	家族移送費
	訪問看護を受けたとき	訪問看護療養費	家族訪問看護療養費
	医療費を一定額以上負担したとき	高額療養費	高額療養費
	医療費と介護保険を合計して一定額以上負担したとき	高額介護合算療養費	高額介護合算療養費
	療養のために会社を休んで給料が支払われないとき	傷病手当金	なし
出産したとき		出産手当金 出産育児一時金	家族出産育児一時金
死亡したとき		埋葬料（埋葬費）	家族埋葬料

厚生年金保険

厚生年金の概要

　厚生年金保険は、従業員が高齢になったり、病気やケガにより障害を負ったり、あるいは死亡したときに、従業員本人やその家族の生活を保障するために年金を支給する保険です。

　この場合のケガや病気は、仕事上や通勤途上、仕事外というような範囲は設けられていません。どんなときに負ったものでも保障の対象となります。

◆ 年金制度のしくみ ◆

　厚生年金保険は政府が管掌しています。民間の会社に勤めている従業員を加入させるための適用事務や保険料の徴収などの手続については日本年金機構が行っています。

　厚生年金保険は、国が運営する公的年金制度のひとつである国民年金に上乗せする制度です。家に例えると、土台となる1階部分が国民年金、上乗せ部分の厚生年金保険は2階部分にあたります。なお、さらに3階部分として、従業員を対象として会社が独自に運営する企業年金制度があります。

◆ 厚生年金保険の給付内容 ◆

　受給できる年金の額は、厚生年金保険に加入していた「月数」と「毎月または賞与時に支払っていた保険料の金額」により計算されます。なお、保障内容によって使用する計算式が若干異なります。

◀厚生年金保険の給付内容一覧▶

区分	名称	一定の年齢になったとき	障害になったとき	死亡したとき
2階部分	厚生年金保険	老齢厚生年金	障害厚生年金	遺族厚生年金
1階部分	国民年金	老齢基礎年金	障害基礎年金	遺族基礎年金

◀参考：年金制度の体系図▶

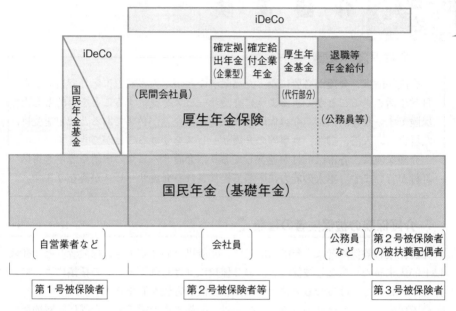

出典：厚生労働省 HP　いっしょに検証公的年金(https://www.mhlw.go.jp/nenkinkenshou/index.html)より抜粋

1-5 介 護 保 険

介護保険の概要

　介護保険は、介護が必要になった高齢者などが本人の能力に応じで自立した日常生活を送ることができるように介護サービスを提供することを目的とした保険です。具体的には、介護保険の加入者が、介護が必要であると認定を受けた場合に、入浴、排泄、食事等の介護サービスを受けることができます。

　介護保険は、各市区町村が運営しており、介護サービスの申請や認定も市区町村が行います。本人の能力に応じて提供される介護サービスが異なります。

◆ 介護保険の被保険者の種類 ◆

　介護保険の被保険者は、年齢に応じて、65歳以上の「第1号被保険者」と、40歳以上65歳未満の「第2号被保険者」の2種類に分けられます。この種類によって、介護サービスを受けられる要件と、保険料の徴収方法が異なります。

　介護保険における会社の役割は、40歳以上65歳未満の従業員の介護保険料の徴収です。従業員が40歳になった月から介護保険料が発生します。なお、40歳になると自動的に加入することになるので、介護保険に加入するための手続きは必要ありません。また、健康保険の被扶養者となっている家族も介護保険に加入することになるため、会社が加入している健康保険組合によっては、家族の介護保険料が別途発生する場合があります。

区分	年齢	介護サービスを受ける要件	介護保険料の徴収方法
第1号 被保険者	65歳以上の人	市区町村にて要介護、要支援の認定を受けた人	市区町村が徴収（原則として年金から天引き）
第2号 被保険者	40歳以上65歳未満で医療保険加入者	要介護・要支援状態が、末期がん・関節リウマチ等の加齢による特定疾病による場合に限定	会社を通して健康保険料とともに徴収

◆ 介護保険の給付内容 ◆

　介護保険の給付を受けようとするときは、市区町村に「要介護認定」または「要支援認定」の申請をします。要介護状態、要支援状態の認定を受け、要介護度によって決められた限度額内で介護サービスを受けられます。

保険事故	保険給付	給付内容
要介護状態	介護給付	居宅介護サービス、施設サービス、地域密着型介護サービス、居宅介護支援
要支援状態	予防給付	介護予防サービス、地域密着型介護予防サービス、介護予防支援

※この他居宅介護（介護予防）住宅改修、介護予防・日常生活支援総合事業があります。

1-6 労 災 保 険

労災保険の概要

　労働者災害補償保険(労災保険)は、従業員の仕事上や通勤途上でのケガや病気に対して治療費や生活補償を行う保険で、政府が管掌しています。従業員が死亡した場合には遺族に補償金が給付されます。

　"労働者"が業務上の災害に遭った場合、労働基準法の規定により会社は補償しなければなりません。労災保険は、この補償が迅速、確実に行われるために制定された保険制度です。通勤途上のケガ、病気についても、仕事との関連が深いために補償の対象としています。

　労災保険は主に会社単位で加入するため、従業員ごとの加入手続は発生しません。また、労災保険の保険料は全額会社が負担するため従業員は保険料を負担することなく補償が受けられます。

　労災保険は"労働者"のための保険ですから、代表者や役員、取締役などは、原則として労災保険からの補償は受けられません。ただし、中小企業事業主等には特別加入の制度があり、一定の条件を満たすことで労働者と同じ補償を受けることができます。

◆ 労災保険の給付内容 ◆

　健康保険では、治療を受ける場合に一部治療費を負担しますが、労災保険による治療は災害補償であるため、原則として健康保険のような自己負担はありません。ただし、通勤災害の場合は、はじめて治療を受けるときに200円を自己負担します。

　また、健康診断で心臓疾患などの異常な所見が見つかった場合には、再検査や保健指導といった二次健康診断などの給付があります。

◀労災保険の給付内容一覧▶

保険事故	給付内容
病気、ケガをしたとき	療養(補償)等給付
会社を休んで給料が支払われないとき	休業(補償)等給付 傷病(補償)等年金
障害になったとき	障害(補償)等年金 障害(補償)等一時金
一定の障害になり介護を受けているとき	介護(補償)等給付
死亡したとき	遺族(補償)等年金 遺族(補償)等一時金 葬祭料等(葬祭給付)
定期健康診断の一定の検査において異常の所見ありと診断されたとき	二次健康診断等給付

雇 用 保 険

雇用保険の概要

雇用保険は、雇用保険に加入している従業員が失業したときや、育児や家族の介護、高齢で継続した勤務が難しくなったとき、教育訓練を受けるとき等に一定の給付金を支給する保険で、政府が管掌しています。

雇用保険も労災保険と同様に "労働者" のための保険なので、一部の例外を除いて代表取締役、役員、取締役などは加入できません。

◇ 雇用保険の給付内容 ◇

雇用保険には、従業員に対する給付以外にも、会社への助成金の支給を通じて労働者の失業予防、雇用安定を図る「雇用二事業」とよばれる「雇用安定事業」「能力開発事業」があります。雇用保険は "失業保険" というイメージが強い保険ですが、労働者にとって失業中の生活を保障してくれる重要な制度であるばかりでなく、会社にとっても助成金を受ける資格が得られるなど、労使双方にメリットの高い保険です。

◀雇用保険の給付内容一覧▶

どんなとき	給付(サービス)内容
失業したとき	基本手当 技能習得手当 寄宿手当 傷病手当 高年齢求職者給付金 特例一時金 日雇労働求職者給付金
高齢になったとき	高年齢雇用継続基本給付金 高年齢再就職給付金
育児休業をしたとき	育児休業給付金
介護休業をしたとき	介護休業給付金
再就職・就職活動をしたとき	就業促進手当(就業手当、再就職手当・就業促進定着手当、常用就職支度手当) 移転費 求職活動支援費(広域求職活動費、短期訓練受講費、求職活動関係役務利用費)

能力開発のための訓練を受けたとき	一般教育訓練給付金 専門実践教育訓練給付金 特定一般教育訓練給付金 教育訓練支援給付金(令和7 (2025)年3月31日までの時限措置)

1-8 雇用形態別の社会保険・労働保険加入基準

◆ 5つの雇用形態 ◆

①正社員

　契約期間を定めない雇用契約を結んだ従業員のことをいいます。仕事内容は会社の主要業務を担当します。給料体系は月給制が多いですが、年俸制を取り入れている会社も多くあります。働きに応じて、昇進、昇給、賞与の支給があります。また、一般的な正社員と異なり、配置転換や転勤、仕事内容や勤務時間の範囲が限定されている「限定正社員」という形態も増えてきています。

②パートタイマー(パート等)

　正社員と比較して、勤務時間、勤務日数が短い従業員のことをいいます(「アルバイト」と呼称するケースもありますが、本書ではまとめて「パート等」として扱います)。仕事内容は、比較的軽易な仕事、ルーティンワーク等を担当することが多いですが、現在は同一労働同一賃金の考え方により正社員と同等の業務内容や責任を負うケースも増えており、パートタイマーを管理職に登用する会社もあります。

　契約期間の有無は会社で自由に決められますが、一般的には6か月や1年等の契約期間を定めることが多いようです。契約期間の長さは労働基準法で定められている3年を上回らない期間で会社が独自に決めることができます。給料体系は時給制が多く、個々人により正社員より短い勤務時間、勤務日数で契約することも可能です。

③契約社員

　仕事内容や勤務時間は正社員と同程度のことを行いますが、契約期間を定めた雇用契約を結んだ社員のことをいいます。正社員に近い、会社の主要業務を行うことが多く、新事業立ち上げプロジェクト等の期間限定で専門的な知識が必要なときや、高度な専門知識や技術を持った人を一定期間だけ雇うときに該当する雇用形態です。労働基準法で定められた契約期間は3年までですが、「高度な専門知識を持った人」「満60歳以上の人」「一定の事業の完了に必要な期間を定める契約を締結した人」を雇う場合に最長で5年までの契約期間で雇うことなども認められています。給料体系は月給制が一般的ですが、年俸制を採用する会社も増えてきています。

④派遣社員

　人材派遣会社に雇われ、派遣先会社で指示命令を受けて働く従業員のことをいいます。正社員とパートタイマーの中間に位置した仕事内容が多いですが、専門的な職種で働くケースもあります。派遣元会社との個々人の契約内容によりますが、同

一の派遣先事業所に対する派遣可能期間は原則3年が限度となります。派遣先が3年を超えて派遣社員を受け入れようとする場合は、派遣先の事業所の過半数労働組合等からの意見を聴く必要があります。また、同一の派遣社員を同一の派遣先組織単位に派遣できる期間は3年が限度となります。

給料体系は時給制が多く、勤務時間は派遣元会社と決めるため、派遣先会社とは若干異なった勤務時間で働くケースもあります。

⑤業務委託（社員）

会社から「仕事」を請け負って働く人のことをいいます。仕事の内容や成果によって報酬が決まるため、「業務委託」は"雇う"という表現が当てはまらない形態ですが、比較しやすいように雇用形態の一種として含めて紹介します。

仕事内容により専門的な内容が多くなります。契約形態は業務委託（請負）契約であるため、"給料（賃金）"ではなく、請け負った業務に対しての"報酬"が支払われます。時間配分は請け負った本人の裁量で決められるため、通常勤務時間の取決めは行いません。

なお、個人事業主であるため、会社の従業員ではありません。また、労働者には該当せず、労働基準法等の法律は適用されません。近年ではITフリーランスや自転車等を使用して貨物運送業を行う人も業務委託に該当します。

◇ 社会保険の加入基準 ◇

正社員以外の雇用形態の場合でも、従業員が各保険の加入要件を満たした場合には保険に加入しなければなりません。なお、派遣社員については派遣元の会社において保険に加入するため、派遣先の会社においては加入手続や保険料の負担はありません。

会社として社会保険が適用される場合、従業員が社会保険に加入するには、正社員のように継続的な雇用関係があることが前提になります。ただし、「社会保険の適用除外者」に該当する場合には、社会保険に加入できません。

◀社会保険の適用除外者▶

適用を除外される人	例外として適用される人
日々雇入れられる人	1か月を超えて引き続き雇われることになった人
2か月以内の期間を定めて使用される者であって当該定めた期間を超えて使用されることが見込まれない者	・就業規則、雇用契約書等においてその契約が「更新される旨」または「更新される場合がある旨」が明示されている場合は当初から加入 ・同一事業所において同様の雇用契約に基づき雇用されている者が、更新等により最初の雇用契約の期間を超えて雇用された実績がある場合は当初から加入

所在地が一定しない事業所に使用される人	いかなる場合も被保険者とならない
4か月以内の期間に限って季節的な仕事に雇われる人	当初から継続して4か月を超えて雇われる見込みの人は当初から加入
6か月以内の臨時的事業の事業所で雇われる人	当初から継続して6か月を超えて雇われる見込みの人は当初から加入

　パート等の場合には、「勤務時間」と「勤務日数」の基準を用いて継続的な雇用関係の有無を判断します。次の基準に該当する場合は、社会保険に加入しなければなりません。

◀社会保険の加入基準▶

1週間の所定労働時間及び1か月の所定労働日数が正社員等の常時雇用者の4分の3以上であること

※ただし、基準に該当しない人でも雇用形態や仕事内容等を個別に判断して加入が認められる場合があります。

　また、パート等の勤務時間が加入基準に満たない場合でも（1週間の所定労働時間及び1か月の所定労働日数が正社員等の常時雇用者の4分の3未満の場合）、その会社で社会保険に加入している従業員数が101人以上である場合（特定適用事業所）や、社会保険加入従業員100人以下でも労使合意に基づき申出をした会社の場合（任意特定適用事業所）には、次の4つの条件に該当するときは、社会保険に加入する必要があります。

①	週所定労働時間が20時間以上
②	1か月あたりの賃金8.8万円以上
③	雇用期間の見込みが2か月を超える
④	学生ではない

◀パート等の社会保険の適用拡大▶

　法改正により、令和6（2024）年10月からパート等の社会保険加入要件が拡大され、従業員数51人以上の企業が対象となります。適用対象企業であり下記の4つの条件に該当するときは、現在配偶者の健康保険の被扶養者であるパート等であっても、社会保険の加入が必要になります。

①	週所定労働時間が20時間以上
②	1か月あたりの賃金8.8万円以上
③	雇用期間の見込みが2か月を超える
④	学生ではない

　なお、従業員数は次の①②を合算した数で判断します。

①	フルタイムの従業員数
②	週所定労働時間がフルタイム従業員の4分の3以上のパート等の従業員数

　実務的には、適用対象企業に該当する場合は、日本年金機構より事前に通知が届

く予定ですので、通知に従って対応をしてください。

◇ 労働保険の加入基準 ◇

労働保険である労災保険と雇用保険については、それぞれ加入要件が異なります。

労災保険は、「労働者」といわれるすべての従業員に適用されます。労働者とは、労働基準法第9条において「職業の種類を問わず、事業又は事務所に使用される者で賃金を支払われる者」と定義されています。したがって、「正社員」「パート等」「契約社員」といった雇用形態に関わらず労災保険の対象になります。

雇用保険はその会社と雇用関係がある従業員は原則として全員が加入します。ただし、「雇用保険の適用除外者」に該当する場合は、加入できません。

◀雇用保険の適用除外者▶

適用を除外される人	例外として適用される人
1週間の所定労働時間が20時間未満である人	
継続31日以上の雇用が見込まれない人	
季節的に雇用される人で、雇用期間が4か月以内か、1週間の所定労働時間が20時間以上30時間未満の人	
各種学校の学生または生徒	卒業後引き続き雇用される人、休学中の人、夜間学校の人

※船員保険に加入している人や、国・都道府県・市町村の事業に雇用される人のうち一部の人も適用が除外されます。

パート等は、次の基準のいずれにも該当する場合は、雇用保険に加入しなければなりません。

◀雇用保険の加入基準▶

①	1週間の所定労働時間が20時間以上であること
②	継続31日以上の雇用が見込まれること

◀社会保険・雇用保険の加入基準▶

雇用形態	社会保険	雇用保険
正社員	加入	加入
契約社員	加入	加入
パート等	１週間の所定労働時間及び１か月の所定労働日数が正社員等の常時雇用者の４分の３以上であるときは加入 令和４（2022）年10月から従業員数101人以上、令和６（2024）年10月からは従業員数51人以上の会社は下記の４つの条件に該当するときは、加入 ① 週所定労働時間が20時間以上 ② １か月あたりの賃金8.8万円以上 ③ 雇用期間の見込みが２か月を超える ④ 学生ではない	１週間の所定労働時間が20時間以上、かつ、31日以上の継続雇用が見込まれるときは加入
派遣社員	派遣元の会社で要件を満たした場合に加入 ※次の派遣就業までに間があるとき、派遣先Ａ社の派遣終了から１か月以内に次の派遣先Ｂ社との１か月以上の契約が見込まれる場合は継続して加入（被保険者資格を喪失しない）。	派遣元の会社で要件を満たした場合に加入 ※派遣元が雇用契約期間満了までに次の派遣就業を指示しない場合、派遣社員がその派遣元での就業を希望する場合を除き、契約期間満了時に被保険者資格を喪失する。

1-9 マイナンバー

マイナンバー制度の概要

　マイナンバーとは国の行政機関や地方公共団体などの機関で共通の番号を導入することで、行政の効率化、国民の利便性の向上、公平・公正な社会の実現を目指しで導入された共通番号制度のことをいいます。

　マイナンバー(個人番号)とは日本国内に住民票を有するすべての人(外国人の方も含む)に指定・通知される12桁の番号です。また、法人番号とは株式会社や有限会社などの設立登記をした法人等に指定される13桁の番号のことをいいます。

　マイナンバー(個人番号)は、社会保障、税、災害対策の3つの分野で、複数の機関に存在する個人の情報が同一人の情報であることを確認するために活用されます。法令で定められた目的以外にマイナンバー(個人番号)を利用することはできません。なお、法人番号はマイナンバー(個人番号)とは異なり、原則として名称、所在地と共に公表され、利用に制限はなく誰でも自由に利用できます。

◆ マイナンバーカード ◆

　マイナンバーカード(個人番号カード)は、申請により公布されるプラスチック製のカードです。表面に顔写真と氏名、住所、生年月日、性別が記載されているため、本人確認のための身分証明書として利用できます。裏面にマイナンバー(個人番号)が記載されているので、マイナンバーカード1枚でマイナンバー(個人番号)の確認と身元確認が可能です。なお、マイナンバー(個人番号)の「通知カード」は、マイナンバー(個人番号)の確認は可能ですが、身分証明書としては使用することはできません。

　マイナンバーカードはマイナンバー(個人番号)そのものとは異なり、様々な用途での活用が可能です。コンビニなどで住民票の写しや印鑑登録証明書を取得したり、カードのICチップに搭載された電子証明書を利用して e-Tax などのオンライン行政手続や公的個人認証サービスを活用した民間サービスを利用することができます。

◀ マイナンバーカードの健康保険証利用について ▶

　一部の医療機関・薬局でマイナンバーカードの健康保険証としての利用が始まりました。マイナンバーカードの健康保険証利用により下記の対応が可能となります。

なお、マイナンバーカードを健康保険証として利用するためには、セブン銀行ATMもしくはマイナポータルより申込が必要です。事前に準備する物として、申込者のマイナンバーカードと数字4桁の暗証番号(パスワード)が必要となります。(マイナポータルより申し込む場合、対応するブラウザ用のマイナポータル(アプリ)のインストールが必要となります。)

①顔認証付きカードリーダーで受付が自動化されます。

　顔認証または暗証番号による受付・保険資格の確認が行えるため、人との接触も最小限になります。

②転職・結婚等のライフイベント後、保険証発行前でも受診できます。

　従来はいったん医療費を全額負担の上、後日自己負担額を超える分の返金手続きが必要でしたが、これからは自己負担額のみの支払いで済みます。

③データに基づく診療・薬の処方が受けられます。

　過去の薬や特定健診等のデータが自動で連携されるため、受診時に医師への口頭の説明が不要となり、より良い医療サービスを受けられるようになります。

④窓口での限度額を超える医療費の一時支払いが不要になります。

　従来は限度額適用認定証等の証明書が必要でしたが、これからはオンラインで適用資格が確認されるため、窓口では限度額までの支払いで済みます。

⑤薬や特定健診の情報がマイナポータルで閲覧できます。

　処方された薬の情報や健康に関する情報を、自分で確認できます。

⑥マイナポータルからe-Taxに連携し、確定申告が簡単になります。

　医療費の領収書を管理しなくとも、マイナポータルで医療費通知情報を管理可能になり、e-Taxとの情報連携により確定申告もスムーズに行えます。

　なお、政府は、現在運用している健康保険証を令和6　(2024)年秋に廃止することを表明し、マイナンバーカードと一体化した形に切替が予定されています。

◇ マイナポータル ◇

　マイナポータルは、政府が運営するオンラインサービスです。オンラインで行政手続の申請や行政からのお知らせを受け取ることができます。マイナンバーカードの公的個人認証機能を使ってログインします。行政機関が持っている自分の情報の確認や、行政への申請手続や審査の中で自分の情報がどの機関との間で、いつどのようにやり取りされたか履歴を確認することもできます。

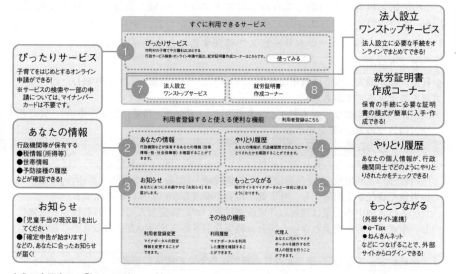

出典：内閣府 HP「マイナポータル」とは https://warp.da.ndl.go.jp/info:ndljp/pid/11778291/www.cao.go.jp/bangouseido/myna/index.html

◆ マイナンバー制度への対応 ◆

　マイナンバー制度により会社が対応すべきことは次の3つです。
①従業員、家族等のマイナンバーの収集
②漏洩防止のための安全管理措置
③書類へのマイナンバーの記載

①従業員、家族等のマイナンバーの収集

　会社は、税務及び社会保障関連の書類へマイナンバー（個人番号）を記載するために、役員、従業員やその家族、株主、税理士、弁護士、社会保険労務士等の外部専門家などからマイナンバー（個人番号）を収集しなければなりません。マイナンバー（個人番号）を収集する際には利用目的を明示します。また、他人のなりすましを防止するために「本人確認」を行う必要があります。「本人確認」とは、正しい番号であることの確認である「番号確認」と、番号の正しい持ち主であることを確認する「身分確認」とがあり、マイナンバーカードやマイナンバー（個人番号）の「通知カード」と運転免許証等にて行います。

②漏洩防止のための安全管理措置

　会社は、従業員のマイナンバー（個人番号）及び特定個人情報の漏洩、滅失、毀損の防止その他適切な管理を目的とし、次の安全管理措置を実施しなければなりません（ただし、100人以下の中小企業には一部特例があります）。

会社が従業員等から提出してもらったマイナンバー(個人番号)の実務的な管理方法は、紙の資料で鍵付きのキャビネット等で管理をする、データで自社のシステム等で管理する、外部クラウドサービスで管理するなどの方法があります。

1. 基本方針の策定
会社は、特定個人情報等の適正な取扱いの確保について組織として取り組むため、基本方針を策定する必要がある。 ・「会社名」「関係法令・ガイドライン等の遵守」「安全管理措置に関する事項」「質問及び苦情処理の窓口」等を定める。
2. 取扱規程の作成
会社は特定個人情報等の具体的な取扱いを定める取扱規程等を策定しなければならない。 ・「取得段階」「利用段階」「保存段階」「提供段階」「削除・廃棄段階」の段階別にその取扱方法や責任者を明確にし、特定個人情報が漏洩しないように明確化する。 (100人以下の中小企業は規程の作成義務はないが、特定個人情報等の取扱等を明確化し、事務担当者が変更となった場合は確実な引き継ぎを行い責任ある立場の者が確認する必要がある。)
3. 組織的安全管理措置(情報漏洩等の事故に備えた組織体制整備)
・安全管理措置を講ずるための組織体制の整備をする(例:責任者の設置と責任の明確化等。100人以下の中小企業は、事務担当者が複数いる場合、責任者と事務取扱担当者を区分)。 ・取扱規程等に基づく運用状況を確認するため、システムログ又は利用実績を記録する(例:特定個人情報ファイルの利用・出力状況の記録。100人以下の中小企業は取扱情報の分かる記録を保存)。 ・特定個人情報ファイルの取扱状況を確認するための手段を整備する。 ・情報漏洩等が発生したときに適切かつ迅速に対応するための体制を整える。
4. 人的安全管理措置(事務担当者を明確化)
・特定個人情報等が取扱規程等に基づき適正に取り扱われるよう、事務取扱担当者の監督を行う。 ・事務取扱担当者に、特定個人情報等の適正な取扱を周知徹底し適切な教育を行う(例:定期的に社員教育を行う)。
5. 物理的安全管理措置(データ等の盗難防止)
・特定個人情報等の情報漏洩等を防止するために、情報システムを管理する区域や事務を実施する区域を明確にし、物理的な安全管理措置を講ずる。(例:壁又はパーテーション等を設置、座席の配置の変更等) ・管理区域及び取扱区域における特定個人情報等を取り扱うパソコンや書類等の盗難や紛失を防止するための物理的な安全管理措置を講ずる。(例:鍵付きのキャビネットで保存、パソコンをセキュリティワイヤーで固定する等) ・データや書類を持ち出す場合個人番号が判明しない措置を実施する。(例:データのパスワード保護、目隠しシールの貼付等) ・個人番号の利用後、保存期間を経過した後は復元できないよう削除又は廃棄する。(例:シュレッダーなど)

6．技術的安全管理措置（外部からの不正アクセス禁止）

・パソコン等を使用して個人番号を取り扱う事務を行う場合は、適切なアクセス制御を行う。（例：ユーザーID に付与するアクセス権により事務担当者を限定する等）
・パソコン等は事務取扱担当者が正当なアクセス権を有するものであることを識別した結果に基づき認証する。（例：ユーザーID、パスワード等）
・外部からの不正アクセスから保護する仕組みを導入する。（例：ウイルス対策ソフトウェア導入など）
・インターネットで特定個人情報を外部に送信する場合情報漏洩防止の措置を講ずる。（例：暗号化、パスワードなど）

個人情報保護委員会「特定個人情報の適正な取扱いに関するガイドライン（事業者編）」（平成29年5月30日最終改正）を参考に作成

◆ マイナンバーの記載が必要な届出 ◆

①雇用保険・労災保険

　雇用保険の手続においては、マイナンバーが必要な届出等についてマイナンバーの記載・添付がない場合には、返戻されてしまいますので、漏れなく記載・添付することが必要となっています。

雇用保険
●マイナンバーの記載が必要な届出等 雇用保険被保険者資格取得届、雇用保険被保険者資格喪失届、高年齢雇用継続給付支給申請（初回）、育児休業給付支給申請（初回）、介護休業給付支給申請 ●マイナンバーが未届の場合個人番号登録・変更届の添付が必要な届出等 雇用保険被保険者転勤届、雇用継続交流採用終了届、高年齢雇用継続給付支給申請（2回目以降）、育児休業給付支給申請（2回目以降）

労災保険（労災年金の様式のみ）
●労災年金の請求 障害（補償）給付支給申請書、障害特別支給金、障害特別年金、障害特別一時金支給申請書 遺族（補償）年金支給申請書、遺族特別支給金、遺族特別年金支給申請書 傷病の状態等に関する届 ●労災年金受給者がする手続 遺族補償年金、遺族年金転給等請求書 年金たる保険給付の受給権者の住所・氏名　年金の払渡金融機関等変更届

②健康保険・厚生年金保険

　これまで基礎年金番号を記載していた届出・申請については、原則としてマイナンバーで提出するようになりました。これに伴い、住所変更届や氏名変更届の届出が原則省略できるようになりました。

　また、マイナンバーによる行政機関間の情報連携の仕組みを活用し、年金給付関係等の事務手続きについては添付書類の省略等ができるようになっています。国民

年金関係等の一部の事務手続きについては、市区町村等における所得等の確認が不要となっています。

健康保険・厚生年金保険適用関連
健康保険・厚生年金保険被保険者資格取得届、厚生年金保険70歳以上被用者該当届、健康保険・厚生年金保険被保険者資格喪失届、厚生年金保険70歳以上被用者不該当届、厚生年金保険70歳以上被用者算定基礎届、厚生年金保険70歳以上被用者賞与支払届、厚生年金保険70歳以上被用者月額変更届、健康保険被扶養者(異動)届、国民年金第3号被保険者関係届、健康保険・厚生年金保険育児休業等取得者申出書(新規・延長)／終了届、健康保険・厚生年金保険育児休業等終了時報酬月額変更届／70歳以上被用者育児休業等終了時報酬月額相当額変更届、健康保険・厚生年金保険産前産後休業取得者申出書／変更(終了)届、健康保険・厚生年金保険産前産後休業終了時報酬月額変更届／70歳以上被用者産前産後休業終了時月額相当額変更届、健康保険・厚生年金保険養育期間標準報酬月額特例申出／終了届　等

健康保険給付関連
療養費支給申請書、傷病手当金支給申請書、埋葬料(費)支給申請書、出産育児一時金請求書、出産手当金支給申請書(ただし、以上の申請書に被保険者証の記号番号を記入した場合は記入不要)、高額療養支給申請書(被保険者が非課税の場合)　等

1-10 電子申請

社会保険・労働保険

電子申請システムの概要

電子申請（オンライン申請）システムとは、紙によって行われている申請や届出などの行政手続について、インターネットを利用して自宅や会社のパソコンなどから行えるようにするシステムのことです。

電子申請システムを利用すると、行政窓口の開設時間にとらわれずに、窓口に出向くことなく職場や遠隔地からでも申請することができます（一部添付書類の郵送等が必要な場合もあります）。

◀主な電子申請システム▶

「電子政府の総合窓口（e-Gov）」
社会保険・労働保険関係手続、概算・増加概算・確定保険料申告書の提出等手続他、厚生労働省、国土交通省、金融庁、経済産業省管轄の手続申請の窓口　等 http://www.e-gov.go.jp/
「国税電子申請・納税システム（e-Tax）」（国税庁）
・国税申告手続き（所得税、法人税等） ・給与所得の源泉徴収票（及び同合計表） ・国税納付手続　等 http://www.e-tax.nta.go.jp/
「登記・供託オンライン申請システム（登記ねっと　供託ねっと）」（法務省）
・登記申請（不動産登記、商業・法人登記、動産・債権譲渡登記、成年後見登記） ・登記事項証明書等の公布請求 ・供託申請　等 http://www.touki-kyoutaku-online.moj.go.jp/
「特許庁電子出願システム」（特許庁）
・特許庁に対する産業財産権出願関連手続 （特許・実用新案・意匠・商標の出願手続及び登録料の納付手続）等 http://www.pcinfo.jpo.go.jp/site/　（電子出願ソフトサポートサイト）
「自動車保有関係手続きのワンストップサービス（OSS）」（国土交通省）
・自動車の新車新規登録、変更登録、移転登録、抹消登録、継続検査　等 http://www.oss.mlit.go.jp/portal/

◈ 大企業での電子申請の義務化について ◈

令和2（2020）年4月からいわゆる大企業において、電子申請の義務化が始まっています。政府全体で行政手続きコスト（行政手続きに要する事業者の作業時間）を

削減するため、電子申請の利用促進を図っており、その取組の一環として、下記の対象企業においては、社会保険に関する一部の手続きを行う場合には、必ず電子申請で行わなければならなくなりました。

【電子申請の義務化の対象企業（特定の法人）】
・資本金、出資金または銀行等保有株式取得機構に納付する拠出金の額が１億円を超える法人
・相互会社
・投資法人
・特定目的会社

【健康保険・厚生年金保険のうち電子申請義務化の手続き】
・健康保険・厚生年金保険被保険者 報酬月額算定基礎届
・健康保険・厚生年金保険被保険者 報酬月額変更届
・健康保険・厚生年金保険被保険者 賞与支払届

◇ 電子申請を行う方法について ◇

　社会保険や労働保険の電子申請を行うためには、次の方法のいずれかで対応する必要があります。

種類	特長	電子証明書の有無	申請可能な届出書
電子政府の総合窓口（e-Gov）	総務省が運営する総合的な行政ポータルサイト。社会保険や労働保険の申請手続きを自宅のパソコンからオンラインで行うことが可能。電子申請対象申請書が多いが、有料の電子証明書を取得する必要がある。	あり	資格取得届、資格喪失届、算定基礎届、月額変更届、賞与支払届、被扶養者（異動）届、国民年金第３号被保険者関係届を含む約80種類の届書が申請可能
Ｇビス ID	１つのアカウントで複数の行政サービスにアクセスできる認証システム。社会保険や労働保険の申請手続きを自宅のパソコンからオンラインで行うことが可能。電子申請対象申請書類が一部に限定されているが、ID・パスワードは無料で利用が可能。	なし	資格取得届、資格喪失届、算定基礎届、月額変更届、賞与支払届、被扶養者（異動）届、国民年金第３号被保険者関係届

【参照】電子申請対象申請書等一覧表　https://www.nenkin.go.jp/denshibenri/denshishinsei/e-gov.files/20221001.pdf

◆ 電子申請の利用準備 ◆

e-Gov 電子申請システムを利用するには、次の事前準備が必要です。

①アカウントの取得

初めて e-Gov 電子申請を行う場合は「e-Gov アカウント」の取得が必要です。メールアドレスで仮登録を行ってからアカウント本登録用の URL にアクセスしアカウントの本登録を完了します。

②パソコンの利用環境の確認・準備

e-Gov 電子申請システムは、Windows と Mac 両方のパソコンから利用でき、スマートフォンでも手続状況の確認等一部の操作が可能です。ブラウザは Google Chrome や Firefox、Microsoft Edge、Mac は Safari にも対応しています。パソコンが e-Gov 電子申請システムに必要な動作環境(ポップアップブロックの解除など)となっているか確認します。詳しくは、「e-Gov 電子申請ホームページ https://shinsei.e-gov.go.jp」にてご確認ください。

③アプリケーションのインストール

e-Gov 電子申請アプリケーションをインストールします。

④電子証明書の取得

電子申請には電子署名が必要なものがあります。電子署名をするには電子証明書が必要です。電子証明書とは、電子申請の際に申請者が送信する電子データの安全性を確保するためのもので、書面による申請の場合の印鑑に相当するものです。電子証明書の発行には手数料等が必要です。

◆ 電子申請の流れ ◆

e-Gov 電子申請システムを利用した電子申請の流れは次の通りです。

①手続の選択

e-Gov 電子申請システムにアクセスして手続を選択します。

②申請書の作成・送信

選択した手続の申請書に必要な情報を入力し、添付書類が必要な場合は添付します。電子署名して保存し、申請書を送信します。送信した申請書に形式的なエラーがなければ「到達番号」と「問合せ番号」が発行されます。「到達番号」「問合せ番号」が表示されたら電子申請は完了です。この番号は処理状況の照会に必要なので、パソコンの画面保存等により控えておきます。到達した申請書は行政に転送されます。手数料等の納付を必要とする手続の場合、適宜手数料等の納付を行います。

③申請・届出の処理状況の確認

到達番号と問合せ番号により、申請・届出の処理状況を確認できます。申請の処

29

理は、「到達」、「審査中」、「審査終了」、「手続終了」の順に進行します。提出した申請書について、行政から補正の求め等が通知されている場合は内容を確認して申請書を訂正します。

④審査終了と公文書取得

行政の審査が終了すると、e-Gov 電子申請システムから公文書を取得することができます。公文書が発行されない手続の場合は審査終了と同時に手続終了です。

◆ G ビズ ID の利用準備 ◆

「G ビズ ID」を用いて電子申請を行う場合は、「G ビズ ID」のアカウント取得等の事前準備が必要です。なお、「G ビズ ID」の発行にはおおよそ 2 週間程度の時間がかかります。

① 「G ビズ ID」のホームページから「gBizID プライム作成（※）」のボタンをクリックして、申請書を作成・ダウンロードして下さい。

（※）「G ビズ ID」には 3 種類のアカウントがありますが、社会保険の手続きには、「gBizID プライム」のアカウントが必要です。

② 必要事項を入力して、作成した申請書と印鑑証明書を「G ビズ ID 運用センター」に送付します。

③ 申請が承認されると、メールが送られてきます（審査に 2 週間程度要します。）

④ メールに記載された URL をクリックして、パスワードを設定したら手続き完了です。

◆ G ビズ ID の申請の流れ ◆

「G ビズ ID」の発行が終了したら、日本年金機構のホームページから「届書作成プログラム」をダウンロードし、申請データの作成を行い、電子申請を行います。「届書作成プログラム」は、届書を簡易に作成・申請できるプログラムで、無料でダウンロードすることができます。

①ダウンロード

日本年金機構のホームページから届書作成プログラムをダウンロード（無料でダウンロードすることができます）

②届書の作成

届書作成プログラムや自社システム、労務管理ソフトを使用して、届書データ（CSV ファイル）を作成

③届書のチェック

届書作成プログラムを利用して、届書データ（CSV ファイル）が正しく作成されているかチェック

④申請

　届書作成プログラムを利用して、作成した届書データ(CSV ファイル)を申請

⑤照会

　届書作成プログラムを利用して、申請データを確認

　なお、「届書作成プログラム」を利用しない場合は、自社システム、労務管理ソフトで申請データの作成を行い、電子申請をすることも可能です。労務管理ソフトで申請データを作成した場合は、申請データ(CSV)が正しく作成されているか届書作成プログラム内の「仕様チェック」を実施した上で申請してください。

Q&A 兼務役員の社会保険・労働保険

Q 兼務役員の社会保険や労働保険は、どのような点に注意しなくてはなりませんか。

A 会社の役員は、法人に使用される者として「社会保険」には加入できますが、「労働保険」（労災保険及び雇用保険）は"労働者"の保険であるため、原則としては社長や役員は加入できません。

しかし、法人登記上は取締役であっても、給料額や、勤怠管理などの実態から労働者性が強い場合があります。このような場合に取締役だからと労働保険に加入できないと、該当者に不利益が生じます。したがって、一定の要件を満たした場合は、役員であっても例外として労働保険に加入することが可能です。なお、このような役員のことを労働者と役員を兼務している、という意味合いから「兼務役員」と呼んでいます。

兼務役員と認められるためには、原則として次の基準を満たしている必要があります。

① 代表取締役、監査役でないこと
② 代表権や業務執行権を有さないこと
③ 業務執行権を有する役員の指揮命令を受け、通常の労働者と同様の労働条件で労務を提供し、その労働の対償として賃金を受けていること
④ 賃金と役員報酬の両方を受ける場合、賃金が役員報酬額を上回ること

なお、この基準を満たしていない場合であっても、該当者の実態が労働者として保護するに値するかどうか、という点をもとに、総合的に判断されます。たとえば「① 代表取締役、監査役でないこと」とありますが、監査役であっても実態をみて労働者性が強いと判断される場合は兼務役員として認められることもあります。

一般的には、「兼務役員」の給料の内訳は、「役員報酬」として支払われている金額と「賃金」として支払われている金額から構成されています。通常、役員報酬額が、給料の内訳のうち49％以下である場合は、兼務役員として認められる要件を満たしていますが、49％を超えている場合であっても実態に応じてハローワークにて個々のケースを元に判断されます。

なお、労災保険の場合は事前の手続きは不要ですが、雇用保険の場合は、事前に会社の所在地を管轄するハローワークへ兼務役員の認定を受ける申請が必要です。「兼務役員雇用実態証明書」に下記の書類を添付して会社の所在地を管轄するハローワークへ提出します。地位や労働者性を判断するポイントとしては、「報酬」「勤怠管理」「指揮命令の有無」「従業員と同等待遇を受けているかどうか」といった点が上げられます。提出書類その他実態から判断して、兼務役員としての雇用保険の加入が認められなかった場合は、雇用保険の資格を喪失することとなります。

　兼務役員として雇用保険の加入が認められた場合、給料計算、労働保険料の精算業務（年度更新）、離職票作成時に影響があるので注意が必要です。

　月々の給料計算業務については、役員報酬部分を除いた賃金額について雇用保険料を控除します。労働保険料の精算業務（年度更新）については、役員報酬部分を除いた賃金額を賃金総額に含めて計算を行います。また、兼務役員が退職した場合、失業給付の基本手当の計算の基となる賃金は役員報酬を除いた金額となります。

項目	内容
申請書類名	兼務役員雇用実態証明書
添付書類	(1)　雇用保険証 (2)　雇用保険資格取得確認通知書（事業主通知用） (3)　雇用保険資格喪失届 (4)　雇用保険適用事業所台帳 (5)　登記簿謄本（3か月以内に発行されたもの） (6)　就業規則など（給与規定、役員報酬規定） (7)　定款 (8)　取締役会議事録 (9)　労働者名簿 (10)　賃金台帳 (11)　出勤簿
提出先	ハローワーク
備考	賃金台帳に明確に「役員報酬」と「賃金」が区分されていない場合は、別途内訳について記載した申立書が必要な場合があります。

第2章

新規加入手続き

2-1　社会保険の加入手続き

◆ポイント◆

● 法人（会社）は原則として社会保険への加入が義務付けられています。
● 会社の社会保険加入手続きと個人（従業員）の社会保険加入手続きを同時に行います。

◇ 社会保険に加入しなければならない会社 ◇

　社会保険は事業所単位で適用され、法律で加入が義務づけられている「強制適用事業所」と、任意で加入する「任意適用事業所」の２種類があります。

　強制適用事業所は、①国、地方公共団体または法人の事業所で常時従業員（事業主のみの場合を含む）を使用するもの、②常時５人以上の従業員が働く事務所、工場、商店等の個人事業所[※]の２つです。

　つまり、ほとんどの会社は強制適用事業所となります。また、社員がいない役員のみの会社であっても、法人の場合は原則として社会保険に加入しなければなりません。

　任意適用事業所とは、前述の①もしくは②に該当しない場合でも、従業員の半数以上が健康保険もしくは厚生年金保険の適用事業所となることに同意し、事業主が申請して厚生労働大臣の認可を受けた事業所です。認可を受けた場合は、従業員全員が加入することになり、保険給付や保険料は、強制適用事業所と同じ扱いになります。

※ただし、例外として５人以上の個人事業所であっても、サービス業の一部（クリーニング業、飲食店、ビル清掃業等）や宗教業（神社、寺院、教会等）の事業所、および一次産業（農業、林業、水産業、畜産業等）は、強制適用事業所となりません。

◇ 社会保険の加入手続き ◇

　会社が健康保険および厚生年金保険に加入すべき要件を満たした場合に、強制適用事業所はその事実が発生した日から５日以内に「健康保険・厚生年金保険新規適用届」を、任意適用事業所は従業員の２分の１の同意後すみやかに、「健康保険・厚生年金保険任意適用申請書」を日本年金機構（年金事務所）または健康保険組合に提出します。

　ただし、実際に事業を行っている会社の所在地が登記上の所在地と異なる場合は、実際に事業を行っている会社の所在地で届出を行います。

強制適用事業所に該当する場合は、「健康保険・厚生年金保険新規適用届」を、次の添付書類とともに提出します。

(1) 法人事業所の場合

　法人(商業)登記簿謄本(コピー不可)[※1][※3]

(2) 事業主が国、地方公共団体又は法人の場合

　法人番号指定通知書等のコピー[※2]

(3) 強制適用となる個人事業所の場合

　事業主の世帯全員の住民票(コピー不可・個人番号の記載がないもの)[※1][※3]

> ※1　会社の所在地が登記上の所在地等と異なる場合、もしくは個人事業主の住民票の所在地と異なる場合は「賃貸借契約書のコピー」など会社所在地の確認できるものが必要です。
>
> ※2　「法人番号指定通知書のコピー」が添付できない場合は「国税庁法人番号公表サイト」で確認した法人情報(会社名称、法人番号、所在地が掲載されているもの)の画面を印刷したものでも差し支えありません。
>
> ※3　法人(商業)登記簿謄本および住民票は、直近の状態を確認するため、提出日から遡って90日以内に発行されたものの提出が求められますので、注意が必要です。

なお、会社の社会保険加入手続きと同時に、役員や従業員の個別の社会保険加入手続きも行います(80ページ参照)。

(80ページ参照)

◆ 社会保険料の支払 ◆

社会保険料(健康保険料、介護保険料、厚生年金保険料)は、会社負担分および従業員負担分を合わせて、会社が、日本年金機構に毎月支払います。なお、あわせて児童手当等の支給に要する費用の一部として「子ども・子育て拠出金」を、会社が全額負担します。

前述の「健康保険・厚生年金保険新規適用届」の提出後、日本年金機構より「納入告知書(納付書)」が送付されます。1．領収済通知書、2．領収控、3．納入告知書(納付書)・領収書の3枚綴りとなっていますので、切り離さずに金融機関の窓口に持参し、納付(支払い)を行ってください。納期限は、当月分の保険料を翌月の末日(金融機関の休業日にあたる場合には、翌営業日)までに納めることとなります。

なお、社会保険料は預金口座からの自動引き落としにて支払うことも可能です。その場合には、「健康保険・厚生年金保険保険料口座振替納付申出書」に、引き落としを希望する金融機関の確認印を受け、日本年金機構または健康保険組合に提出します。この場合の振替納付日は、当月分の保険料が翌月の末日(金融機関の休業日にあたる場合には、翌営業日)に引き落とされます。

◇ 統一様式を用いたワンストップでの届出について ◇

　令和2（2020）年1月より、社会保険・労働保険の適用事務に係る事業主の事務負担の軽減及び利便性の向上のため、届出契機が同じ手続きについて、統一様式を利用した場合は、ワンストップでの届出が可能となっています。

　例えば会社設立時においては、「健康保険・厚生年金保険新規適用届」「労働保険関係成立届」「雇用保険適用事業所設置届」の統一様式を、会社の所在地を管轄する年金事務所、労働基準監督署またはハローワークのいずれかに提出します。これにより、受付窓口を一本化して受け付けることが可能となり、会社の申請負担の軽減を図ることが可能です。なお、必ずこの統一様式を使用しなければならないことではなく、従来通り各役所窓口への届出を行うことでの対応も可能です。

◀手続きのポイント▶

項目	内容
申請書類	健康保険・厚生年金保険新規適用届 健康保険・厚生年金保険保険料口座振替納付申出書
添付書類	・法人事業所の場合：法人（商業）登記簿謄本 ・国、地方公共団体の場合：法人番号指定通知書等のコピー ・個人事業所の場合：事業主の世帯全員の住民票 ※会社の所在地が登記上の所在地等と異なる場合、もしくは個人事業主の住民票の所在地と異なる場合は「賃貸借契約書のコピー」
提出先	日本年金機構または健康保険組合
提出期限	適用事業所に該当してから5日以内
交付物・控書類	・健康保険・厚生年金保険新規適用届（事業主控が必要な場合はコピーを添付） ・健康保険・厚生年金保険保険料口座振替納付申出書（事業主控）
その他	必要に応じて、日本年金機構または健康保険組合から確認書類の提出を求められることがある。

◀書式 健康保険・厚生年金保険新規適用届▶

様式コード			
2	1	0	1

健康保険
厚生年金保険 **新規適用届**

保険の
新規加入

令和 ○ 年 ○ 月 ○ 日提出

事業主記入欄

事業所所在地	(フリガナ) チヨダク 〒100- 0005 千代田区○○1-18-2
事業所名称	(フリガナ) カ アイウエオ 株式会社 あいうえお
電話番号	03 -(6777)- ××××

受付印

社会保険労務士記載欄
氏 名 等

事業所情報記入欄

① 事業主 (または代表者)氏名	(フリガナ) タナカ サトシ (氏) 田中 (名) 智	② 問合せ先担当(内線)	問合せ先担当者名 鈴木 一郎	内線番号
④ 事業主 (または代表者)住所	〒100- 0005 東京都千代田区○○2-1-17			
事業主代理人氏名「事業主代理人有の場合」	(フリガナ) (氏) (名)			
事業主代理人住所	〒 -			

業態区分 (事業の種類)	1 6	事業の種類 書籍の出版	⑦ 適用年月日 (※記入不要)	9.令和	年	月	日

個人・法人等区分	① 法人事業所 2. 個人事業所 3. 国・地方公共団体	法人番号等	① 法人番号 2. 会社法人等番号	3 0 1 2 3 1 0 0 0 1 2 3 4

本店・支店区分	① 本店 2. 支店	内・外国区分	① 内国法人 2. 外国法人	社会保険労務士コード	社会保険労務士コード

健康保険組合名称	(フリガナ)	健康保険組合	厚生年金基金番号	厚生年金基金

給与計算の締切日	15 日	昇給月	04 月 月 月	算定基礎届媒体作成	0. 必要（紙媒体） 1. 不要（自社作成） 2. 必要（電子媒体）
給与支払日	当月 翌月 25 日	賞与支払予定月	07 12 月 月 月	賞与支払届媒体作成	0. 必要（紙媒体） 1. 不要（自社作成） 2. 必要（電子媒体）
給与形態	① 月給 5. 時間給 2. 日給 6. 年俸制 3. 日給月給 7. その他 4. 歩合給 （ ）	諸手当の種類	① 家族手当 ⑤ 精勤手当 ② 住宅手当 ⑥ 残業手当 ③ 役付手当 ⑦ その他 ④ 通勤手当	現物給与の種類	1. 食事 5. その他 2. 住宅 （ ） 3. 被服 4. 定期券

従業員情報	1. 従業員数（役員含む） 11 人		2. 社会保険に加入する従業員数 10 人	
	3. 社会保険に加入しない従業員について ※ ⑦～⑰については平均的な勤務日数および勤務時間を記入してください。	⑦ 役員	人 [報酬（ 0.無 ／ 1.有)・常勤（ 人)・非常勤(人)]	
		④ 嘱託職員等	人 [1月 日・1週 時間]	
		⑦ パート	1 人 [1月 8 日・1週 8 時間]	
		② アルバイト	人 [1月 日・1週 時間]	

所定労働日数所定労働時間	1月 21 日・1週 40 時間 00 分

備 考	

39

◀書式 健康保険・厚生年金保険保険料口座振替納付(変更)申出書▶

様式コード			
2	5	9	3

健 康 保 険
厚生年金保険 **保険料口座振替納付(変更)申出書**

_____ 年金事務所長 あて　　令和○ 年○月○日提出

提出者記入欄	事業所整理記号		－		事業所番号(告知番号)	
	事業所所在地	〒 *100 - 0005*　 *東京都千代田区○○1-18-2*				
	(フリガナ) 事業所名称	*カブシキガイシャ アイウエオ* **株式会社 あいうえお**				
	(フリガナ) 事業主氏名	*ダイヒョウトリシマリヤク*　　*タナカ サトシ* **代表取締役**　　**田中 智**				
	電話番号	*03* （ *6777* ） *XXXX*				

日本年金機構

私は、下記により保険料等を口座振替によって納付したいので、保険料額等必要な事項を記載した納入告知書は、指定の金融機関あてに送付してください。

納入告知(納付)書をお持ちの場合は、記載されている事業所整理記号等をご記入ください。事業主氏名の欄には、肩書と氏名をご記入ください。
1. 振替事由　　該当する項目に○をつけてください。
　　　　　　　　<u>※複写となっていますので、○をつける際は、強めにご記入ください。</u>

A 事 由	振替事由区分	①新規
		2.変更

2. 指定預金口座　口座振替を希望する金融機関(納入告知書送付先)インターネット専業銀行等、一部お取り扱いできない金融機関があります。
　・太枠内に必要事項を記入、押印してください。(銀行等またはゆうちょ銀行のいずれかを選んでご記入ください。)
　・預金口座は、年金事務所へお届けの所在地、名称、事業主氏名と口座名義が同一のものをご指定ください。

B 指定預金口座	銀行区分	〈ゆうちょ銀行を除く〉銀行等	金融機関名	マルマル 丸々		1.銀行　4.労働金庫 2.信用金庫　5.農協 3.信用組合　6.漁協		マルノウチ 丸の内		1.本店　3.本所 ②支店　4.支所
			預金種別	①普通 2.当座	口座番号 (右詰めで記入)	0 0 0 1 2 3 4	金融機関コード		支店コード	
		ゆうちょ銀行	通帳記号	1	0 －	通帳番号 (右詰めで記入)			お届け印 銀行区分に関わらず 2枚目に 押印してください	

(注) 2枚目に金融機関への登録印の捺印が必要

3. 対象保険料等　　健康保険料、厚生年金保険料および子ども・子育て拠出金
4. 振替納付指定日　　納期の最終日(休日の場合は翌営業日)
注)1. 口座振替を希望する金融機関、指定預金口座等を変更するときは、ただちに、この用紙によりご提出ください。
　 2. 提出された時期により、振替開始月が翌月以降になることがありますのでご了承ください。

金融機関の確認欄

金融機関の確認印

1枚目(年金事務所用)	機構使用欄	

2-2　労働保険の加入手続き

◆ポイント◆

●正社員、アルバイトを問わず、従業員を1人でも雇ったときは労働保険への加入が必要です。
●労働保険への加入と同時に労働保険料を支払います。

◇ 労働保険に加入しなければならない会社 ◇

　労働保険とは労働者災害補償保険(労災保険)と雇用保険とを総称したものを指します。保険給付はそれぞれの保険制度で個別に行われていますが、保険料の申告・納付等については一体のものとして取り扱われています。従業員(パート等含む。)を一人でも使用していれば、業種・規模を問わず労働保険の適用事業となり、事業主は労働保険加入手続きを行い、労働保険料を納付しなければなりません(ただし、適用を除外される農林水産の一部の事業は除きます。)。

　また、法人の役員であっても、事実上、一般の従業員と同じく賃金の支払いがあり労働に従事している場合には、いわゆる「使用人兼務役員」として「労働者」として扱い、労働保険料の対象となります。ただし、対象となる賃金は、「役員報酬」の部分は含めず、労働者としての「賃金」部分のみとなります。

◇ 労働保険の加入手続き ◇

　労働保険の適用事業となったときは、保険関係が成立した日の翌日から10日以内に「労働保険保険関係成立届」を労働基準監督署へ提出します。法人事業所の場合は、法人(商業)登記簿謄本の添付が必要です。法人(商業)登記簿謄本は、原本を持参すると、労働基準監督署等の担当者が内容を確認のうえ、必要に応じてコピーを回収し、原本は返却されます。なお、労働保険は会社(事業所)単位で加入する保険のため、従業員の個別の加入手続きは不要です。

　続いて、適用事業となった年度分の労働保険料を概算保険料として「労働保険概算保険料申告書」にて申告・納付します。この場合の添付書類は不要です。

　なお、「労働保険概算保険料申告書」は、通常「労働保険保険関係成立届」と同時に提出することが望ましいですが、同時に提出できない場合は、期限内(労働保険関係が成立した日から50日以内)であれば、後日、届出・納付することで対応が可能です。

◆ 労働保険料の支払 ◆

　労働保険料は、毎年4月1日から翌年3月31日まで（これを「保険年度」といいます）の1年間を単位として計算します。そのため、労働保険の加入日から保険年度の最終日である3月31日までに従業員に支払いが見込まれるおおよその賃金額を元に保険料（概算保険料）を算出し、「労働保険概算保険料申告書」にて労働保険関係が成立した日の翌日から50日以内に申告・納付します。そして、その年度が終わったところで、納付すべき正しい保険料（確定保険料）を計算し、差額を精算します。

　なお、労働保険料の納付は、労働基準監督署以外に、全国の銀行や信用金庫、郵便局を通じた現金納付のほか、口座振替納付、電子納付（インターネットバンキングやATM）でも行うことができます。

◀手続きのポイント▶

項目	内容
申請書類	労働保険保険関係成立届 労働保険概算保険料申告書
添付書類	・法人（商業）登記簿謄本
提出先	労働基準監督署
提出期限	【労働保険保険関係成立届】 労働保険関係が成立した日の翌日から10日以内 【労働保険概算保険料申告書】 労働保険関係が成立した日の翌日から50日以内
交付物・控書類	・労働保険保険関係成立届（事業主控） ・労働保険概算保険料申告書（事業主控）
その他	概算保険料申告書と保険関係成立届を同時に提出できない場合は、後日、期限内に概算保険料申告書を提出することで対応が可能。

様式第1号（第4条、第64条、附則第2条関係）（1）（表面）

提出用

保険の新規加入

労働保険
- 0：保険関係成立届（継続）（事務処理委託届）
- 1：保険関係成立届（有期）
- 2：任意加入申請書（事務処理委託届）

㊶種別　**31600**

中央　労─働─局長
公共職業安定所長　殿

下記のとおり
(イ) 届けます。（31600又は31601のとき）
(ロ) 労働保険
(ハ) 雇用保険　の加入を申請します。（31602のとき）

○年○月○日

① 住所又は事業主の所在地　千代田区○○　1-18-2
事業主の氏名又は名称　株式会社あいうえお

② 事業の所在地　〒100-0005　千代田区○○　1-18-2
電話番号　03-6777-XXXX ●

※修正項目番号　※漢字修正項目番号　※労働保険番号

都道府県　所掌　管轄(1)　基幹番号　枝番号

㋑ 住所（つづき）（カナ）
- 郵便番号　**100-0005**　住所 市・区・郡名　**チヨダク**
- 町村名　**マルマル**
- 丁目・番地　**1-18-2**
- ビル・マンション名等

㋩ 住所（つづき）（漢字）
- 住所 市・区・郡名　**千代田区**
- 町村名　**○○**
- 丁目・番地　**1-18-2**
- ビル・マンション名等

事業所

㋠ 名称・氏名（カナ）
- 名称・氏名　**カブ゛シキカ゛イシャ**
- 名称・氏名（つづき）　**アイウエオ**
- 電話番号（市外局番）　**03**　（市内局番）　**6777**　（番号）　**XXXX**

㋣ 名称・氏名（漢字）
- 名称・氏名　**株式会社**
- 名称・氏名（つづき）　**あいうえお**

① 事業　株式会社　あいうえお

② 事業の概要　書籍の出版

③ 事業の種類　通信業、放送業、新聞業又は出版業

④ 加入済の労働保険　(ハ) 労災保険　雇用保険

⑤ 保険関係成立年月日　（労災）　○年○月○日　（雇用）　○年○月○日

⑥ 雇用保険被保険者数　一般・短期　7人　日雇　人

⑦ 賃金総額の見込額　28,639千円

⑧ 委託事務組合　所在地　名称　代表者氏名

⑩ 事業開始年月日　○年○月○日
⑪ 事業廃止年月日　年月日
⑫ 建設の事業の請負金額　円
⑬ 立木の伐採の事業の素材見込生産量　立方メートル

⑭ 発注者　住所又は主たる事務所の所在地　氏名又は名称　電話番号

⑮ 保険関係成立年月日（31600又は31601のとき）
⑯ 任意加入認可年月日（31602のとき）（元号：令和は9）　**9-00-00-00**

㉑ 事務処理委託年月日（31600又は31601のとき）
事業廃止等年月日（31601のとき）（元号：令和は9）　元号-年-月-日

㉒ 常時使用労働者数　**8**

※保険関係等区分（31600又は31602のとき）

㉔ 雇用保険被保険者数（31600又は31602のとき）　**7**
※片保険理由コード（31600のとき）

加入済労働保険番号（31600又は31602のとき）
都道府県　所掌　管轄(1)　基幹番号　枝番号

㉖ 適用済労働保険番号1
都道府県　所掌　管轄(1)　基幹番号　枝番号

㉗ 適用済労働保険番号2
都道府県　所掌　管轄(1)　基幹番号　枝番号

※雇用保険の事業所番号（31600又は31602のとき）
※郵便区分　※種確コード（31600又は31602のとき）　※管轄(2)（31600のとき）　※業種　※産業分類（31600又は31602のとき）　※データ指示コード　※再入力区分

※修正項目（英数・カナ）

※修正項目（漢字）

事業主氏名（法人のときはその名称及び代表者の氏名）
株式会社　あいうえお
代表取締役　田中　智

※受付年月日（元号：令和は9）　元号-年-月-日

㉟ 法人番号　**3012310001234**

(3.3)

◀書式　労働保険概算保険料申告書▶

様式第6号（第24条、第25条、第33条関係）（甲）（1）

労働保険
石綿健康被害救済法
概算・増加概算・確定保険料
一般拠出金
申告書

下記のとおり申告します。

継続事業
（一括有期事業を含む。）

標準字体 **0123456789**

第3は1記入にあたってのお願い引きよく読んでから記入してください。OCR読込への記入は上記の「標準字体」でお願いします。

提出用

種別 **32700**

提出年月日・提出番号／入力範囲コード

労働保険番号 **13101 123450-000**

※各種区分

あて先　〒102-8307
千代田区九段南1-2-1
九段第3合同庁舎12階

東京労働局
労働保険特別会計歳入徴収官殿

確定保険料算定内訳

算定期間　　年　月　日　から　　年　月　日　まで

⑦区分	⑧保険料・一般拠出金算定基礎額	⑨保険料率	⑩確定保険料・一般拠出金額（⑧×⑨）
労働保険料			
労災保険分			
雇用保険分			
一般拠出金			

概算・増加概算保険料算定内訳

算定期間　○年○月○日　から　○年3月31日　まで

⑪区分	⑫保険料算定基礎額の見込額	⑬保険料率	⑭概算・増加概算保険料額（⑫×⑬）
労働保険料		11.5	322319
労災保険分	28639	2.5	71597
雇用保険分	27858	9	250722

延納の申請　納付回数 **1**

⑮申告済概算保険料額

⑯申告済概算保険料額

㉑差引額（イ）充当額（ロ）不足額（ハ）還付額

㉒増加概算保険料額

期別納付額	第1期 概算保険料額 322,319円	充当額 0円	不足額 0円	一般拠出金 322,319円	一般拠出金 0円	今期労働保険料 322,319円
	第2期					
	第3期					

事業又は作業の種類　**書籍の出版**

⑳保険関係成立年月日　○年○月○日

⑱加入している労働保険　（イ）労災保険（ロ）雇用保険　㉒特掲事業　（イ）該当する（ロ）該当しない

郵便番号 **100-0005**　電話番号 **(03) 6777 - XXXX**

事業
（イ）所在地　千代田区○○1-18-2　（ロ）名称　株式会社 あいうえお

事業主
（イ）住所　千代田区○○1-18-2
（ロ）名称　株式会社 あいうえお
（ハ）氏名　代表取締役　田中　智

44

2−3 雇用保険の加入手続き

◆ポイント◆

●「労働保険保険関係成立届」の手続き完了後に、事業主控えを添付して届け出ます。
●会社の雇用保険加入手続きと個人（従業員）の雇用保険加入手続きを同時に行います。

◇ 雇用保険に加入しなければならない会社 ◇

　1週間の所定労働時間が20時間以上で、かつ31日以上継続して雇用する見込みがある従業員を1人以上雇った場合は、たとえ雇用形態がパート等であっても、会社として雇用保険へ加入する手続きが必要です。

　なお、雇用保険への加入手続きは労災保険の加入手続きが完了した後に、行う必要があります。

　これは、雇用保険料の申告・納付の際に、労災保険の加入手続き時に付番された「労働保険番号」を使用するため、雇用保険の加入手続き時には、労災保険加入の手続きがなされているかどうかを併せて確認するためです。

　したがって、労災保険と雇用保険に同時に加入する場合、先に雇用保険の加入をしようとハローワークに出向いても、手続きを受け付けてもらうことができません。必ず、労災保険の加入手続きを済ませてから、雇用保険の加入手続きを行います。

◇ 届出様式と添付書類 ◇

　会社が雇用保険に加入すべき要件を満たした日の翌日から10日以内に「雇用保険適用事業所設置届」及び「雇用保険被保険者資格取得届」をハローワークへ提出します。添付書類として「労働保険保険関係成立届の事業主控（労働基準監督署の受理印があるもの）」「法人登記薄謄本」等が必要です。

　雇用保険では、会社の加入手続きのほかに、社員個人としての加入手続きも必要なため、「雇用保険被保険者資格取得届」もあわせて提出します。雇用保険に以前に加入していた従業員については、本人より雇用保険被保険者番号を確認のうえ、記入します。なお、被保険者番号がわからない場合は、「備考欄」に前職の会社名と在籍期間を記入することで対応が可能です。

　以上の手続きが完了すると、「雇用保険適用事業所番号」や会社名が記載された

「雇用保険適用事業所設置届事業主控」が発行されます。雇用保険料の申告・納付は「労働保険番号」で管理されますが、従業員の入社や退社の手続きで使用する番号は「雇用保険適用事業所番号」です。

◆ 雇用保険料の支払 ◆

　労働保険料の申告書は、保険料徴収の事務手続きを軽減するために、労災保険料と雇用保険料がまとめて1枚の申告書になっています(一元適用事業)。そのため、「労働保険概算保険料申告書」にて、労災保険料と雇用保険料を一度に申告・納付します(44ページ参照)。ただし、農林漁業・建設業等その事業の実態からして、労災保険と雇用保険の適用の仕方を区別する必要がある事業は、保険料の申告・納付等を別個に行う必要があります(二元適用事業)。

◀手続きのポイント▶

項目	内容
申請書類	雇用保険適用事業所設置届 雇用保険被保険者資格取得届
添付書類	・「労働保険保険関係成立届」の事業主控(労働基準監督署受理済みのもの) ・法人(商業)登記簿謄本、事業許可証、工事契約書等 ・労働者名簿 ・賃金台帳(雇入れから現在まで) ・出勤簿又はタイムカード(雇入れから現在まで) ・雇用契約書(有期契約労働者の場合) ※事業所の所在地が登録されたものと異なる場合には、事業所の所在地が明記されている書類(公共料金の請求書、賃貸借契約書等)が必要です。
提出先	ハローワーク
提出期限	会社が雇用保険に加入すべき要件を満たした日の翌日から10日以内
交付物・ 控書類	・雇用保険適用事業所設置届事業主控 ・雇用保険被保険者資格取得等確認通知書(被保険者通知用)／雇用保険被保険者証、雇用保険被保険者資格取得等確認通知書(事業主通知用)
その他	必ず先に労働基準監督署へ「労働保険保険関係成立届」の届出を行ってから、ハローワークへ雇用保険加入の手続きを行うこと。

雇用保険適用事業所設置届

（必ず第2面の注意事項を読んでから記載してください。）

※ 事業所番号

下記のとおり届けます。

公共職業安定所長　殿

令和 ○ 年 ○ 月 ○ 日

（この用紙は、このまま機械で処理しますので、汚さないようにしてください。）

帳票種別 `1 2 0 0 1`

1.法人番号（個人事業の場合は記入不要です。） `3 0 1 2 3 1 0 0 0 1 2 3 4`

2.事業所の名称（カタカナ） `カ ブ シ キ ガ イ シ ャ`

事業所の名称〔続き（カタカナ）〕 `ア イ ウ エ オ`

3.事業所の名称（漢字） `株 式 会 社`

事業所の名称〔続き（漢字）〕 `あ い う え お`

4.郵便番号 `1 0 0 - 0 0 0 5`

5.事業所の所在地（漢字）※市・区・郡及び町村名 `千 代 田 区 ○ ○`

事業所の所在地（漢字）※丁目・番地 `1 - 1 8 - 2`

事業所の所在地（漢字）※ビル、マンション名等

6.事業所の電話番号（項目ごとにそれぞれ左詰めで記入してください。） `0 3 － 6 7 7 7 － X X X`
市外局番　市内局番　番号

7.設置年月日 `5 - 0 0 0 0 0 0` （3 昭和　4 平成　5 令和）
元号　　年　　月　　日

8.労働保険番号 `1 3 1 0 1 1 2 3 4 5 0 0 0 0`
府県　所掌　管轄　基幹番号　枝番号

※公共職業安定所記載欄	9.設置区分（1 当然／2 任意）	10.事業所区分（1 個別／2 委託）	11.産業分類	12.台帳保存区分（1 日雇被保険者のみの事業所／2 船舶所有者）

13.事業主	（フリガナ） トウキョウト チヨダク マルマル	17.常時使用労働者数	8 人	
住所（法人のときは主たる事務所の所在地）	東京都千代田区○○1-18-2	18.雇用保険被保険者数	一般	7 人
（フリガナ） カブシキガイシャ アイウエオ			日雇	0 人
名称	株式会社 あいうえお	19.賃金支払関係	賃金締切日	15 日
（フリガナ） ダイヒョウトリシマリヤク タナカ サトシ			賃金支払日 当・翌月 25 日	
氏名（法人のときは代表者の氏名）	代表取締役 田中 智			
14.事業の概要（漁業の場合は漁船の総トン数を記入すること）	書籍の出版	20.雇用保険担当課名	課 係	
15.事業の開始年月日	令和○年○月○日	21.社会保険加入状況	健康保険 厚生年金保険 労災保険	
※事業の16.廃止年月日	令和　年　月　日			

備考	※	所長	次長	課長	係長	係	操作者

（この届出は、事業所を設置した日の翌日から起算して10日以内に提出してください。）

2021. 9

保険の新規加入

47

注 意

1 　□□□で表示された枠（以下「記入枠」という。）に記入する文字は、光学式文字読取装置（OCR）で直接読取を行いますので、この用紙を汚したり、必要以上に折り曲げたりしないでください。
2 　記載すべき事項のない欄又は記入枠は空欄のままとし、※印のついた欄は記入枠には記載しないでください。
3 　記入枠の部分は、枠からはみ出さないように大きめの文字によって明瞭に記載してください。
4 　4欄には、平成27年10月以降、国税庁長官から本社等へ通知された法人番号を記載してください。
5 　5欄には、数字は使用せず、カタカナ及び「-」のみで記載してください。
　　カタカナの濁点や半濁点は、1文字として取り扱い（例：ガ→ｶ□、パ→ﾊ□）、また、「ｷ」及び「ｴ」は使用せず、それぞれ「ｲ」及び「ｴ」を使用してください。
6 　3欄及び5欄には、漢字、カタカナ、平仮名及び英数字（英字については大文字体とする。）により明瞭に記載してください。
7 　5欄1行目には、都道府県名は記載せず、特別区名、市名又は郡名とそれに続く町村名を左詰めで記載してください。
　　5欄2行目には、丁目及び番地のみを左詰めで記載してください。
　　また、所在地にビル名又はマンション名等が入る場合は5欄3行目に左詰めで記載してください。
8 　6欄には、事業所の電話番号を記載してください。この場合、項目ごとにそれぞれ左詰めで、市内局番及び番号は「日」に続く5つの枠内にそれぞれ左詰めで記載してください。（例：03-3456-XXXX→ ０３□□□-３４５６-□XXX□ ）
9 　7欄には、雇用保険の適用事業所となるに至った年月日を記載してください。この場合、元号をコード番号で記載した上で、年、月又は日が1桁の場合は、それぞれ10の位の部分に「0」を付加して2桁で記載してください。
　　（例：平成14年4月1日→ ４-１４０４０１ ）
10 　14欄には、製品名及び製造工程又は建設の事業及び林業等の事業内容を具体的に記載してください。
11 　18欄の「一般」には、雇用保険被保険者のうち、一般被保険者数、高年齢被保険者数及び短期雇用特例被保険者数の合計数を記載し、「日雇」には、日雇労働被保険者数を記載してください。
12 　21欄は、該当事項を○で囲んでください。
13 　22欄は、事業所印と事業主印又は代理人印を押印してください。
14 　23欄は、最寄りの駅又はバス停から事業所への道順略図を記載してください。

お願い

1 　事業所を設置した日の翌日から起算して10日以内に提出してください。
2 　営業許可証、登記事項証明書その他記載内容を確認することができる書類を持参してください。

22. 登録印	事業所印影	事業主（代理人）印影	改印欄（事業所・事業主）改印年月日／令和　年　月　日	改印欄（事業所・事業主）改印年月日／令和　年　月　日	改印欄（事業所・事業主）改印年月日／令和　年　月　日

23. 最寄りの駅又はバス停から事業所への道順

労働保険事務組合記載欄

所在地 _____

名　称 _____

代表者氏名 _____

委託開始　　令和　　　年　　　月　　　日

委託解除　　令和　　　年　　　月　　　日

社会保険労務士記載欄	作成年月日・提出代行者・事務代理者の表示	氏　　名	電話番号

※ 本手続は電子申請による届出も可能です。詳しくは管轄の公共職業安定所までお問い合わせください。
　なお、本手続について、社会保険労務士が電子申請により本届書の提出に関する手続を事業主に代わって行う場合には、当該社会保険労務士が当該事業主の提出代行者であることを証明することができるものを本届書の提出と併せて送信することをもって、当該事業主の電子署名に代えることができます。

Q&A 社会保険加入の勧奨通知

Q 法人ですが日本年金機構より、社会保険加入の勧奨通知が到着しました。社会保険に加入しなければならないのでしょうか。

A 株式会社などの法人事業所と従業員が常時5人以上の個人事業所（一部業種を除く）の場合は、社会保険（健康保険、介護保険、厚生年金保険）への加入が義務づけられています。しかし、社会保険料を事業所で半分負担しなければならず、この保険料負担が難しいため加入義務があるにも関わらず加入を怠っている事業所が多くあります。また、社会保険へ加入しなくとも、実務的には国民健康保険と国民年金に加入しておくことで対応が可能であるということも事業所が加入を怠っている原因の1つです。

国としてはこのような状況を改善するべく、実際に社会保険への加入義務があるにも関わらずに加入を怠っている事業所については、日本年金機構の職員等が、加入促進のため突然訪問したり、または文書にて督促状の通知を行ったりしています。平成28年1月からマイナンバー制度も導入され、法人番号にて社会保険の未加入実態も把握できることになり、社会保険への加入を逃れるのは難しいのが現実です。

一方的に加入促進の電話や訪問を無視すると、後日強制適用の手段をとられる可能性がありますので、督促や加入の促進には真摯に対応することが大事です。何度も督促や訪問を無視していたり、加入義務があるのに頑として加入を断ったりすると、強制的に加入させられたり、場合によっては最大2年間適用を遡って、結果として2年分の社会保険料を徴収されたりすることもありますので注意が必要です。

Q&A 法人成りしたときの手続き

Q これまで従業員が3人の個人事業所で国民健康保険に加入していましたが、法人化することとなり、社会保険に加入しました。健康保険証の切替えが必要と聞きましたが、具体的にはどのような流れになるのでしょうか？

A 日本年金機構に「健康保険・厚生年金保険新規適用届」および「健康保険・厚生年金保険被保険者資格取得届」や「健康保険被保険者（異動）届」を提出し受理されると、約2週間程度で、協会けんぽより会社宛に、従業員（社会保険に加入した役員も含む）とその家族の「健康保険証」が郵送されます。

こちらは、特定記録郵便で、会社のポストに配達されますので、新しく会社を設立したり、個人から法人に事業所名を変更したりした場合には、必ず、ポストに会社名の表示をすることが必要です。

なお、それまで使用していた健康保険証は、新しい会社で健康保険に加入した日以降は使用できませんので注意が必要です。新しい健康保険証が届くまでの間に、病院にかかる場合には、受診先の病院において健康保険証の発行手続中である旨を伝え、診察・治療費の精算方法については、病院の指示に従ってください。

一般的には、いったん診察・治療費の全額を自己負担し、後日新しい健康保険証を病院に提示することで、差額分の診察・治療費が返金されるという対応が多いようです。

新しい健康保険証が発行された後に、それまで使用していた健康保険証を返却し、資格喪失（脱退）をする手続きを行います。一般的には以下の書類を用意し、従業員が直接手続きをします。手続きの方法は各市区町村や加入していた健康保険組合により異なりますので、あらかじめ市区町村や健康保険組合に確認することが必要です。

【健康保険の切り替え手続きに必要な書類（国民健康保険）】
・新たに加入した健康保険証のコピー
・国民健康保険脱退用の申請書(各市区町村のホームページからダウンロード可能)
・各市区町村国民健康保険発行の健康保険証原本　※ 家族分含む
※手続きに必要な書類は市区町村により異なる可能性があるので、必ず事前に確認すること。
※郵送での手続きが可能な場合もあるので、詳細は市区町村のホームページなどで確認すること。

Q&A 事業を廃止したときの手続き

Q このたび事業を廃止することになりました。この場合の社会保険、労働保険の手続きはどのようなことを行うのでしょうか？

A 事業を廃止する場合や、会社を解散するような場合、社会保険（健康保険、介護保険、厚生年金保険）と労働保険（労災保険、雇用保険）の各保険について、適用事業所を廃止する手続きが必要です。

社会保険においては、「健康保険・厚生年金保険適用事業所全喪届」に解散登記の記載がある法人登記簿謄本のコピー等を添付し、日本年金機構または健康保険組合へ提出します。あわせて従業員等の個別の資格喪失手続きも必要になるため、「健康保険・厚生年金保険被保険者資格喪失届」に健康保険証を添付して、日本年金機構または健康保険組合へ提出してください。

労働保険（労災保険）においては、労働保険料の精算手続きを行う必要があります。「労働保険確定保険料申告書」にて納付済の概算保険料と精算を行います。確定保険料の計算の結果、確定保険料が納付済概算保険料より多い場合は不足分の保険料を納付します。また、確定保険料が納付済概算保険料より少ない場合は、保険料の還付を行う必要があるため「労働保険料還付請求書」もあわせて提出してください。なお、「労働保険確定保険料申告書」の「事業廃止等理由」の記載箇所に記載をすることで対応が可能なため、別途廃止届等の届出は不要です。

労働保険（雇用保険）においては、「雇用保険適用事業所廃止届」に解散登記の記載がある法人登記簿謄本のコピー等を添付し、ハローワークへ提出します。あわせて従業員の個別の資格喪失手続きも必要になるため、「雇用保険被保険者資格喪失届」「雇用保険被保険者離職証明書」の提出も行ってください。

第3章

保険料に関する手続き

3-1 社会保険料のしくみと報酬になるもの

標準報酬月額の概要

　社会保険料は、従業員の給料に応じて決められていますが、残業の増減などによって額面が変わる可能性が高く、その都度社会保険料の計算を行うのは面倒です。この手間を省くために考えられたのが「標準報酬月額」です。健康保険、介護保険、厚生年金保険などの社会保険料は、実際の給料額ではなく、あらかじめ報酬に応じて定められているこの「標準報酬月額」とよばれる独自の等級区分にあてはめ算出します。

　なお、「標準報酬月額」の等級区分は、健康保険、介護保険、厚生年金保険で次のように定められています。

	標準報酬等級下限	標準報酬等級上限
健康保険	第1等級　58,000円	第50等級　1,390,000円
介護保険	第1等級　58,000円	第50等級　1,390,000円
厚生年金保険	第1等級　88,000円	第32等級　650,000円

※厚生年金保険料額表については317ページ参照。

◆ 社会保険において報酬となるもの、ならないもの ◆

　報酬とは、標準報酬月額の算定の元となるもので、給料、賃金、基本給、役職手当、家族手当、住宅手当、通勤手当、賞与（年4回以上の賞与に限る）など、どんな名称であっても、従業員が会社から労働の対価として受け取るものすべてが含まれます。通勤定期券や食事、住宅などを現物で支給する場合であっても、それが従業員に対して「労働の対価」として支給しているものであれば、標準報酬月額算出のもとになる報酬額に含める必要があります。

　ただし、結婚祝金や、預金利子など「労働の対価とならないもの」、大入袋など「臨時に受け取るもの」、「年3回以下の賞与」は、標準報酬月額算出の元になる報酬額には含めません。

報酬になるもの	報酬にならないもの
基本給、残業手当、通勤手当、住宅手当、家族手当、役職手当、精勤手当、能力手当、賞与（年4回以上のもの）など	賞与（年3回以下のもの）、大入り袋、解雇予告手当、退職金、出張旅費、交際費、慶弔費など

※ただし、年3回以下の賞与は標準賞与額に基づいた社会保険料の徴収が必要になります。

3-2 標準報酬月額の決定方法

「標準報酬月額」は次の4つのタイミングで決定されます。

①入社したとき

入社時に、残業代や通勤手当を含む従業員の給料等の総支給額をもとに、標準報酬月額を決定します。

②定時決定のとき

昇給や、見込残業代の変更などから、実際に従業員がもらっている給料等の額と、標準報酬月額とに差が生じると不公平感があります。このようなことのないように、年に1度、毎年7月に、その年の4月・5月・6月の給料を元に標準報酬月額の見直しを行います。

③随時改定のとき

基本給が変更になったときや、家族手当の変更など、毎月定額で受けるいわゆる固定的賃金が変更した場合などで、一定の要件に該当した場合に、標準報酬月額の変更を行います。

④産前産後休業・育児休業等を終了したとき

産前産後休業・育児休業等を終了して、職場に復帰した従業員が一定の要件に該当した場合に、標準報酬月額の変更を行います。

3-3 社会保険の「定時決定」

◆ポイント◆

●毎年1回、標準報酬月額と実際の給料額との差をなくすために見直す手続きを「定時決定」といいます。
●原則として社会保険に加入しているすべての者の標準報酬月額を見直します。
●社会保険料を決定する重要な手続きであるため、必ず毎年行う必要があります。

社会保険の定時決定

　社会保険料は標準報酬月額に基づいて決定、徴収されますが、実際に従業員が毎月支給されている給料額とこの標準報酬月額とにギャップが出てくるのは問題です。したがって、毎年1回7月に、現実に支給されている給料と現在該当している標準報酬月額とのギャップをなくすために見直しを行っています。なお、この毎年1回7月に行われる標準報酬月額の見直しのことを「定時決定」といい、その届出を行う書類のことを「算定基礎届」といいます。

定時決定の対象者

　「定時決定」の対象者は、毎年7月1日現在にその会社に在籍している社会保険に加入している従業員(被保険者)全員です。その年の4月、5月、6月に受けた報酬に基づいて9月1日からの標準報酬月額を決定します。ただし、例外として、下記に該当する人たちは、標準報酬月額を見直した(又は見直す)ばかりであるため、「定時決定」の対象外となります。

定時決定の対象者となる人	毎年7月1日現在に在籍している社会保険に加入している従業員全員
定時決定から除外される人	・その年の6月1日以降に新たに社会保険に加入した人 ・7月・8月・9月に随時改定や育児休業終了時改定の予定の人

　具体的には、その年の4月・5月・6月に受けた報酬の平均月額をもとに、新たに標準報酬月額を決定し、毎年7月1日から7月10日までの間に日本年金機構もしくは健康保険組合へ提出します。このように見直しを行い、新しく決まった標準報酬月額は、その年の9月から使用を開始します。

◇ 定時決定の対象となる月 ◇

　定時決定の対象となる月は4月・5月・6月の3ヶ月間ですが、この支給月は給与の対象となった計算月ではなく、実際に給与が支払われた月が対象月となります（例：末日締翌月10日払の場合は4/10、5/10、6/10が対象）。また、例えば5月に欠勤をしたため支給された給料額が低かった場合や、日給制の場合など、ゴールデンウィークで祝祭日が多く、所定労働日数が少なかったため給料額が低かった場合など、一律に定時決定の対象月として計算をすると、社会保険料を見直すという本来の趣旨に合わない結果になってしまいます。したがって、定時決定の対象となる月には、「支払基礎日数」が17日以上であること等一定の要件を定めています。これにより「支払基礎日数」が17日未満の月は除外して社会保険料を見直すこととなります。なお、「支払基礎日数」とは、給料計算をするもとになった日数のことをいい、月給の場合は公休日や有給休暇の日数も含めた暦日、日給制や時給制の場合は出勤日数をカウントします。

　また、給与の支払対象となる期間の途中から入社したことにより1か月分の給与が支給されない場合は、たとえ日割計算で17日以上の計算がなされていても、1か月分として受ける額を受けていないことから、算定対象月から除いて対応します。

◇ 病気で休職中や、育児休業中で給料の支払いがない場合 ◇

　4月・5月・6月の3か月間につき病気休職や育児休業などで給料が支払われない場合は、あくまでも病気休職や育児休業といった例外で給料が低くなっているにすぎません。したがって、そのような従業員に対して日本年金機構や健康保険組合は、休業直前の標準報酬月額で決定します。このような特別な算定方法による決定を「保険者算定」とよんでいます。

　なお、たとえ給料が全く支払われていなくとも、定時決定の対象者には該当していますので、算定基礎届の提出は必要になります。

◇ 一時帰休（レイオフ）による休業手当等が支給された場合 ◇

　感染症の拡大による会社都合の休業が行われた場合など、4月から6月の間に一時帰休（レイオフ）による休業手当等が支給された場合は、次ページ表のとおり「算定対象月」の平均を報酬月額として定時決定します。

◀一時帰休による休業手当等が支給された場合の定時決定等の例▶

	4月	5月	6月	7月	8月	9月	定時決定の算定対象月	随時改定月
1	●	○	○	☆	○	○	5月・6月	
2	●	●	●	☆	○	○	従前等級で決定	
3	●	●	●	★	○	○		7月改定
4	○	●	●	★	○	○	4月・5月・6月	
5	○	●	●	★	●	○		8月改定
6	○	○	●	★	●	○	4月・5月・6月	
7	○	○	●	★	●	●		9月改定

○：通常の報酬が支給された月　☆：一時帰休解消　●：一時帰休による休業手当等が支給された月
★：一時帰休未解消
【参照】日本年金機構 HP より抜粋　https://www.nenkin.go.jp/service/kounen/hokenryo/hoshu/20121017.html

---

◆ 短時間就労者の定時決定について ◆

　パート等正社員より短時間の労働条件で勤務する従業員の定時決定は次の方法で行われます。
① 　4月・5月・6月の3か月間のうち支払基礎日数が17日以上の月が1か月以上ある場合
　　該当月の報酬総額の平均を報酬月額として標準報酬月額を決定します。
② 　4月・5月・6月の3か月間のうち支払基礎日数がいずれも17日未満の場合
　　3か月のうち支払基礎日数が15日以上17日未満の月の報酬総額の平均を報酬月額として標準報酬月額を決定します。
③ 　4月・5月・6月の3か月間のうち支払基礎日数がいずれも15日未満の場合
　　従前の標準報酬月額にて引き続き定時決定します。

◆ 特定適用事業所に勤務する短時間労働者の定時決定 ◆

　従業員数101人以上（令和6（2024）年10月からは従業員数51人以上）の特定適用事業所のパート等の社会保険加入者である短時間労働者（81ページ参照）の定時決定は、4月・5月・6月のいずれも支払基礎日数が11日以上で算定することとなります。

◆ 3か月平均額と年平均額の間に2等級以上の差が生じる場合 ◆

　仕事の性質上、4月・5月・6月の3か月間の報酬をもとに算出した標準報酬月額と、前年7月〜当年6月までの1年間の報酬の月平均額（支払基礎日数17日未満の月を除く）によって算出した標準報酬月額の間に2等級以上の差があり、この差

が業務の性質上、例年発生することが見込まれる場合であって、従業員の同意がある場合は、過去１年間の月平均報酬月額により標準報酬月額を算定します。

◆ 定時決定の手続き ◆

　定時決定は、「健康保険・厚生年金保険被保険者報酬月額算定基礎届」を、毎年７月１日から７月10日までの間に、日本年金機構または健康保険組合へ提出することで行います。「健康保険・厚生年金保険被保険者報酬月額算定基礎届」は、毎年６月に日本年金機構または健康保険組合から送付されてきます。書類作成時の注意ポイントは下記の通りとなります。

　また、定時決定を年間報酬の平均で算定する場合は、別途「年間報酬の平均で算定することの申立書」「保険者算定申立に係る例年の状況、標準報酬月額の比較及び被保険者の同意等」の添付が必要です。

①報酬額を正しく記載する

　各月に支給された給料の総支給額を記載します。なお、通勤手当や残業手当も含まれますので、注意が必要です。通勤定期券や食事など現物給与を支給した場合は、現物給与を記載する欄に記載します。

②備考欄を活用する

　例えば欠勤日数により、支払基礎日数が17日未満の場合や、病気休職中や育児休業中で給料の支払いがない場合など、備考欄の項目を選択しておくと処理がスムーズに行われます。また、パート等で社会保険に加入している人は特例として支払基礎日数が15日未満の月で定時決定を行うケースがありますので、あらかじめパート等である旨の項目を選択しておきます。

③社会保険への加入漏れ従業員を防ぐ

　試用期間中の従業員やパート等の社会保険の加入手続きが漏れていないか注意が必要です。勤務日数や勤務時間によっては、遡及して社会保険への加入を指摘されますので、日頃から加入漏れがないように対応する必要があります。

◀ 手続きのポイント ▶

項目	内容
申請書類	健康保険・厚生年金保険被保険者報酬月額算定基礎届
添付書類	なし
提出先	日本年金機構または健康保険組合
提出期限	毎年７月１日から７月10日まで
交付物・控書類	健康保険・厚生年金保険被保険者標準報酬決定通知書
その他	健康保険組合などでは、賃金台帳などの確認を求められることがある。

◀書式　健康保険・厚生年金保険被保険者報酬月額算定基礎届▶

様式コード 2 2 2 5	健康保険 厚生年金保険 厚生年金保険	被保険者報酬月額算定基礎届 70歳以上被用者算定基礎届

令和 ○○ 年 7月 ○ 日提出

提出者記入欄

事業所 整理記号	0 3 あにむ

届書記入の個人番号に誤りがないことを確認しました。

事業所 所在地　〒100-0005
東京都千代田区○○　1-18-2

事業所 名称　株式会社　あいうえお

事業主 氏名　代表取締役　田中　智

電話番号　03（6777）XXXX

受付印

社会保険労務士記載欄
氏　名　等

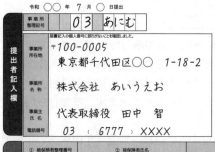

項目名	① 被保険者整理番号	② 被保険者氏名	③ 生年月日	④ 適用年月	⑩ 個人番号［基礎年金番号］ ※70歳以上被用者の場合のみ
	⑤ 従前の標準報酬月額	⑥ 従前改定月	⑦ 昇(降)給	⑧ 遡及支払額	
給与 支給月	⑨給与計算の 基礎日数	報酬月額 ⑩通貨によるものの額 ⑪現物によるものの額 ⑫合計(⑩+⑪)	⑬総計(一定の基礎日数以上の月のみ) ⑭平均額 ⑮修正平均額		⑱ 備考

1
① 7　② 鈴木 一郎　③ 5-390302　④ ○○年 9月
⑤健 560千円　厚 560千円　⑥ XX年 9月　⑦昇(降)給 1.昇給 2.降給　⑧遡及支払額
④支給月 ⑨日数
4月 31日　556,500　0　556,500　⑬総計 1,669,500
5月 30日　556,500　0　556,500　⑭平均額 556,500
6月 31日　556,500　0　556,500　⑮修正平均額

⑱ 1. 70歳以上被用者算定（算定基礎月： 月　月）
2. 二以上勤務　3. 月額変更予定
4. 途中入社　5. 病休・育休・休職等
6. 短時間労働者（特定適用事業所等）
7. パート　8. 年間平均
9. その他（　）

2
① 8　② 長谷川 雄二　③ 5-440620　④ ○○年 9月
⑤健 380千円　厚 380千円　⑥ XX年 9月　⑦昇(降)給 1.昇給 2.降給　⑧遡及支払額
支給月 日数
4月 31日　377,400　0　377,400　⑬総計 377,400
5月 12日　158,600　0　—　⑭平均額 377,400
6月 0日　0　0　0　⑮修正平均額

⑱ 1. 70歳以上被用者算定（算定基礎月： 月　月）
2. 二以上勤務　3. 月額変更予定
4. 途中入社　⑤ 病休・育休・休職等
6. 短時間労働者（特定適用事業所等）
7. パート　8. 年間平均
9. その他（5/0 より病気欠勤中）

3
① 9　② 赤城 ひろみ　③ 7-020403　④ ○○年 9月
⑤健 240千円　厚 240千円　⑥ XX年 9月　⑦昇(降)給 1.昇給 2.降給　⑧遡及支払額
支給月 日数
4月 0日　0　0　0　⑬総計
5月 0日　0　0　0　⑭平均額
6月 0日　0　0　0　⑮修正平均額

⑱ 1. 70歳以上被用者算定（算定基礎月： 月　月）
2. 二以上勤務　3. 月額変更予定
4. 途中入社　5. 病休・育休・休職等
6. 短時間労働者（特定適用事業所等）
7. パート　8. 年間平均
9. その他（　）

4
① 10　② 佐藤 京子　③ 5-601111　④ ○○年 9月
⑤健 340千円　厚 340千円　⑥ XX年 9月　⑦昇(降)給 ① 昇給 3月 2.降給　⑧遡及支払額 4月 10,000
支給月 日数
4月 31日　357,500　0　357,500　⑬総計 1,051,700
5月 30日　348,000　0　348,000　⑭平均額 350,556
6月 31日　346,200　0　346,200　⑮修正平均額 347,233

⑱ 1. 70歳以上被用者算定（算定基礎月： 月　月）
2. 二以上勤務　3. 月額変更予定
4. 途中入社　5. 病休・育休・休職等
6. 短時間労働者（特定適用事業所等）
7. パート　8. 年間平均
9. その他（　）

5
① 11　② 田崎 渉　③ 7-051005　④ ○○年 9月
⑤健 220千円　厚 220千円　⑥ ○○年 5月　⑦昇(降)給 1.昇給 2.降給　⑧遡及支払額
支給月 日数
4月 0日　0　0　0　⑬総計 215,000
5月 10日　114,000　0　114,000　⑭平均額 215,000
6月 31日　215,000　0　215,000　⑮修正平均額

⑱ 1. 70歳以上被用者算定（算定基礎月： 月　月）
2. 二以上勤務　3. 月額変更予定
④ 途中入社　5. 病休・育休・休職等
6. 短時間労働者（特定適用事業所等）
7. パート　8. 年間平均
9. その他（○○年 5月 1日取得）

※ ⑨支給月とは、給与の対象となった計算月ではなく実際に給与の支払いを行った月となります。

58

3–4　給料に変更があったとき

◆ポイント◆

●昇給や給与体系の変更などにより支給される給料に大幅な変更があった場合は、標準報酬月額を見直す「随時改定」の手続きを行います。
●すべての要件を満たした場合は毎年の「定時決定」を待たずに標準報酬月額を見直さなければなりません。
●「随時改定」を行わないと、「定時決定」の際に遡及して手続きを行うことになります。

保険料

◈ 社会保険の随時改定 ◈

　1年を通じて昇給や給料体系の変更など、支給される給料に大幅な変更があったとき、現在の標準報酬月額とギャップが開く恐れがあります。このような状況で、次の要件を満たした場合は年に1回の定時決定を待たずに、標準報酬月額の見直しを行います。この見直しのことを「随時改定」といい、その届出を行う書類のことを「月額変更届」といいます。

◈ 随時改定の要件 ◈

　随時改定の手続きを行うには、次のすべての要件を満たした場合に限られます。なお、ひとつでも要件に該当しない場合は、随時改定を行うことはできません。そのような場合は、定時決定での標準報酬月額の見直しまで待つことになります。

◀随時改定の要件▶

a　基本給や住宅手当など、固定的賃金の変更や時給制から月給制など給料体系の変更があったとき
b　変更があった月から連続した3か月間とも、支払基礎日数が17日以上あるとき
c　変更があった月から連続した3か月間の平均報酬額が、現在の標準報酬月額と比べて2等級以上の差が生じたとき

※ただし、例外として標準報酬月額の上限、下限に該当している場合は、1等級の差でも随時改定を行う場合があります。

◈ 随時改定による社会保険料の変更時期 ◈

　随時改定による社会保険料の変更のタイミングは、基本給などの給料の変更が

59

あった月から連続して３か月間の平均報酬額が現在の標準報酬月額と２等級以上の差があるときに、変更があった月から４か月目に行われます。なお、社会保険料は翌月の給料で控除することが原則です。したがって、随時改定を行った場合に、実際に給料から控除する社会保険料を変更するタイミングは、変更があった月から５か月目の給料からとなります。

> 【例】２×××年４月に基本給を変更し、随時改定に該当した場合
> ・標準報酬月額改定月⇒４・５・６月の３か月間の給料にて７月に改定
> ・社会保険料の控除開始月⇒８月給料から新しい保険料の控除開始
> ※ただし、当月の社会保険料を当月の給料で控除している会社は７月給料から新しい保険料の控除開始

◆ 随時改定の手続き ◆

　随時改定は、「健康保険・厚生年金保険被保険者報酬月額変更届」を日本年金機構または健康保険組合に提出します。

◆ ３か月平均額と年平均額の間に２等級以上の差が生じる場合 ◆

　定時決定と同様に、随時改定においても年間平均により標準報酬月額を決定することが可能です。具体的には３か月間の報酬の平均から算出した標準報酬月額と、「昇給月または降給月以後の継続した３か月の間に受けた固定的賃金の月平均額」に「昇給月または降給月前の継続した９か月及び昇給月または降給月以後の継続した３か月の間に受けた非固定的賃金の月平均額」を加えた額から算出した標準報酬月額との間に２等級以上の差があり、当該差が業務の性質上、例年発生することが見込まれる場合であって、現在の標準報酬月額と年間平均額から算出した標準報酬月額との間に１等級以上の差がある場合、年間の報酬の月平均額で保険者算定を行うことが可能です。

　ただし、例年特定の時期に残業代などの非固定的賃金が、通常の時期より多く支払われた場合に固定的賃金が増加した場合等を対象とする措置であるため、単に固定的賃金が大きく増減し、その結果、月平均額と年間の平均額とに２等級以上の差が生じる場合は対象となりません。また、季節的な報酬変動が例年起こることが想定される場合に適用されるため、例えば、定期昇給とは別の単年度のみの特別な昇給による改定、例年ではない業務の一時的な繁忙と昇給時期との重複による改定、転居に伴う通勤手当の支給による改定等は対象外です。

◀手続きのポイント▶

項目	内容
申請書類	健康保険・厚生年金保険被保険者報酬月額変更届
添付書類	なし
提出先	日本年金機構または健康保険組合
提出期限	変更があった月から4か月目
交付物・ 控書類	健康保険・厚生年金保険被保険者標準報酬改定通知書
その他	健康保険組合などでは、標準報酬等級が下がる場合は賃金台帳の確認を求められることがある

保険料

◀書式　健康保険・厚生年金保険被保険者報酬月額変更届▶

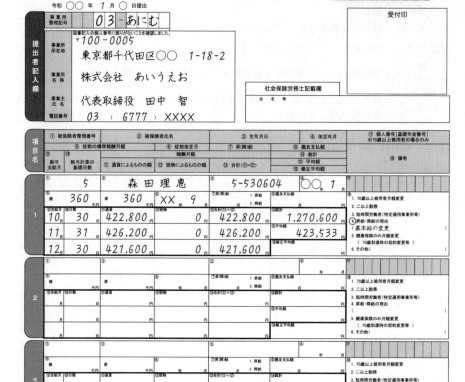

様式コード			
2	2	2	1

健康保険
厚生年金保険　**被保険者報酬月額変更届**

厚生年金保険　　70歳以上被用者月額変更届

令和 ○○ 年 1 月 ○ 日提出

受付印

提出者記入欄

事業所整理記号　**03 - あにむ**

届書記入の個人番号に誤りがないことを確認しました。

事業所所在地　〒**100-0005**
東京都千代田区○○　1-18-2

事業所名称　**株式会社　あいうえお**

事業主氏名　**代表取締役　田中　智**

電話番号　**03（6777）XXXX**

社会保険労務士記載欄

氏名等

項目名	① 被保険者整理番号	② 被保険者氏名	③ 生年月日	④ 改定年月	⑰ 個人番号[基礎年金番号]※70歳以上被用者の場合のみ
	⑤ 従前の標準報酬月額	⑥ 従前改定月	⑦ 昇(降)給	⑧ 遡及支払額	
	⑨給与支給月　⑩給与計算の基礎日数	⑪通貨によるものの額　⑫現物によるものの額　⑬合計(⑪+⑫)	⑭総計　⑮平均額　⑯修正平均額		⑱備考

1	① 5	② 森田理恵	③ 5-530604	④ ○○. 1 月	
	健 360 千円 厚 360 千円	XX 9 年月	⑦昇(降)給 1. 昇給 2. 降給	⑧遡及支払額	1. 70歳以上被用者月額変更 2. 二以上勤務 3. 短時間労働者(特定適用事業所等) 4. 昇給・降給の理由（基本給の変更） 5. 健康保険のみ月額変更（70歳到達時の契約変更等） 6. その他（　　）
	⑨10月 ⑩30日	⑪通貨 422,800円 ⑫現物 0円	⑬合計 422,800円	⑭総計 1,270,600円	
	⑨11月 ⑩31日	⑪通貨 426,200円 ⑫現物 0円	⑬合計 426,200円	⑮平均額 423,533円	
	⑨12月 ⑩30日	⑪通貨 421,600円 ⑫現物 0円	⑬合計 421,600円	⑯修正平均額	

※ ⑨支給月とは、給与の対象となった計算月ではなく実際に給与の支払いを行った月となります。

62

3-5 賞与を支払ったとき

◆ポイント◆

●年3回以下の賞与を支払った場合は従業員別に届出が必要です。

●賞与から徴収される社会保険料は、従業員の将来の年金給付額に反映されます。

●年4回以上の賞与を支払った場合は標準報酬月額の算定のもとに含めます。

◇ 賞与の社会保険料の計算方法 ◇

年3回以下の賞与を支払った場合は、賞与支給額の1,000円未満を切り捨てた額を「標準賞与額」として、これに保険料率をかけて保険料を計算します。この「標準賞与額」には健康保険、厚生年金保険それぞれに上限額があり、この上限額を超えた賞与には保険料はかかりません。

◀標準賞与額の上限▶

健康保険	年度の累計額573万円(年度は4月1日～翌年3月31日)
厚生年金保険	支給1か月(同一月内につき2回以上支給されたときは合算)150万円

【賞与の社会保険料の計算式】

健康保険料＝標準賞与額×(100.0／1000)健康保険料率

介護保険料＝標準賞与額×(18.2／1000)介護保険料率

厚生年金保険料率＝標準賞与額×(183／1000)厚生年金保険料率

子ども子育て拠出金＝事業所全体の厚生年金保険の標準賞与額×(3.6／1000)拠出金率

※保険料率は令和5(2023)年3月1日現在のもの(健康保険料率は協会けんぽ東京支部のもの)

◇ 賞与支払届の手続き ◇

賞与の支払日から5日以内に、「健康保険・厚生年金保険被保険者賞与支払届」を日本年金機構または健康保険組合へ提出します。添付書類は特に必要ありません。

なお、産前産後休業・育児休業中の従業員の社会保険料は免除されますが、従業員の将来の年金給付額に反映されるため届出が必要です。また、賞与の支給自体がなかった場合は、「健康保険・厚生年金賞与不支給報告書」を届け出る必要があります。届出が遅れると日本年金機構または健康保険組合から督促されるため速やかに届け出る必要があります。

◇ 賞与の労働保険料の計算方法 ◇

　賞与は労働保険料の計算のもとに含めますので、労働保険料の申告・納付の際に含み忘れがないよう注意が必要です。また、雇用保険料は従業員の賞与からの徴収が必要ですので、賞与の総支給額に雇用保険料率を乗じた金額を徴収します。

◀手続きのポイント▶

項目	内容
申請書類	健康保険・厚生年金保険被保険者賞与支払届
添付書類	なし
提出先	日本年金機構または健康保険組合
提出期限	賞与を支給してから5日以内
交付物・控書類	健康保険・厚生年金保険標準賞与額決定通知書
その他	賞与の支払いがない場合は「健康保険・厚生年金保険賞与不支給報告書」の提出が必要。

◀書式 健康保険・厚生年金保険被保険者賞与支払届▶

健康保険
厚生年金保険
被保険者賞与支払届
厚生年金保険　70歳以上被用者賞与支払届

様式コード
2 2 6 5

令和○○年 7 月 ○ 日

事業所整理記号	3　あにむ

受付印

提出者記入欄

図書記入の個人番号に誤りがないことを確認しました。

事業所所在地　〒100-0005
東京都千代田区○○　1-18-2

事業所名称　株式会社　あいうえお

事業主氏名　代表取締役　田中　智

電話番号　03（6777）XXXX

社会保険労務士記載欄	
氏　名　等	

保険料

項目名	① 被保険者整理番号	② 被保険者氏名	③ 生年月日	⑦ 個人番号［基礎年金番号］※70歳以上被用者の場合のみ
	④ 賞与支払年月日	⑤ 賞与支払額	⑥ 賞与額（千円未満は切捨て）	⑧ 備考

共通	④ 賞与支払年月日（共通）	9.令和 0 0 年 0 7 月 1 0 日	←1枚ずつ必ず記入してください。

1
① 4
② 山田　太郎
③ 7-010501
④※上記「賞与支払年月日（共通）」と同じ場合は、記入不要です。　9.令和　年　月　日
⑤（⑦通貨）420,000 円　（⑦現物）0 円
⑥（合計⑦+⑦）千円未満は切捨て 420,000 円
⑧ 1. 70歳以上被用者　2. 二以上勤務　3. 同一月内の賞与合算（初回支払日：　日）

2
① 5
② 森田　理恵
③ 5-530604
④※上記「賞与支払年月日（共通）」と同じ場合は、記入不要です。　9.令和　年　月　日
⑤（⑦通貨）650,000 円　（⑦現物）0 円
⑥（合計⑦+⑦）千円未満は切捨て 650,000 円
⑧ 1. 70歳以上被用者　2. 二以上勤務　3. 同一月内の賞与合算（初回支払日：　日）

3
① 6
② 本多　香
③ 7-040423
④※上記「賞与支払年月日（共通）」と同じ場合は、記入不要です。　9.令和　年　月　日
⑤（⑦通貨）360,000 円　（⑦現物）0 円
⑥（合計⑦+⑦）千円未満は切捨て 360,000 円
⑧ 1. 70歳以上被用者　2. 二以上勤務　3. 同一月内の賞与合算（初回支払日：　日）

4
① 7
② 鈴木　一郎
③ 5-390302
④※上記「賞与支払年月日（共通）」と同じ場合は、記入不要です。　9.令和　年　月　日
⑤（⑦通貨）556,500 円　（⑦現物）0 円
⑥（合計⑦+⑦）千円未満は切捨て 556,000 円
⑧ 1. 70歳以上被用者　2. 二以上勤務　3. 同一月内の賞与合算（初回支払日：　日）

5
① 8
② 長谷川　雄二
③ 5-440620
④※上記「賞与支払年月日（共通）」と同じ場合は、記入不要です。　9.令和　年　月　日
⑤（⑦通貨）210,000 円　（⑦現物）0 円
⑥（合計⑦+⑦）千円未満は切捨て 210,000 円
⑧ 1. 70歳以上被用者　2. 二以上勤務　3. 同一月内の賞与合算（初回支払日：　日）

6
① 9
② 赤城　ひろみ
③ 7-020403
④※上記「賞与支払年月日（共通）」と同じ場合は、記入不要です。　9.令和　年　月　日
⑤（⑦通貨）30,000 円　（⑦現物）0 円
⑥（合計⑦+⑦）千円未満は切捨て 30,000 円
⑧ 1. 70歳以上被用者　2. 二以上勤務　3. 同一月内の賞与合算（初回支払日：　日）

7
① 10
② 佐藤　京子
③ 5-601111
④※上記「賞与支払年月日（共通）」と同じ場合は、記入不要です。　9.令和　年　月　日
⑤（⑦通貨）400,000 円　（⑦現物）0 円
⑥（合計⑦+⑦）千円未満は切捨て 400,000 円
⑧ 1. 70歳以上被用者　2. 二以上勤務　3. 同一月内の賞与合算（初回支払日：　日）

8
①
②
③
④※上記「賞与支払年月日（共通）」と同じ場合は、記入不要です。　9.令和　年　月　日
⑤（⑦通貨）円　（⑦現物）円
⑥（合計⑦+⑦）千円未満は切捨て ,000 円
⑧ 1. 70歳以上被用者　2. 二以上勤務　3. 同一月内の賞与合算（初回支払日：　日）

9
①
②
③
④※上記「賞与支払年月日（共通）」と同じ場合は、記入不要です。　9.令和　年　月　日
⑤（⑦通貨）円　（⑦現物）円
⑥（合計⑦+⑦）千円未満は切捨て ,000 円
⑧ 1. 70歳以上被用者　2. 二以上勤務　3. 同一月内の賞与合算（初回支払日：　日）

10
①
②
③
④※上記「賞与支払年月日（共通）」と同じ場合は、記入不要です。　9.令和　年　月　日
⑤（⑦通貨）円　（⑦現物）円
⑥（合計⑦+⑦）千円未満は切捨て ,000 円
⑧ 1. 70歳以上被用者　2. 二以上勤務　3. 同一月内の賞与合算（初回支払日：　日）

◀書式　健康保険・厚生年金保険被保険者賞与不支給報告書▶

様式コード
2 2 6 6

健康保険
厚生年金保険　**賞与不支給報告書**

令和○○年 7 月 ○ 日 提出

提出者記入欄		
事業所整理記号	3 あにむ	事業所番号
事業所所在地	〒100-0005　東京都千代田区○○　1-18-2	
事業所名称	株式会社　あいうえお	
事業主氏名	代表取締役　田中　智	
電話番号	03 （ 6777 ） XXXX	

受付印

社会保険労務士記載欄
氏　名　等

・この報告書は、賞与支払予定月に賞与の支給がなかった場合に提出してください。
（賞与支払予定月に報告書の提出がない場合、後日、提出勧奨のお知らせが送付されます。）

賞与支払情報		
	賞与支払予定年月	9. 令和 **00**年 **7** 月
①	賞与支払年月	9. 令和 `0 0` 年 `0 7` 月
②	支給の状況	1. 不支給

・従前の賞与支払予定月を変更する場合は以下③も記入してください。

変更			月	月	月		月	月	月	月
	③	賞与支払予定月の変更				賞与支払予定月変更前				

3-6 労働保険料の申告のしくみと計算方法

◆ポイント◆

- ●労働保険料は見込額を先払いし、後で正確な金額と比較して過不足を精算する先払い方式で対応します。
- ●労働保険料の申告・納付手続を「労働保険の年度更新」手続きといい、毎年6月1日から7月10日までに行います。
- ●労働保険料を滞納すると会社は延滞金を請求されたり、助成金が受給できなくなったりするため、必ず納期限までに納める必要があります。

◇ 労働保険料申告のしくみ ◇

　労働保険の保険料は、毎年4月1日から翌年3月31日まで(これを「保険年度」といいます)の1年間を単位として計算を行い、保険年度の当初に、今年度に見込まれるおおよその保険料を仮払いし(概算保険料)、その後その年度が終わったところで、実際に計算した保険(確定保険料)と差額を調整し精算する、といった方法で行います。この作業のことを「労働保険の年度更新」手続きといい、毎年6月1日から7月10日までに行います。また、労働保険料の申告・納付と同時に石綿(アスベスト)健康被害者の救済費用にあてるため、労働保険料とは別に「一般拠出金」も合わせて申告・納付をします。労働保険料の納付は、労働基準監督署以外でも、最寄りの銀行や郵便局を通じた現金納付のほか、口座振替納付・電子納付(インターネットバンキングやATM)でも行うことができます。

　なお、一般事業の労働保険料の申告書は、保険料徴収の事務手続きを軽減するために、労災保険料と雇用保険料の申告書がまとめて1枚の申告書になっており、労災保険料と雇用保険料の申告納付を同時に行うことができます(建設業などの2元適用事業を除く)。また、従業員から控除した保険料もあわせて会社が申告する必要があります。

◀労働保険の年度更新手続きで行うこと▶

a	前年度の労働保険料を精算する「前年度の確定保険料の申告・納付」
b	今年度の労働保険料を計算する「今年度の概算保険料の申告・納付」
c	石綿(アスベスト)健康被害救済にかかる「一般拠出金の申告・納付」

◇ 労働保険料の保険料率(労災保険率) ◇

　労働保険料のうち労災保険率は、業種によって労災事故の発生率が大きく異なる

67

ため、業種ごとに2.5／1000から88／1000までの範囲で決められています。労災事故の発生率が高い業種(たとえば建設業など)ほど、労災保険率が高く設定されています。

　ただし、実態は業種が同じであっても、会社ごとに労災事故の発生率も異なります。そこで、会社の災害防止努力に応じ、実際の労災事故の発生率を減らすことを目的とし、労災事故が多い会社との公平性を保つため、一定の範囲内で労災保険率を引き上げたり、引き下げたりする制度があります。この制度のことを「労災保険のメリット制」といいます。実務的には、メリット制に該当する場合は、「労働保険概算・確定保険料申告書」に「労災保険率決定通知書」が同封されており、メリット制による変更後の保険料率が記載されていますので、この保険料率をもとに計算します。

◆ 労働保険料の保険料率(雇用保険率) ◆

　労働保険料のうち雇用保険率は、「一般の事業」「農林水産・清酒製造の事業」「建設の事業」の3種類に分かれており、それぞれ該当する保険率をもとに計算します。なお、雇用保険率には労災保険率の「メリット制」と同様な制度はありません。

	従業員負担	会社負担
労災保険料	なし	あり(全額負担) (保険料率は業種により異なる)
雇用保険料	あり <令和4 (2022)年4月1日～令和4 (2022)年9月30日> 一般の事業　　　　　　3／1000 農林水産・清酒醸造の事業4／1000 建設の事業　　　　　　4／1000 <令和4 (2022)年10月1日～令和5 (2023)年3月31日> 一般の事業　　　　　　5／1000 農林水産・清酒醸造の事業6／1000 建設の事業　　　　　　6／1000	あり <令和4 (2022)年4月1日～令和4 (2022)年9月30日> 一般の事業　　　　　　6.5／1000 農林水産・清酒醸造の事業7.5／1000 建設の事業　　　　　　8.5／1000 <令和4 (2022)年10月1日～令和5 (2023)年3月31日> 一般の事業　　　　　　8.5／1000 農林水産・清酒醸造の事業9.5／1000 建設の事業　　　　　　10.5／1000
一般拠出金	なし	あり(全額負担) (業種を問わず) 0.02／1000

※保険料率は令和4年4月1日現在のもの、参考資料(315、316ページ)参照

◆ 労働保険における賃金になるもの ◆

　労働保険において「賃金」とは、会社が従業員に対して「労働の対償」として支

払うすべてのものをいいます。労働保険料は、保険年度に支払った賃金総額に、業種毎に定められた保険料率を乗じて計算します。したがって、「賃金総額」に含まれる賃金を予め把握しておく必要があります。例えば「通勤手当」は、税金においては非課税ですが、労働保険においては「賃金」に含まれます。同様に通勤のために支給する定期券、回数券の現物給与についても「賃金」に含める必要があります。また、月々の給料とは別に、「賞与」についても賃金総額に含める必要があります。

◀賃金となるもの、ならないものの一例▶

賃金となるもの	賃金とならないもの
・月額給料(基本給、時給など)	・役員報酬
・扶養手当・子供手当・家族手当	・結婚祝金
・日直手当	・災害見舞金
・役職手当、管理職手当等	・私傷病見舞金
・通勤手当	・出張旅費
・定期券・回数券	・会社が負担する生命保険の掛け金
・賞与	・財形奨励金
・残業手当、深夜手当、休日手当	・持株会奨励金
・技能手当	・退職金
・休業手当	・解雇予告手当
・住宅手当	・制服
・雇用保険料その他社会保険料(労働者の負担分を事業主が負担する場合)など	・休業補償費など

◈ 労働保険料の申告納付手続き ◈

　労働保険料は、毎年5月末〜6月上旬に都道府県労働局より送付される「労働保険概算・確定保険料／石綿健康被害救済法一般拠出金申告書」を、毎年6月1日から7月10日まで(保険年度の途中で保険に加入した事業所は加入日の翌日から50日以内)に提出します。提出先は、会社の所在地を管轄する労働基準監督署や都道府県労働局、最寄りの銀行または郵便局などです。申告書には、あらかじめ会社名や住所、先払いした概算保険料や労働保険料率が記載されています。

　この「労働保険概算・確定保険料／石綿健康被害救済法一般拠出金申告書」を作成するためには、保険年度(4月1日から翌年3月31日まで)に支払った賃金総額を算出する作業が必要です。申告書と一緒に「確定保険料・一般拠出金算定基礎賃金集計表」が同封されているので、この集計表を使用して賃金総額を算出します。賃金総額の算出後、「労働保険概算・確定保険料／石綿健康被害救済法一般拠出金申告書」に賃金総額を転記し、保険料額を算出します。

◇ 労災保険と雇用保険の対象となる労働者 ◇

労災保険と雇用保険は対象となる労働者の範囲が異なっています。労働保険料の計算の元になる賃金総額を正確に算出するためにも、特に誤りやすい次のポイントに注意してください。

①パート等の取扱い

パート等の雇用形態で働いている従業員は、労災保険の対象労働者ですが、雇用保険に加入していない場合は、雇用保険の対象から除外する必要があります。

②出向者を受け入れている場合

関連会社から出向者を受け入れている場合、雇用保険は「出向元」で継続して加入しているため、雇用保険料は「出向元」で計算を行います。労災保険は「出向先」で計算する必要があるため出向者の賃金を労災保険の対象に含めて下さい。

③出向している従業員がいる場合

②とは逆に関連会社へ出向している従業員がいる場合は、雇用保険料は「出向元」で計算しますが、労災保険料は「出向先」で計算します。このため労災保険の対象から出向者の賃金を除く必要があります。

④取締役に対して支払う役員報酬

代表取締役や役員に支払う役員報酬は、原則賃金に該当しないため「賃金総額」には含めません。ただし役員の中でも、法人登記上は役員であっても、実態は労働者性が高い「兼務役員」の場合は、労働保険に加入することが可能です。したがって、「兼務役員」に支払われている給料のうち、「賃金」として支払われている金額については労働保険料の計算のもとに含める必要があります。

例えば、取締役総務部長などの兼務役員に「役員報酬：100,000円」「賃金額：400,000円」の「合計：500,000円」を支給している場合は、「賃金額：400,000円」について労働保険料の計算の元となる賃金総額に含める必要があります。

◇ 「確定保険料・一般拠出金算定基礎賃金集計表」の作成 ◇

「労働保険概算・確定保険料／石綿健康被害救済法一般拠出金申告書」に同封されている「確定保険料・一般拠出金算定基礎賃金集計表」を使用して、労災保険と雇用保険の賃金総額を算出します。賃金総額は1,000円未満の端数を切り捨てて計算します。

3-7 概算保険料・確定保険料・一般拠出金

◈ 概算保険料の計算方法と納付方法 ◈

概算保険料は、当該年度に従業員に支払う予定の賃金総額にその事業に適用される労働保険料率を乗じて計算します。通常賃金総額が前年度と比べて大きな変動が見込まれない場合は、「前年度の賃金総額と同じ額」をもとに計算を行います。一方前年度と比べて大きな変動（2分の1を下回るか、もしくは2倍を上回る）が見込まれる場合は「変動を考慮した見込みの賃金総額」をもとに計算を行います。

概算保険料の納付方法は一度に全額納付するのが原則ですが、概算保険料額が40万円以上（労災保険か雇用保険のどちらか一方の保険関係のみ成立している場合は20万円以上）の場合か、労働保険の事務処理を労働保険事務組合に委託している場合は、3回に分けて納付できます（延納）。

> 今年度概算保険料額
> ＝前年度（前年4月1日〜今年3月31日）に支払った賃金総額 × 労働保険料率
> ※ただし、今年度の賃金総額に大きな変動（2分の1を下回るか、もしくは2倍を上回る）が見込まれる場合は、変動を考慮した見込みの賃金総額に労働保険料率を乗じた金額となります。

◈ 確定保険料の計算方法と納付方法 ◈

確定保険料は、前年度に従業員に支払った賃金総額に、その事業に適用される労働保険料率を乗じて計算します。なお、すでに納付している概算保険料が確定保険料に足りないときは、その不足している額について納付し、すでに納付している概算保険料が確定保険料よりも多いときは、その多い分については今年度の概算保険料に充当し、充当を超える分は還付請求をします。

> 前年度確定保険料額
> ＝前年度（前年4月1日〜今年3月31日）に支払った賃金総額 × 労働保険料率

◈ 一般拠出金の計算方法と納付方法 ◈

石綿（アスベスト）は、すべての産業において、その基盤となる施設、設備、機材等に幅広く使用されてきました。このため、石綿（アスベスト）による健康被害者の救済にあたり、石綿（アスベスト）の製造販売等を行ってきた会社のみならず、すべての労災保険を適用している会社にこの「一般拠出金」の負担が行われます。この「一般拠出金」の料率は、業種を問わず、0.02／1000です。労働保険の確定保険料

保険料

の申告とあわせて申告、納付を行います。

　なお、一括有期事業に係る一般拠出金については、平成19年4月1日以降に開始
した事業(工事等)を対象としています。

一般拠出金
＝前年度(前年4月1日～今年3月31日)に支払った労災保険対象の賃金総額×0.02／1000

◀ 書式　確定保険料・一般拠出金算定基礎賃金集計表 ▶

令和X年度　確定保険料（労働保険料・一般拠出金）算定基礎賃金集計表／令和○年度　概算保険料（雇用保険分）算定内訳

労働保険番号	13101 1 2 3 4 5 0 0 0 0	事業の名称	株式会社あいうえお
		事業所の所在地	千代田区○-○-○ 1-18-2　郵便番号 100-0005
		電話	03-6777-XXXX　書籍の出版

労災保険及び一般拠出金（対象者数及び賃金）／雇用保険（雇用保険分）算定内訳

月	(1)常用労働者	賃金	(2)役員で労働者扱いの人 賃金	(3)臨時労働者 賃金	(合計) (1)+(2)+(3)	雇用保険 対象者数及び賃金
令和3年 4月	8	2,327,766		67,200	2,394,966	8	2,327,766
5月	8	2,101,597		76,800	2,178,397	8	2,101,597
6月	8	1,939,066		67,200	2,006,266	8	1,939,066
7月	8	1,942,953		76,800	2,019,753	8	1,942,953
8月	8	1,942,997		48,000	1,990,997	8	1,942,997
9月	8	1,939,066		57,600	1,996,666	8	1,939,066
10月	8	2,010,288		76,800	2,087,088	8	2,010,288
11月	8	2,164,500		67,200	2,231,700	8	2,164,500
12月	8	2,386,532		57,600	2,444,132	8	2,386,532
令和4年 1月	8	2,385,819		57,600	2,443,419	8	2,385,819
2月	8	2,383,066		57,600	2,440,666	8	2,383,066
3月	8	2,290,247		96,000	2,386,247	8	2,290,247
賞与		2,857,120			2,857,120		2,857,120
賞与		2,686,500			2,686,500		2,686,500
合計	96	31,357,517	0	806,400	108	32,163,917	96	31,357,517

雇用保険被保険者数

	(1)の合計人数	÷12 =	中の平均人数
	96		8 人

	(1)の合計の千円未満を切り捨てた額を記入	
労災保険 対象分	32,163	千円
雇用保険 対象分	31,357	千円
一般拠出金	32,163	千円

常用労働者のほか、パート、アルバイトで雇用保険の被保険者であるものを記入します。

B　雇用保険被保険者数

	(3)の千円未満の数	
	108	
	÷12 =	中の平均人数 9人

算定期間　令和X年4月1日～令和5年3月31日

	(ロ)保険料率	(イ)確定保険料額
	9.5	148,950.5 円
雇用保険分	13.5	211,653 円
(ハ)+(ロ)		360,603 円

算定期間	(イ)確定賃金総額	雇用保険確定賃金
概算保険料（雇用保険分）算定内訳	15,679 千円	15,678 千円
確定保険料（雇用保険分）算定内訳		31,357 千円

◀書式　労働保険概算・確定保険料申告書▶

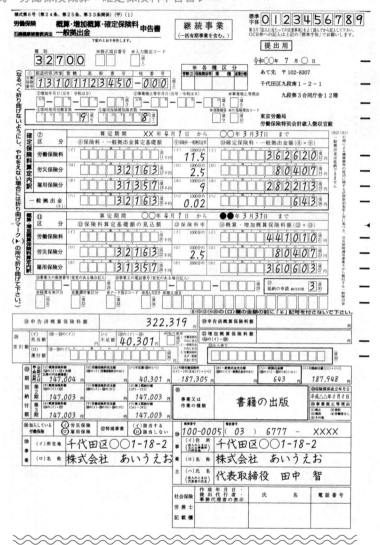

74

	項目	内容	チェック欄
(1)	賃金の範囲を明確にする	【賃金となるもの】月額給料、賞与、通勤手当（定期券）、残業手当、休業手当、住宅手当、家族手当など 【賃金に含まれないもの】役員報酬、結婚祝金、出張旅費、会社が負担する生命保険の掛け金、財形奨励金、持株会奨励金、退職金など	□通勤手当は賃金に算入されているか？ ※税金は非課税だが、賃金には含まれるため、注意が必要 □賞与は賃金に算入されているか？ □取締役に対して支払う役員報酬は賃金から除外されているか？ ※ただし兼務役員に支払われている給料のうち、「賃金」として支払われている金額については労働保険料の計算の基に含める必要あり
(2)	労災保険と雇用保険の対象となる労働者を整理する	労災保険と雇用保険の対象者は、それぞれ対象となる労働者の範囲が異なっており、取扱いが異なるため注意が必要。	□パート等の賃金は労災保険の対象として算入されているか？ □パート等で雇用保険に加入している場合は雇用保険の対象として算入されているか？ □年度途中の退職者の賃金は算入されているか？ □社長や役員の役員報酬分が誤って算入されていないか？ □出向者を受け入れている場合は、その者の賃金も労災保険の対象賃金に含まれているか？ □関連会社等に出向をさせている場合は、その者の賃金につき雇用保険の対象賃金に含まれているか？また労災保険の対象賃金からは除外されているか？ □賞与その他臨時の賃金や通勤手当は算入されているか？
(3)	確定保険料・一般拠出金算定基礎賃金集計表の作成	「労働保険概算・確定保険料／石綿健康被害救済法一般拠出金申告書」に同封されている「確定保険料・一般拠出金算定基礎賃金集計表」を使用して、労災保険と雇用保険の賃金総額を算出する。	□賃金総額は1,000円未満の端数を切り捨てて計算しているか？

保険料

75

(4)	確定保険料の計算	「確定保険料・一般拠出金算定基礎賃金集計表」を「労働保険概算・確定保険料／石綿健康被害救済法一般拠出金申告書」に転記し、記載されている保険料率をもとに計算。	□納付済概算保険料が確定保険料より少ないときは、その不足額について納付することとなっているか？ □納付済概算保険料が確定保険料よりも多いときは、その多い分について翌年度の概算保険料に充当、還付されることとなっているか？
(5)	概算保険料の計算	概算保険料は、原則として「前年度の賃金総額と同じ額」で計算。ただし、前年度と比べて大きな変動（2分の1を下回るか、もしくは2倍を上回る）が見込まれる場合は、「変動を考慮した見込みの賃金総額」で計算。	□概算保険料は、「前年度の賃金総額と同じ額」となっているか？ □賃金総額が前年度と比べて大きな変動（2分の1を下回るか、もしくは2倍を上回る）が見込まれる場合は、「変動を考慮した見込みの賃金総額」となっているか？
(6)	概算保険料の納付方法の確認	概算保険料の納付方法は原則として全額一括納付。ただし、概算保険料額が40万円以上（労災保険か雇用保険のどちらか一方の保険関係のみ成立している場合は20万円以上）の場合か、労働保険の事務処理を労働保険事務組合に委託している場合は、3回に分けて納付可（延納）。	□概算保険料の延納を希望する場合は、延納要件（概算保険料額が40万円以上または労災保険か雇用保険のどちらか一方の保険関係のみ成立している場合は20万円以上）を満たしているか？
(7)	一般拠出金の計算	一般拠出金は前年度に支払った労災保険対象の賃金総額に0.02／1000を乗じて計算。	□「一般拠出金」の計算が漏れていないか？ □一括有期事業に係る一般拠出金については、平成19年4月1日以降に開始した事業（工事等）を対象として、計算しているか？
(8)	申告書の提出・労働保険料の納付	作成した「労働保険概算・確定保険料／石綿健康被害救済法一般拠出金申告書」を管轄の労働基準監督署、都道府県労働局、最寄りの銀行または郵便局などへ提出。	□申告書の納付額と領収済通知書の納付額は一致しているか？

Q&A 2か所の事業所から給料を支給されているとき

Q 2か所の事業所から給料を支給されている場合の社会保険料の取扱いはどのようになりますか。

A 2か所の事業所から報酬（給与）の支払いを受け、かつ両方とも社会保険の加入要件を満たすような常勤勤務をする場合は、どちらの会社で保険に加入するかを本人が選んだ上で、2社の報酬を合算して社会保険料の計算を行います。ただし、社会保険料の請求は、各会社が支払っている給料額に基づいて、各会社に請求されます。なお、この手続きを行うためには、「健康保険・厚生年金保険被保険者所属選択・二以上事業所勤務届」を日本年金機構または健康保険組合へ届け出る必要があります。また、健康保険証は2枚になるわけではなく、本人が選んだ事業所で1枚発行してもらいます。

なお、どちらか一方の事業所での勤務が「非常勤勤務」であり社会保険の加入要件を満たさないのであれば、2か所で社会保険に加入する必要はありませんので、社会保険の加入要件を満たした事業所でのみ加入すればよいことになります。

第**4**章

入社したときの手続き

社会保険の加入対象者

◆ 社会保険の加入対象者と適用除外者 ◆

社会保険が適用される会社については、正社員だけでなく、パート等や外国人、ダブルワーク（複数就業）、年金を受給している従業員であっても、加入基準を満たす場合は社会保険に加入させなければなりません。ただし、次の適用除外者に該当する従業員は、社会保険に加入できません。

◀ 社会保険の適用除外者 ▶

	適用を除外される人	例外として適用される人
1	日々雇入れられる人	引き続き1か月以上雇われることになった人
2	2か月以内の期間を定めて使用される者であって当該定めた期間を超えて使用されることが見込まれない者	・就業規則・雇用契約書等においてその契約が「更新される旨」または「更新される場合がある旨」が明示されている場合は当初から加入 ・同一事業所において同様の雇用契約に基づき雇用されている者が、更新等により最初の雇用契約の期間を超えて雇用された実績がある場合は当初から加入
3	所在地が一定しない事業所に使用される人	いかなる場合も被保険者とならない
4	4か月以内の期間に限って季節的な仕事に雇われる人	当初から継続して4か月を超えて雇われる見込みの人は当初から加入
5	6か月以内の臨時的事業の事業所で雇われる人	当初から継続して6か月を超えて雇われる見込みの人は当初から加入

保険ごとにみると、75歳以上の人は後期高齢者医療制度に加入することになるので健康保険の加入対象になりません。70歳以上の人は厚生年金保険の加入対象になりません。

また、介護保険は従業員が40歳に到達した時点で加入する保険のため、入社時に40歳以上であれば加入します。なお、介護保険の加入手続きは特にありませんが、保険料を納付するために介護保険料の被保険者負担分を給料から控除する必要があります。

＊介護保険料は40歳到達月から控除します。40歳到達日とは40歳の誕生日の前日です。例えば4月1日生まれの人の場合、40歳到達日は3月31日、保険料の控除は3月分から開始します。

◀年齢と社会保険の整理▶

	健康保険	介護保険	厚生年金
40歳未満	○	×	○
40歳以上65歳未満	○	○	○
65歳以上70歳未満	○	※2	○
70歳以上75歳未満	○	※2	×
75歳以上	※1	※2	×

※1　75歳以上の人は健康保険の資格を喪失し、後期高齢者医療制度に移行します。
※2　65歳以上の人の介護保険については、会社を経由せず個人で手続きします。

◆ パート等の加入基準 ◆

　パート等でも、1週間の所定労働時間と1か月の所定労働日数について、同じ会社で同様の業務に従事している正社員の4分の3以上である場合には、社会保険に加入しなければなりません。

　また、社会保険に加入している従業員数が101人以上である会社(特定適用事業所)や100人以下でも労使合意に基づき申出をした会社(任意特定適用事業所)の場合は、①週の所定労働時間が20時間以上、②継続雇用2か月を超える見込み、③月額賃金88,000円以上、④学生以外であれば加入します。

◀パート等の社会保険加入基準▶

従業員数	加入基準
従業員数100人以下の事業所、会社	1週間の所定労働時間数及び1か月の所定労働日数が正社員等の常用雇用者の4分の3以上ある場合
従業員数101人以上または100人以下で労使合意がある事業所、会社	①週所定労働時間が20時間以上 ②1か月あたりの賃金8.8万円以上 ③雇用期間の見込みが2か月を超える ④学生ではない

◆ パート等の社会保険の適用拡大 ◆

　法改正により、令和6 (2024)年10月からパート等の社会保険加入要件が拡大され従業員数51人以上の会社が対象となります(特定適用事業所)。特定適用事業所であり次の(次ページ)の4つの条件に該当するときは、現在配偶者の健康保険の被扶養者であるパート等であっても、社会保険の加入が必要になります。

①週所定労働時間が20時間以上
②１か月あたりの賃金8.8万円以上
③雇用期間の見込みが２か月を超える
④学生ではない

　なお、従業員数は次の①②を合算した数で判断します。

①　フルタイムの従業員数
②　週所定労働時間がフルタイム従業員の４分の３以上のパート等の従業員数

　実務的には、特定適用事業所に該当する場合は、日本年金機構より事前に通知が届きますので、通知に従って対応をしてください。

◆ 外国人の加入基準 ◆

　外国人についても日本人と同じ基準で社会保険に加入します。なお、外国人を雇い入れる場合には、在留カードやパスポートで在留資格や在留期限などの日本で就労できる資格があるかを確認する必要があります。

　外国人の場合、日本と自国との社会保障制度に二重に加入しなければならない場合があり、受給要件を満たさずに保険料の掛捨てになってしまう場合があります。このような二重加入の不利益を防ぐため、社会保障協定（参考資料319ページ参照）を締結している国同士であれば、年金加入期間の通算や５年以内の短期派遣の場合の加入免除の仕組みがあります。ただし、このような仕組みが適用されるのは海外の会社から日本に派遣された外国人の場合で、日本で採用された外国人については、日本人と同様に日本の社会保障制度が適用されます。

社会保険の資格取得手続き

◆ポイント◆

- ●社会保険の被保険者資格を取得するための届出を会社が行います。
- ●契約内容の変更によって基準を満たすことになった従業員も該当します。
- ●扶養家族の有無も確認します。

◇ 従業員に用意してもらう書類 ◇

従業員に個人番号（マイナンバー）カード（または通知カード）か年金手帳（基礎年金番号通知書）を準備してもらいます。運転免許証、個人番号（マイナンバー）カードなどの身分証明書を提示してもらい、従業員の氏名、生年月日、性別、住所、マイナンバーまたは基礎年金番号等を確認のうえで手続を行います。

健康保険では、従業員が家族を扶養している場合は、従業員本人の健康保険の被扶養者となることで、家族も必要な健康保険の給付を受けられます。扶養家族についても手続きが必要になりますので、あわせて入社時に必要な書類を提出してもらいます(112ページ参照)。

また、年金手帳を紛失している場合には、従業員と配偶者については「基礎年金番号通知書」の再交付を申請することができます。

◇ 社会保険の資格取得手続き ◇

「健康保険・厚生年金保険被保険者資格取得届」によって2つの保険(健康保険・厚生年金保険)について同時に届出を行います。

資格取得日(通常は入社日)から5日以内に日本年金機構または健康保険組合に会社が提出します。

介護保険については、入社時に40歳以上65歳未満であれば健康保険に付随して自動的に加入するため特別な手続きは不要ですが、「介護保険料」を徴収する必要があります。

70歳以上の場合、厚生年金保険の被保険者にはなりませんが、在職老齢年金制度が適用されるため、70歳以上被用者について届出が必要です。なお、提出書類は「健康保険・厚生年金保険被保険者資格取得届」と「厚生年金保険70歳以上被用者該当届」とが兼用なので1種類の書類で同時に届出を行うことができます。

外国籍の人を採用したときには、「厚生年金保険被保険者ローマ字氏名届」の提出が必要な場合があります。また、2つ以上の会社に勤務する場合の手続について

は、第3章Q&A（77ページ）、再雇用も含め60歳以上の従業員を採用した場合については、第10章(259ページ)も参照してください。

◇ 手続きが終了したら ◇

　手続きが完了すると、協会けんぽまたは健保組合から会社宛に「健康保険証」が交付されるため従業員へ渡します。また、日本年金機構から「健康保険・厚生年金保険資格取得確認および標準報酬決定通知書」が交付されます。はじめて公的年金制度に加入する場合には、基礎年金番号通知書も交付されますので、あわせて従業員へ渡します。

　また、「健康保険・厚生年金保険被保険者資格取得確認および標準報酬額決定通知書」に記載されている標準報酬月額を基に社会保険料を計算して控除します。社会保険料は入社した月から月単位で徴収されますが、原則どおり翌月徴収としている会社の場合、保険料の控除は翌月支給分の給料から開始します。入社月は保険料を控除しませんので注意が必要です。

◀手続きのポイント▶

	内容
申請書類	健康保険・厚生年金保険被保険者資格取得届
添付書類	なし
提出先	日本年金機構または健康保険組合
提出期限	入社日から5日以内
交付物・控書類	・健康保険者証(⇒従業員に渡す) ・健康保険・厚生年金保険資格取得確認および標準報酬決定通知書(⇒従業員に内容を通知する)

◀書式　健康保険・厚生年金保険被保険者資格取得届▶

| 様式コード 2 2 0 0 | 健 康 保 険 厚生年金保険 厚生年金保険 | 被保険者資格取得届 70歳以上被用者該当届 | |

令和 ○ 年 5 月 ○ 日提出

事業所整理記号 **03-アニム** 事業所番号 **12345**

受付印

提出者記入欄

届書記入の個人番号に誤りがないことを確認しました。

事業所所在地　〒 **100-0005**
東京都千代田区○○　1-18-2

事業所名称　**株式会社　あいうえお**

事業主氏名　**代表取締役　田中　智**

電話番号　**03（6777）XXXX**

社会保険労務士記載欄　氏名等

被保険者1

① 被保険者整理番号		② 氏名	(フリガナ) (氏) **タザキ** **田崎**	(名) **ワタル** **渉**	③ 生年月日	5.昭和 7.平成 9.令和 **05** 年 **10** 月 **05** 日	④ 種別	①男 2.女 3.坑内員	5.(基金) 6.女(基金) 7.坑内員 (基金)
⑤ 取得区分	i 健保・厚年 3.共済出向 4.船保任継	個人番号 基礎年金番号	**1234567800000**		⑥ 取得(該当)年月日	9.令和 **04** 年 **05** 月 **16** 日	⑦ 被扶養者	⓪無	1.有
⑧ 報酬月額	⑦(通貨) **215,000** 円 ⑦(現物) **0** 円		⑨(合計 ⑦+④) **215000** 円		⑩ 備考	該当する項目を○で囲んでください。 1. 70歳以上被用者該当 2. 二以上事業所勤務者の取得	3. 短時間労働者の取得(特定適用事業所等) 4. 退職後の継続再雇用者の取得 5. その他（　　　）		
⑪ 住所	日本年金機構に提出する際、個人番号を記入した場合は、住所記入は不要です。 (フリガナ)						理由: 1. 海外在住 2. 短期在留 3. その他（　）		

被保険者2

① 被保険者整理番号		② 氏名	(フリガナ) (氏)	(名)	③ 生年月日	5.昭和 7.平成 9.令和 年 月 日	④ 種別	1.男 2.女 3.坑内員	5.男(基金) 6.女(基金) 7.坑内員 (基金)
⑤ 取得区分	i 健保・厚年 3.共済出向 4.船保任継	個人番号 基礎年金番号			⑥ 取得(該当)年月日	9.令和 年 月 日	⑦ 被扶養者	0.無	1.有
⑧ 報酬月額	⑦(通貨) 円 ⑦(現物) 円		⑨(合計 ⑦+④) 円		⑩ 備考	該当する項目を○で囲んでください。 1. 70歳以上被用者該当 2. 二以上事業所勤務者の取得	3. 短時間労働者の取得(特定適用事業所等) 4. 退職後の継続再雇用者の取得 5. その他（　　　）		
⑪ 住所	日本年金機構に提出する際、個人番号を記入した場合は、住所記入は不要です。 (フリガナ)						理由: 1. 海外在住 2. 短期在留 3. その他（　）		

被保険者3

① 被保険者整理番号		② 氏名	(フリガナ) (氏)	(名)	③ 生年月日	5.昭和 7.平成 9.令和 年 月 日	④ 種別	1.男 2.女 3.坑内員	5.男(基金) 6.女(基金) 7.坑内員 (基金)
⑤ 取得区分	i 健保・厚年 3.共済出向 4.船保任継	個人番号 基礎年金番号			⑥ 取得(該当)年月日	9.令和 年 月 日	⑦ 被扶養者	0.無	1.有
⑧ 報酬月額	⑦(通貨) 円 ⑦(現物) 円		⑨(合計 ⑦+④) 円		⑩ 備考	該当する項目を○で囲んでください。 1. 70歳以上被用者該当 2. 二以上事業所勤務者の取得	3. 短時間労働者の取得(特定適用事業所等) 4. 退職後の継続再雇用者の取得 5. その他（　　　）		
⑪ 住所	日本年金機構に提出する際、個人番号を記入した場合は、住所記入は不要です。 (フリガナ)						理由: 1. 海外在住 2. 短期在留 3. その他（　）		

被保険者4

① 被保険者整理番号		② 氏名	(フリガナ) (氏)	(名)	③ 生年月日	5.昭和 7.平成 9.令和 年 月 日	④ 種別	1.男 2.女 3.坑内員	5.男(基金) 6.女(基金) 7.坑内員 (基金)
⑤ 取得区分	i 健保・厚年 3.共済出向 4.船保任継	個人番号 基礎年金番号			⑥ 取得(該当)年月日	9.令和 年 月 日	⑦ 被扶養者	0.無	1.有
⑧ 報酬月額	⑦(通貨) 円 ⑦(現物) 円		⑨(合計 ⑦+④) 円		⑩ 備考	該当する項目を○で囲んでください。 1. 70歳以上被用者該当 2. 二以上事業所勤務者の取得	3. 短時間労働者の取得(特定適用事業所等) 4. 退職後の継続再雇用者の取得 5. その他（　　　）		
⑪ 住所	日本年金機構に提出する際、個人番号を記入した場合は、住所記入は不要です。 (フリガナ)						理由: 1. 海外在住 2. 短期在留 3. その他（　）		

入社

協会けんぽご加入の事業所様へ
※　70歳以上被用者該当届のみ提出の場合は、「⑩備考」欄の「1.70歳以上被用者該当」
　　および「5.その他」に○をし、「5.その他」の（　）内に「該当届のみ」とご記入ください（この場合、
　　健康保険被保険者証の発行はありません）。

85

4-3 労働保険の加入対象者

◇ 労働保険の加入対象者と適用除外者 ◇

　労働保険には、労災保険と雇用保険との2つの保険がありますが、それぞれ加入基準や手続きが異なります。

　労災保険は、「労働者」といわれるすべての従業員に適用されます。「正社員」「パート等」といった雇用形態、年齢や国籍に関わらず、労働時間が短くても適用されます。労災保険の手続は会社単位で行いますので（第3章3－6・67ページ、3－7・71ページ以下参照）、従業員が入社した場合でも、個々人についての手続はありません。

　なお、労災保険は「労働者」を対象とする保険のため、原則として役員等は対象外ですが、中小企業事業主等が要件を満たす場合に労災保険に加入できる特別加入の制度があります。また兼務役員については、「労働者」としての身分が認められる場合は労災保険の適用を受けることができます（第1章Q&A・32ページ参照）。

　雇用保険は、その会社と雇用関係にある従業員は、「正社員」「パート等」といった雇用形態、年齢や国籍に関わらず、原則として全員が雇用保険に加入します。ただし、次の適用除外に該当する従業員は雇用保険に加入できません。

◀雇用保険の適用除外者▶

適用を除外される人	例外として適用される人
1週間の所定労働時間が20時間未満である人	
31日以上の継続雇用が見込まれない人	
季節的に雇用される人で、雇用期間が4か月以内か、1週間の所定労働時間が30時間未満の人	
各種学校の学生または生徒	卒業後引き続き雇用される人、休学中の人、夜間学校の人

　65歳に達した日以降新たに雇用される場合は、従来被保険者となりませんでしたが、平成29年1月1日以降、加入要件を満たしていれば被保険者となります。

　なお、雇用保険も「労働者」を対象とする保険であるため、原則として役員等は対象外ですが、労災保険と同様に兼務役員の場合については「労働者」としての身分が認められる場合には加入対象となる場合があります。ただし、雇用保険には労災保険の特別加入のような制度はありません。

　また、船員保険に加入している人や、国・都道府県・市町村の事業に雇用される人についても雇用保険は適用されません。ただし、国・都道府県・市町村の事業に

雇用される人のうち、離職時に受ける諸手当が雇用保険の給付の内容を下回る人は雇用保険の適用対象となります。

◆ パート等の雇用保険の加入基準 ◆

　パート等でも、①1週間の所定労働時間が20時間以上であり、かつ、②31日以上引き続き雇用されることが見込まれる場合には、雇用保険に加入します。

◆ 外国人の雇用保険の加入基準 ◆

　合法的に就労する外国人は国籍を問わず雇用保険に加入しますが、外国の失業補償制度の適用を受けていることが立証された場合は、対象となりません。また、外国人技能実習生のうち入国当初の雇用契約に基づかない講習の期間中の場合も対象となりません。

◆ 65歳以上の複数就業者における雇用保険加入基準 ◆

　令和4（2022)年1月より「雇用保険マルチジョブホルダー制度」が新設されました。雇用保険マルチジョブホルダー制度は、複数の事業所で勤務する65歳以上の従業員が、そのうち2つの事業所での勤務を合計して以下の適用要件を満たす場合に、従業員本人がハローワークに申出を行うことで、申出を行った日から特例的に雇用保険の被保険者（マルチ高年齢被保険者）となることができる制度です。なお、加入後は通常の雇用保険の被保険者と同様で、任意脱退はできません。また、マルチ高年齢被保険者としての適用を希望する本人が手続を行う必要があるため、会社は、従業員本人から依頼があった場合は、手続に必要な証明（雇用の事実や所定労働時間など）を行う必要があります。これを受けて、従業員本人が、適用を受ける2社の必要書類を揃えてハローワークに申し出を行うことになります。

　なお、雇用保険料は、各事業主が従業員に支払う賃金総額に、保険料率を乗じた額を控除します。

【適用要件】
① 複数の事業所に雇用される65歳以上の労働者であること
② 2つの事業所（1つの事業所における1週間の所定労働時間が5時間以上20時間未満）の労働時間を合計して1週間の所定労働時間が20時間以上であること
③ 2つの事業所のそれぞれの雇用見込みが31日以上であること

4-4 雇用保険の資格取得手続き

◆ポイント◆

● 雇用保険の被保険者資格を取得するための届出を会社が行います。
● 契約内容の変更によって基準を満たすことになった従業員も該当します。
● 従業員が失業した場合、雇用継続が困難な事由が生じた場合、教育訓練
　を受けた場合に雇用保険の保険給付が受けられます。

◇ 従業員に用意してもらう書類 ◇

　従業員に前職の「雇用保険証」(転職者で今までに雇用保険に加入したことがある場合)、個人番号(マイナンバー)カード(または通知カード)を準備してもらいます。2か所の事業所に勤務するなど雇用保険が適用される複数の会社に雇用される従業員については、社会保険のように合算は行わず(第3章Q&A・77ページ参照)、主たる賃金を受ける会社1社において雇用保険の手続を行います。

◇ 雇用保険の資格取得手続き ◇

　「雇用保険被保険者資格取得届」を管轄するハローワークへ資格取得日(通常は入社日)の翌月10日までに提出します。「雇用保険証」を紛失してしまって被保険者番号が不明なときには、直前に勤務していた会社の会社名や在籍期間を添えて提出します。

　原則として添付書類は不要ですが、会社として初めての被保険者資格取得届を提出する場合、提出期限を過ぎて提出する場合、過去3年間に届出に起因する不正受給があった場合、労働保険料を滞納している場合には、「賃金台帳」、「労働者名簿」、「出勤簿(タイムカード)」、その他従業員を雇用したことと雇用年月日を確認できる書類の添付が必要です。

　なお、添付を要するケースに該当しない場合であっても、ハローワークが届出内容を確認する必要があると判断した場合には、書類の提出を求められることもあります。

　また、外国人(特別永住者及び在留資格「外交」「公用」の場合を除く)を雇入れた場合、在留カードやパスポートなどで必要事項を確認し「外国人雇用状況の届出」が必要です。雇用保険の被保険者となる場合は、「雇用保険被保険者資格取得届」の所定の欄に記載することで届出をすることができます。雇用保険の被保険者とならない場合には、「雇入れに係る外国人雇用状況届出書」を管轄するハロー

ワークに資格取得日（通常は入社日）の翌月末日までに提出します。

　なお、令和2（2020）年3月1日以降に、雇入れ、離職をした外国人についての外国人雇用状況の届出において、在留カード番号の記載が必要となりました。雇用保険被保険者となる外国人は、「雇用保険被保険者資格取得届・資格喪失届」と一緒に「雇用保険被保険者資格取得届・資格喪失届外国人労働者在留カード番号記載用」に在留カード番号を記載してハローワークへ届出を行います。また、雇用保険被保険者以外の外国人は「雇入れ・離職に係る外国人雇用状況届出書」において、在留カード番号を記載してハローワークへ届出を行います。

◆ 手続きが終了したら ◆

　手続きが完了すると、ハローワークから会社宛に従業員用の「雇用保険被保険者資格取得等確認通知書（被保険者通知用）／雇用保険被保険者証」、事業所（会社）用の「雇用保険被保険者資格取得等確認通知書（事業主通知用）」が交付されます。従業員用の雇用保険証は本人に渡し、会社用の通知書は保管しておきます。

　雇用保険の保険料は労災保険の保険料と同時に、申告納付しますが（第3章3－6・67ページ、3－7・71ページ以下参照）、保険料の従業員負担分については、給料を支払う都度、支払われた給料額に定められた被保険者負担率をかけて計算して控除し、納付に備えます。

◀手続きのポイント▶

項目	内容
申請書類	雇用保険被保険者資格取得届
添付書類	なし
提出先	ハローワーク
提出期限	入社日の属する月の翌月10日まで
交付物・控書類	・雇用保険被保険者資格取得等確認通知書（被保険者通知用）／雇用保険証（⇒従業員に渡す） ・雇用保険被保険者資格取得等確認通知書（事業主通知用）（⇒会社が保管する）

様式第2号（第6条関係）

標準字体 `0 1 2 3 4 5 6 7 8 9`

雇用保険被保険者資格取得届

（必ず第2面の注意事項を読んでから記載してください。）

帳票種別 `1 9 1 0 1`

1. 個人番号 `1 2 3 4 5 6 7 8 0 0 0 0`

2. 被保険者番号 `5 0 4 5 - 2 3 4 5 6 7 - 1`

3. 取得区分 `2` （1 新規／2 再取得）

4. 被保険者氏名 田崎渉　フリガナ（カタカナ）`タ ザ キ ワ タ ル`

5. 変更後の氏名　フリガナ（カタカナ）

6. 性別 `1` （1 男／2 女）

7. 生年月日 `4 - 0 5 1 0 0 5` 元号（2 大正／3 昭和／4 平成／5 令和）年月日

8. 事業所番号 `1 3 0 1 - 5 4 3 2 1 0 - 5`

9. 被保険者となったことの原因 `2`
1 新規（新規雇用（学卒））
2 新規（その他）雇用
3 日雇からの切替
4 その他
8 出向元への復帰等（65歳以上）

10. 賃金（支払の態様ー賃金月額：単位千円） `1 - 2 1 5` 百万 十万 万 千円
（1 月給 2 週給 3 日給 4 時間給 5 その他）

11. 資格取得年月日 `5 - ◯ 0 5 1 6` 元号（4 平成／5 令和）年月日

12. 雇用形態 `7`
1 日雇　2 派遣
3 パートタイム　4 有期契約
5 季節的雇用　6 労働者
6 船員　7 その他

13. 職種 `0 3` （01～11）第2面参照

14. 就職経路 `3`
1 安定所紹介
2 自己就職
3 民間紹介
4 把握していない

15. 1 週間の所定労働時間 `4 0 0 0` 時間　分

16. 契約期間の定め `2`
1 有　契約期間 `—` 元号 年月日 から `—` 元号 年月日 まで（4 平成　5 令和）
契約更新条項の有無 （1 有／2 無）
2 無

事業所名 株式会社あいうえお　**備考**

17欄から23欄までは、被保険者が外国人の場合のみ記入してください。

17. 被保険者氏名（ローマ字）（アルファベット大文字で記入してください。）

被保険者氏名〔続き（ローマ字）〕

18. 在留カードの番号（在留カードの右上に記載されている12桁の英数字）

19. 在留期間 まで 西暦 年月日

20. 資格外活動の許可の有無 （1 有／2 無）

21. 派遣・請負就労区分
1 派遣・請負労働者として主として当該事業所以外で就労する場合
2 1に該当しない場合

22. 国籍・地域

23. 在留資格

※ 公共職業安定所記載欄

24. 取得時被保険者種類
1 一般
2 短期常態
3 季節
11 高年齢被保険者（65歳以上）

25. 番号複数取得チェック不要 チェック・リストが出力されたが、調査の結果、同一人でなかった場合に「1」を記入。

26. 国籍・地域コード 22欄に対応するコードを記入

27. 在留資格コード 23欄に対応するコードを記入

雇用保険法施行規則第6条第1項の規定により上記のとおり届けます。

住　所　東京都千代田区○○　1-18-2

令和 ◯ 年 5 月 ◯ 日

事業主　氏　名　株式会社 あいうえお　代表取締役 田中 智

電話番号　03-6777-XXXX

飯田橋 公共職業安定所長 殿

社会保険労務士記載欄	作成年月日・提出代行者・事務代理者の表示	氏　名	電話番号

※	所長	次長	課長	係長	係	操作者

備考　確認通知　令和　　年　　月　　日

2021. 9

Q&A 試用期間中の社会保険

Q 試用期間中の社員は社会保険に加入させなくてもよいでしょうか？

A 試用期間とは、いわゆる「お試し期間」のことをいいます。一般的には正社員（期間の定めがない雇用契約の者）を雇う場合に設けることが多く、3～6か月の期間を試用期間として、この間の働きぶりをみて本採用をするか否かを決定します。

試用期間中は社会保険に加入させず、試用期間終了後正社員になったタイミングで社会保険に加入させるという会社がありますが、それは誤りです。

社会保険は、試用期間も含めて「入社した日」から加入する必要があると通達にて原則が定められています。

【昭和26年11月28日保発第5177号
「被保険者の資格をさかのぼって取得せしめる件」（抜粋）】

…事業所の内規等により、一定期間は臨時又は試みに使用するものであると称し又は雇用者の出入が頻繁であつて雇用しても永続するかどうか不明のものであると称して被保険者の資格取得届を遅延する者等は、臨時使用人とは認められず従つて雇入れの当初より被保険者となります。

誤った対応をした場合、役所の調査が入った際に指摘され、入社日までさかのぼって加入日を訂正することになります。このような場合はさかのぼった期間の保険料も納めることになる可能性もあり、まとめて高額の保険料を突如負担しなければならなくなることも考えられます。後になって青ざめないように、正しい対応を心がけましょう。

なお、臨時に使用される人（日々雇入れられる人、2か月以内の期間を定めて使用される人であって当該定めた期間を超えて使用されることが見込まれない人）等、社会保険の適用除外に該当した場合は、社会保険への加入は不要です。ただし、社会保険に加入させたくないために、便宜上2か月ごとの契約期間を更新するような行為は適用除外のケースに当てはまりませんので注意してください。

Q 月の途中で入退社した場合、社会保険の扱いはどのようになりますか？

A

(1)　月の途中から入社した場合

　社会保険（健康保険・介護保険・厚生年金保険）の保険料は、月を単位として、「資格を取得した月」から「資格を喪失した月の前月」まで徴収されます。月の途中で入社した場合でも日割り計算はせず、1か月分の保険料が徴収されます。

　その月の社会保険の保険料が発生するかどうかは月の最終日の資格の有無で決まるので、資格を取得した日（入社日）が月末日の1日だけでも1か月分の保険料が徴収されます。一方、資格を喪失した日（退職日の翌日が喪失日）が月末日でも原則としてその月分の保険料は徴収されません。

　社会保険の保険料は、従業員負担分と会社負担分とを合わせて、会社が翌月末までに納付します。保険料の従業員負担分は、会社が従業員に支払う給料から控除して納付に備えます。原則は資格取得月の翌月に支給する給料から控除し、翌月納付する『翌月徴収・翌月納付』ですが、実務上は『当月徴収・翌月納付』も認められています。

　たとえば、20日締め・当月25日払いの会社に4月1日（締日前）に入社したAさん、4月23日（締日後）に入社したBさんの例でみると、4月1日に入社したAさんは、4月入社なので4月分から保険料を徴収されます。Aさんの初回の給与は4月25日に支給されますが、4月25日支給の給与から控除するのは3月分の保険料です。Aさんの保険料が徴収されるのは4月分からなので、4月25日支給の給与からは保険料を控除しません。4月分の保険料は5月25日支給の給料から控除しますので、Aさんは2回目の給料から控除を開始します。

　4月23日に入社したBさんも4月入社なので4月分から保険料を徴収されますが、Bさんは給与締日20日以降の入社なので、初回の給料支給は5月25日です。5月25日支給の給料からは4月分の保険料を控除するので、Bさんは初回の給料から控除を開始します。

　AさんもBさんも4月入社ですが、締日前入社のAさんは初回給料からは保険料を控除せず、締日後入社のBさんは初回給料から保険料を控除します。入社月分から保険料が発生し、給料支給時には前月分の保険料を控除する、と整理すると迷いません。

　『当月徴収』を選択するのは、一般的に当月締め当月支払いの場合です。当月徴収の場合、4月に支払われる給料から4月分の保険料を控除します。締日後の入社の場合、入社月には給料の支給がないため、入社した月の保険料（前月分）と当月分の保険料の2か月分を初回の給料から控除することになります。

給与締・支給	徴収	入社日	4月支給	5月支給
20日締め・当月25日支給	翌月徴収	4／1入社(締日前)	4／25（控除なし）	5／25（4月分）
		4／23入社(締日後)	－	5／25（4月分）
	当月徴収	4／1入社(締日前)	4／25（4月分）	5／25（5月分）
		4／23入社(締日後)	－	5／25（4月分・5月分）

(2)　月の途中で退職した場合

　社会保険の被保険者資格は退職した日の翌日に喪失します。保険料は、「資格を喪失した月の前月」分まで徴収されます。月の途中で退職する場合、退職日と喪失日が同じ月内になり、退職日の前月分までの保険料を納付します。

　月末日に退職する場合、翌月1日が資格喪失日となります。退職日の翌月が「資格を喪失した月」となり、退職日の当月分までの保険料を納める必要があります。保険料の徴収方法によっては、退職時の給与から前月分と当月分の保険料を控除する必要があります。

入
社

給与締・支給	徴収	退職日	4月支給	5月支給
20日締め・当月25日支給	翌月徴収	4／20退職(締日前)	4／25（3月分）	－
		4／25退職(締日後)	4／25（3月分）	5／25（控除なし）
		4／30退職(月末日)	4／25（3月分）	5／25（4月分）
	当月徴収	4／20退職(締日前)	4／25（控除なし）	－
		4／25退職(締日後)	4／25（控除なし）	5／25（控除なし）
		4／30退職(月末日)	4／25（4月分）	5／25（控除なし）

(3)　入社した月に退職した場合

　社会保険の資格を取得した月にその資格を喪失した場合、その月1か月分の保険料の納付が必要になります。

　厚生年金保険の保険料については、退職後、同一月に、①別の会社に入社して厚生年金保険の被保険者資格を取得した場合、②国民年金の被保険者資格を取得した場合は、先に喪失した厚生年金保険料の納付は不要となります。この場合、一旦保険料を納付した後、日本年金機構から会社宛に厚生年金保険料が還付されますので、厚生年金保険料の還付後、従業員負担分について会社から退職者へ還付します。

　ただし、健康保険・介護保険の保険料については、厚生年金保険とは扱いが異なり、入社した月に退職し、同一月に再就職した場合であっても1か月の保険料の納付が必要になります。

第5章

変更があったときの
手続き

◆ポイント◆

●会社を移転したことで、管轄の年金事務所、労働基準監督署、ハローワークが変わるかどうか確認が必要です。

●同一都道府県外への会社所在地の変更の場合は、新たな健康保険証への差替えが行われます。

◇ 社会保険の所在地変更手続き ◇

　会社が移転したときには、日本年金機構に移転届(変更届)を提出する必要があります。移転先の住所によっては、管轄の年金事務所が変わることもあります。変わる場合と変わらない場合とでは、届出書類が異なるので注意が必要です。

①管轄の年金事務所が同じ場合

　「健康保険・厚生年金保険適用事業所所在地・名称変更(訂正)届(管轄内)」を移転前の年金事務所へ提出します。添付書類として「法人(商業)登記簿謄本のコピー」が必要です。会社の所在地が登記上の所在地と異なる場合は「賃貸借契約書のコピー」など会社の所在地の確認できるものを添付します。

②管轄の年金事務所が変更になる場合

　「健康保険・厚生年金保険適用事業所所在地・名称変更(訂正)届(管轄外)」を移転前の年金事務所へ提出します。添付書類として「法人(商業)登記簿謄本のコピー」が必要です。会社の所在地が登記上の所在地と異なる場合は「賃貸借契約書のコピー」など会社の所在地の確認できるものを添付します。

　日本年金機構の変更手続きが完了すると、協会けんぽから変更後の保険者名、保険者番号が記載された健康保険証が会社に送付されます。新しい健康保険証と引き換えに従業員から回収した旧健康保険証を協会けんぽへ返送します。ただし、同一都道府県内での会社所在地の変更の場合は、保険者名、保険者番号に変更はありませんので、新たな健康保険証への差し替えは行われません。

③健康保険組合へ加入している場合

　会社が健康保険組合へ加入している場合は別途健康保険組合へ移転届(変更届)の提出を行う必要があります。

◇ 労働保険の所在地変更手続き ◇

　労働保険に関しても、変更手続きが必要です。労災保険と雇用保険とでは、それぞれ提出する書類が異なります。まずは「労働保険名称・所在地等変更届」を労働基準監督署に提出し、その後に「雇用保険事業主事業所各種変更届」をハローワークに提出します。

　変更届には「法人（商業）登記簿謄本」と「賃貸借契約書のコピー」を添付します。また、「雇用保険事業主事業所各種変更届」を提出する際には、事前に労働基準監督署に提出した「労働保険名称・所在地等変更届」のコピーを添付します。

　移転によって管轄の労働基準監督署やハローワークが変わる場合は、移転後の住所を管轄する役所で手続きをします。

◀ 手続きのポイント ▶

項目	労働保険	雇用保険	社会保険
申請書類	労働保険名称・所在地等変更届	雇用保険事業主事業所各種変更届	健康保険・厚生年金保険適用事業所所在地・名称変更（訂正）届
添付書類	・法人（商業）登記簿謄本 ・賃貸借契約書のコピー	・法人（商業）登記簿謄本 ・賃貸借契約書のコピー ・労働保険名称・所在地等変更届の控え	・法人（商業）登記簿謄本のコピー ・賃貸借契約書のコピー
提出先	移転後の管轄の労働基準監督署	移転後の管轄のハローワーク	日本年金機構または移転前の年金事務所 ※健康保険組合へ加入している場合は健康保険組合への届出要。
提出期限	変更した日の翌日から10日以内	変更した日の翌日から10日以内	変更した日から5日以内
交付物・控書類	労働保険名称・所在地等変更届（事業主控）	雇用保険事業主事業所各種変更届（事業主控）	控書類なし（事業主控が必要な場合はコピーを添付）

変更

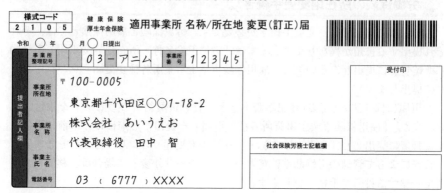

様式コード			
2	1	0	5

健康保険　厚生年金保険　**適用事業所 名称/所在地 変更(訂正)届**

令和 ○ 年 ○ 月 ○ 日提出

提出者記入欄

事業所整理記号　03 － アニム　事業所番号　1 2 3 4 5

事業所所在地　〒100-0005
東京都千代田区○○1-18-2

事業所名称　株式会社　あいうえお

事業主氏名　代表取締役　田中　智

電話番号　03（6777）XXXX

受付印

社会保険労務士記載欄

変更区分
① 事業所名称のみ変更
② 事業所所在地のみ変更
3. 事業所名称及び事業所所在地の変更

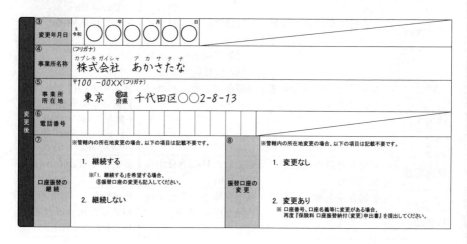

変更前

① 事業所名称　株式会社　あいうえお

② 事業所所在地　〒100-0005
東京都府県　千代田区○○1-18-2

③ 変更年月日　9令和 ○○年 ○○月 ○○日

④ 事業所名称　(フリガナ) カブシキ ガイシャ　アカサタナ
株式会社　あかさたな

⑤ 事業所所在地　〒100-00XX(フリガナ)
東京都府県　千代田区○○2-8-13

変更後

⑥ 電話番号

⑦ 口座振替の継続　※管轄内の所在地変更の場合、以下の項目は記載不要です。
1. 継続する
※「1. 継続する」を希望する場合、⑧振替口座の変更も記入してください。
2. 継続しない

⑧ 振替口座の変更　※管轄内の所在地変更の場合、以下の項目は記載不要です。
1. 変更なし
2. 変更あり
※ 口座番号、口座名義等に変更がある場合、再度『保険料 口座振替納付(変更)申出書』を提出してください。

様式第2号（第5条関係）

労働保険　**名 称、所 在 地 等 変 更 届**
下記のとおり届事業に変更があったので届けます。

提出用

○ 年 ○ 月 ○ 日

種別　3 1 6 0 4

中央　労働基準監督署長　殿

※労働保険番号

※修正項目番号　※漢字修正項目番号

府県	所掌	管轄(1)	基幹番号	枝番号
1 3	1 0	1	1 2 3 4 5 0	- 0 0 0

変更後の事業主又は事業

郵便番号　1 0 0 - 0 0 0 5　住所・市・区・郡名　チヨダ〇ク （項3）

⑨ 住所（つづき）町村名　マルマル （項4）

住所（つづき）丁目・番地　2 - 8 - 1 3 （項5）

住所（つづき）ビル・マンション名等 （項6）

⑪ 住所　市・区・郡名　千代田区 （項7）

住所（つづき）町村名　〇〇 （項8）

住所（つづき）丁目・番地　2 - 8 - 1 3 （項9）

住所（つづき）ビル・マンション名等 （項10）

⑫ 名称・氏名　カブ〇シキガイシャ （項11）

名称・氏名（つづき）アカサタナ （項12）

名称・氏名（つづき） （項13）

電話番号　　　-　　　- （項14）

⑬ 名称・氏名　株式会社 （項15）

名称・氏名（つづき）あかさたな （項16）

名称・氏名（つづき） （項17）

変更前事業主

① 住所又は所在地　1 0 0 - 0 0 0 5　千代田区〇〇 1 - 1 8 - 2

氏名又は名称　株式会社 あいうえお

変②事業更

所在地　1 0 0 - 0 0 0 5　千代田区〇〇 1 - 1 8 - 2

電話番号　　　*

前

名称　株式会社 あいうえお

③ 事業の種類

④ 事業予定期間　　年　月　日 から　　年　月　日 まで

⑤ 住所又は所在地　　氏名又は名称

変⑥事業更

所在地　1 0 0 - 0 0 X X　千代田区〇〇 2 - 8 - 1 3　電話番号

後

名称　株式会社 あかさたな

⑦ 事業の種類

変更理由　社名変更及び移転のため

⑭事業終了予定年月日（元号：令和は9）

| 元号 | - | 年 | - | 月 | - | 日 | （項18） |

⑮変更年月日（元号：令和は9）

| 元号 | - | 年 | - | 月 | - | 日 | （項19） |
| 7 | | 〇〇 | | 〇〇 | | 〇〇 | |

※変更後の労働保険番号

府県	所掌	管轄(1)	基幹番号	枝番号
			-		（項20）

※変更後の元請労働保険番号

府県	所掌	管轄(1)	基幹番号	枝番号
			-		（項21）

⑪変更後の事業所番号
| | - | | （項22） |

※保険関係等区分 （項23）　※府県区分 （項24）　※管種(2) （項25）

※業種 （項26）　※産業分類 （項27）　※特掲コード （項28）　⑪片保険理由コード （項29）　※データ指示コード （項30）　※再入力区分 （項31）

※修正項目（英数・カナ）

※修正項目（漢字）

事業主

住所　千代田区〇〇2-8-13

株式会社　あかさたな
氏名代表取締役　田中　洋
（法人のときはその名称及び代表者の氏名）

変　更

99

雇用保険事業主事業所各種変更届　（必ず第2面の注意事項を読んでから記載してください。）

※ 事業所番号

帳票種別
1 3 0 0 3

※1. 変更区分 □

2. 変更年月日
5 - □□□□□□（4 平成　5 令和）
元号　　年　　　月　　　日

3. 事業所番号
1 3 0 1 - 5 4 3 2 1 0 - 5

4. 設置年月日
4 - X X X X X（3 昭和　4 平成　5 令和）
元号　　年　　　月　　　日

（この用紙は、このまま機械で処理しますので、汚さないようにしてください。）

●下記の5～11欄については、変更がある事項のみ記載してください。

5. 法人番号（個人事業の場合は記入不要です。）
9 8 7 6 5 4 3 2 1 9 8 7 6

6. 事業所の名称（カタカナ）
カ ブ シ キ ガ イ シ ャ

事業所の名称〔続き（カタカナ）〕
ア カ サ タ ナ

7. 事業所の名称（漢字）
株 式 会 社

事業所の名称〔続き（漢字）〕
あ か さ た な

8. 郵便番号
□□□ - □□□□

10. 事業所の電話番号（項目ごとにそれぞれ左詰めで記入してください。）
市外局番　　　　市内局番　　　　番号

9. 事業所の所在地（漢字）　市・区・郡及び町村名
千 代 田 区 ○ ○

事業所の所在地（漢字）　丁目・番地
2 - 8 - 1 3

事業所の所在地（漢字）　ビル、マンション名等

11. 労働保険番号
府県　所掌　管轄　基幹番号　枝番号

※ 公共職業安定所記載欄

12. 設置区分（1 当然　2 任意）
13. 事業所区分（1 個別　2 委託）
14. 産業分類

変更事項				
15. 事業主	（フリガナ）住所（法人のときは主たる事務所の所在地）	チヨダク マルマル 千代田区○○2-8-13	18. 変更前の事業所の名称	（フリガナ）カブシキガイシャ アイウエオ 株式会社　あいうえお
	（フリガナ）名称	カブシキガイシャ アカサタナ 株式会社　あかさたな	19. 変更前の事業所の所在地	（フリガナ）チヨダク マルマル 千代田区○○1-18-2
	（フリガナ）氏名（法人のときは代表者の氏名）	ダイヒョウトリシマリヤク タナカ ヒロシ 代表取締役　田中　洋	20. 事業の開始年月日	平成XX年 XX月 XX日	24. 社会保険加入状況 健康保険・厚生年金保険・労災保険
16. 変更後の事業の概要			※ 21. 事業の廃止年月日 令和　年　月　日	25. 雇用保険被保険者数 一般 8人／日雇 0人
			22. 常時使用労働者数 9人	
17. 変更の理由		事業所の名称及び所在地を変更したため	23. 雇用保険担当課名 課係	26. 賃金支払関係 賃金締切日 15日／賃金支払日 翌月25日

備考	※	所長	次長	課長	係長	係	操作者

（この届出は、変更のあった日の翌日から起算して10日以内に提出してください。）

2021. 9

注　意

1 　　　で表示された枠（以下「記入枠」という。）に記入する文字は、光学式文字読取装置（ＯＣＲ）で直接読取を行いますので、この用紙を汚したり、必要以上に折り曲げたりしないでください。
2 　記載すべき事項のない欄又は記入枠は空欄のままとし、※印のついた欄又は記入枠には記載しないでください。
3 　記入枠の部分は、枠からはみ出さないように大きめの文字によって明瞭に記載してください。
4 　2欄の記載は、元号をコード番号で記載した上で、年、月又は日が1桁の場合は、それぞれ10の位の部分に「0」を付加して2桁で記載してください。（例：平成15年4月1日→④－□150401□　）
5 　3欄の記載は、公共職業安定所から通知された事業所番号が連続した10桁の構成である場合は、最初の4桁を最初の4つの枠内に、残りの6桁を「－」に続く6つの枠内にそれぞれ記載し、最後の枠は空枠としてください。
　（例：1301000001の場合→□1301－000001□　）
6 　4欄には、雇用保険の適用事業となるに至った年月日を記載してください。記載方法は、2欄の場合と同様に行ってください。
7 　5欄には、平成27年10月以降、国税庁長官から本社等へ通知された法人番号を記載してください。
8 　6欄には、数字は使用せず、カタカナ及び「－」のみで記載してください。
　カタカナの濁点及び半濁点は、1文字として取り扱い（例：ガ→⑦□、パ→⑧□）、また、「ヰ」及び「ヱ」は使用せず、それぞれ「イ」及び「エ」を使用してください。
9 　7欄及び9欄には、漢字、カタカナ、平仮名及び英数字（英字については大文字体とする。）により明瞭に記載してください。
　小さい文字を記載する場合には、記入枠の下半分に記載してください。（例：ァ→□）
　また、濁点及び半濁点は、前の文字に含めて記載してください。（例：が→⑦、ぱ→⑧）
10 　9欄1行目には、都道府県名は記載せず、特別区名、市名又は郡名とそれに続く町村名を左詰めで記載してください。
　9欄2行目には、丁目及び番地のみを左詰めで記載してください。
　また、所在地にビル名又はマンション名等が入る場合は9欄3行目に左詰めで記載してください。
11 　10欄には、事業所の電話番号を記載してください。この場合、項目ごとにそれぞれ左詰めで、市内局番及び番号は「－」に続く5つの枠内にそれぞれ左詰めで記載してください。（例：03-3456-XXXX→□03□□□－3456□－□XXXX□　）
12 　27欄は、事業所印と事業主印又は代理人印を押印してください。
13 　28欄は、最寄りの駅又はバス停から事業所への道順略図を記載してください。

お願い

1 　変更のあった日の翌日から起算して10日以内に提出してください。
2 　営業許可証、登記事項証明書その他の記載内容を確認することができる書類を持参してください。

変　更

27.	事業所印影	事業主（代理人）印影	改印欄（事業所・事業主）	改印欄（事業所・事業主）	改印欄（事業所・事業主）
登録印			改印年月日／令和　年　月　日	改印年月日／令和　年　月　日	改印年月日／令和　年　月　日

28.最寄りの駅又はバス停から事業所への道順

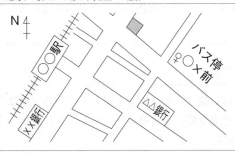

労働保険事務組合記載欄

所在地 ＿＿＿＿＿＿
名　称 ＿＿＿＿＿＿
代表者氏名 ＿＿＿＿＿＿
委託開始　　　　年　　月　　日
委託解除　令和　　年　　月　　日

上記のとおり届出事項に変更があったので届けます。

令和 ○ 年 ○ 月 ○ 日

飯田橋 公共職業安定所長　殿

事業主
住　所　千代田区○○2-8-13
名　称　株式会社　あかさたな
氏　名　代表取締役　田中　洋

社会保険労務士記載欄	作成年月日・提出代行者・事務代理者の表示	氏　名	電話番号

※ 本手続は電子申請による届出も可能です。詳しくは管轄の公共職業安定所までお問い合わせください。
　なお、本手続について、社会保険労務士が電子申請により本届書の提出に関する手続を事業主に代わって行う場合には、当該社会保険労務士が当該事業主の提出代行者であることを証明することができるものを本届書の提出と併せて送信することをもって、当該事業主の電子署名に代えることができます。

社名や代表者を変更したとき

◆ポイント◆

●代表者の変更手続きは、社会保険のみ行います(労働保険については不要です。)。
●会社名の変更の場合は、従業員の新たな健康保険証への差替えが行われます。

◇ 社会保険の名称変更手続き ◇

　社名が変わったときには、「健康保険・厚生年金保険適用事業所所在地・名称変更(訂正)届」を日本年金機構に提出します。添付書類として「法人(商業)登記簿謄本のコピー」が必要です。

　日本年金機構での変更手続きが完了すると、協会けんぽから変更後の会社名が記載された健康保険証が会社に送付されます。新しい健康保険証と引換えに従業員から回収した旧健康保険証を協会けんぽへ返送します。

　代表者が変わったときは、「健康保険・厚生年金保険事業所関係変更(訂正)届」を日本年金機構に提出し、新たな代表者名と代表者住所の届出を行います。添付書類は不要です。

　なお、健康保険組合へ加入している場合は別途健康保険組合へ名称変更と代表者変更の届出を行う必要があります。

◇ 労働保険の名称変更手続き ◇

　社名が変わったときには、「労働保険名称・所在地等変更届」を管轄の労働基準監督署に、「雇用保険事業主事業所各種変更届」を管轄のハローワークに提出します。添付書類は、「法人(商業)登記簿謄本」です。

　なお、雇用保険証に会社名が記載されていますが、ハローワークのシステム内で、会社と従業員の登録データを新しい社名に変更することで手続きが完了します。そのため、雇用保険証の再発行や差し替えの必要はありません。

　また、代表者のみが変更になった場合は、労働保険については変更の届出は不要です。

◀手続きのポイント▶

項目	労働保険	雇用保険	社会保険	
申請書類	【社名変更の場合】労働保険名称・所在地等変更届	【社名変更の場合】雇用保険事業主事業所各種変更届	【社名変更の場合】健康保険・厚生年金保険適用事業所所在地・名称変更(訂正)届	【代表者変更の場合】健康保険・厚生年金保険事業所関係変更(訂正)届
添付書類	・法人(商業)登記簿謄本	・法人(商業)登記簿謄本 ・労働保険名称・所在地等変更届の控え	・法人(商業)登記簿謄本のコピー ・健康保険証	なし
提出先	労働基準監督署	ハローワーク	日本年金機構 ※健康保険組合へ加入している場合は健康保険組合への届出要。	日本年金機構 ※健康保険組合へ加入している場合は健康保険組合への届出要。
提出期限	変更した日の翌日から10日以内	変更した日の翌日から10日以内	変更した日から5日以内	変更した日から5日以内
交付物・控書類	労働保険名称・所在地等変更届(事業主控)	雇用保険事業主事業所各種変更届(事業主控)	健康保険・厚生年金保険適用事業所所在地・名称変更(訂正)届(事業主控が必要な場合はコピーを添付)	健康保険・厚生年金保険事業所関係変更(訂正)届(事業主控が必要な場合はコピーを添付)
その他	労働保険・雇用保険では代表者を変更した場合の手続は不要。			

変更

103

◀書式　健康保険・厚生年金保険事業所関係変更（訂正）届▶

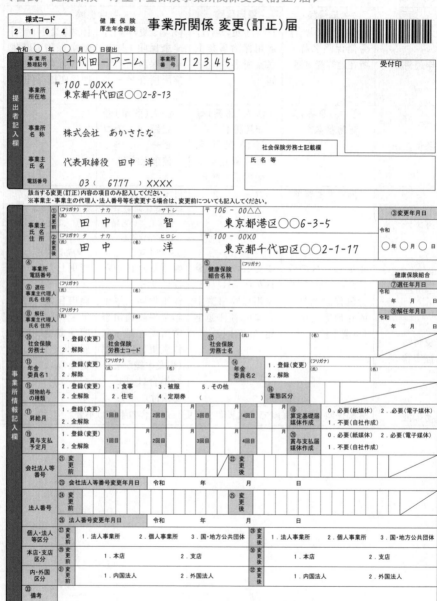

様式コード	
2 1 0 4	

健康保険
厚生年金保険　**事業所関係 変更（訂正）届**

令和 ○ 年 ○ 月 ○ 日提出

提出者記入欄

事業所整理記号	千代田 － アニム	事業所番号	1 2 3 4 5

事業所所在地	〒 100 - 00XX 東京都千代田区○○2-8-13
事業所名称	株式会社　あかさたな
事業主氏名	代表取締役　田中　洋
電話番号	03（ 6777 ）XXXX

受付印

社会保険労務士記載欄

氏名等

該当する変更（訂正）内容の項目のみ記入してください。
※事業主・事業主の代理人・法人番号等を変更する場合は、変更前についても記入してください。

事業所情報記入欄

①事業主氏名住所	(1)変更前	(フリガナ) タ ナ カ 田 中	(名) サトシ 智	〒 106 - 00△△ 東京都港区○○6-3-5	③変更年月日 令和 ○年 ○月 ○日
	(2)変更後	(フリガナ) タ ナ カ 田 中	(名) ヒロシ 洋	〒 100 - 00X0 東京都千代田区○○2-1-17	

④事業所電話番号		⑤健康保険組合名称	(フリガナ)	健康保険組合

⑥退任事業主代理人氏名住所	(フリガナ)(氏)	(名)	〒	⑦選任年月日 令和 年 月 日

⑧解任事業主代理人氏名住所	(フリガナ)(氏)	(名)	〒	⑨解任年月日 令和 年 月 日

⑩社会保険労務士	1. 登録（変更）2. 解除	⑪社会保険労務士コード		⑫社会保険労務士名	(氏)	(名)

⑬年金委員名1	1. 登録（変更）2. 解除	(フリガナ)(氏)	(名)	⑭年金委員名2	1. 登録（変更）2. 解除	(フリガナ)(氏)	(名)

⑮現物給与の種類	1. 登録（変更）2. 全解除	1. 食事　2. 住宅	3. 被服　4. 定期券	5. その他（　）	⑯業態区分	

⑰昇給月	1. 登録（変更）2. 全解除	1回目 月	2回目 月	3回目 月	4回目 月	⑱算定基礎届媒体作成	0. 必要（紙媒体）2. 必要（電子媒体）1. 不要（自社作成）

⑲賞与支払予定月	1. 登録（変更）2. 全解除	1回目 月	2回目 月	3回目 月	4回目 月	⑳賞与支払届媒体作成	0. 必要（紙媒体）2. 必要（電子媒体）1. 不要（自社作成）

21会社法人等番号	変更前		22変更後	
	23会社法人等番号変更年月日	令和　　　年　　　月　　　日		

24法人番号	変更前		25変更後	
	26法人番号変更年月日	令和　　　年　　　月　　　日		

個人・法人等区分	27変更前	1. 法人事業所　2. 個人事業所　3. 国・地方公共団体	28変更後	1. 法人事業所　2. 個人事業所　3. 国・地方公共団体
本店・支店区分	29変更前	1. 本店　　　　2. 支店	30変更後	1. 本店　　　　2. 支店
内・外国区分	31変更前	1. 内国法人　　2. 外国法人	32変更後	1. 内国法人　　2. 外国法人

33備考	

104

5-3 従業員が引越しをしたとき

◆ポイント◆

- 社会保険については、マイナンバーと基礎年金番号が結びついている従業員の場合には、原則、住所変更の届出は不要です。
- 労働保険については、従業員の住所登録を行っていませんので、変更手続きは不要です。

◇ 社会保険の住所変更手続き ◇

　転居などにより従業員の住所に変更があった場合は、日本年金機構がマイナンバーを活用して、地方公共団体システム機構に変更情報の照会を行い、協会けんぽに情報提供を行います。そのため、原則届出は不要です。

　ただし、マイナンバーと基礎年金番号が結びついていない従業員の場合、また、従業員がマイナンバーを持っていない海外居住者、短期在留外国人の場合には、「健康保険・厚生年金保険被保険者住所変更届」の提出が必要です。

　なお、現住所(実際に住んでいる場所)が住民票上の住所ではない従業員については、「健康保険・厚生年金保険被保険者住所変更届」に現住所を記載して届出を行うことで、協会けんぽや日本年金機構から送付されるお知らせ等の書類の郵送先を「居所」として登録することができます。

◇ 社会保険の扶養家族の住所変更手続き ◇

　扶養家族のうち、国民年金第3号被保険者である被扶養配偶者の住所変更についても、「健康保険・厚生年金保険被保険者住所変更届」の提出の際に、「被扶養配偶者の住所変更欄」および「国民年金第3号被保険者住所変更届」に記載することで、併せて届出を行うことができます。

◇ 労働保険の住所変更手続き ◇

　労働保険については、従業員の住所登録を行っていませんので、変更手続きは不要です。

変更

5-4 従業員の名前が変わったとき

◆ポイント◆

●社会保険については、マイナンバーと基礎年金番号が結びついている従業員の場合には、原則、氏名変更の届出は不要です。
●氏名変更があった従業員について新たな健康保険証が自動発行されます。

◇ 健康保険証の氏名変更手続き ◇

結婚などにより従業員の氏名に変更があった場合は、日本年金機構がマイナンバーを活用して、地方公共団体システム機構に変更情報の照会を行い、協会けんぽに情報提供を行います。そのため、原則届出は不要です。

ただし、マイナンバーと基礎年金番号が結びついていない従業員の場合、また、従業員がマイナンバーを持っていない海外居住者、短期在留外国人の場合には、「健康保険・厚生年金保険被保険者氏名変更（訂正）届」の提出が必要です。

協会けんぽでは、日本年金機構より提供があった変更情報をもとに新氏名の記載された健康保険証を自動的に発行し、毎月下旬頃に会社宛に送付します。新しい健康保険証が届いたら、該当する従業員から旧氏名の健康保険証を回収し新氏名の健康保険証を渡します。回収した旧氏名の健康保険証は日本年金機構へ返却します。

なお、新氏名の健康保険証が会社に到着し、該当の従業員に旧健康保険証との交換が必要な旨を伝えてから1か月程度経過しても、従業員から旧健康保険証の提出がなく、新健康保険証の引渡しができない場合は、協会けんぽへ新健康保険証を返却することも可能です。ただし、返却後に氏名変更した新健康保険証の交付が必要となった場合（該当の従業員に新健康保険証の引渡しが可能となった場合）は、「健康保険被保険者証再交付申請書」の提出が必要となります。

マイナンバーと基礎年金番号が結びついていない従業員の場合には、氏名変更があった場合でも、新健康保険証が自動的に発行されないため、「健康保険・厚生年金保険被保険者氏名変更（訂正）届」の提出が必要です。また、外国人の従業員の氏名が変更となる場合で、「健康保険・厚生年金保険被保険者氏名変更（訂正）届」を提出する際は、併せて「厚生年金保険被保険者ローマ字氏名届」の提出が必要です。

◇ 年金手帳の氏名変更手続き ◇

厚生年金保険についても、従業員の氏名に変更があった場合は、日本年金機構がマイナンバーを活用して、地方公共団体システム機構に変更情報の照会を行い、登録氏

名の変更を行います。年金手帳については、年金機構から氏名変更による新たな年金手帳は発行されないため、手持ちの年金手帳に新・氏名と変更日を記載して対応します。したがって、従業員の氏名変更後の健康保険証が会社に届き、対象の従業員に新旧健康保険証の差替えを行う際に、併せて年金手帳を提出させ、「変更後の氏名」欄に、新・氏名と変更日を記載し、健康保険証とともに渡すことが必要となります。

なお、令和4（2022）年4月1日より年金手帳が廃止されたため、令和4（2022）年4月1日以降に新たに年金制度に加入した人には年金手帳に代えて基礎年金番号通知書が発行されています。これに伴い、氏名変更の対応も基礎年金番号通知書に行って下さい。

◆ 扶養家族の氏名変更手続き ◆

被扶養者の氏名変更については、マイナンバーを活用しての健康保険証の自動発行は行われないため、「健康保険被扶養者（異動）届」に旧氏名の健康保険証を添付して日本年金機構または健康保険組合に提出します。また、婚姻により、配偶者が国民年金第3号被保険者に該当する場合は、「国民年金第3号被保険者該当届」を提出の際に、配偶者の年金手帳を添付のうえ、氏名変更の届出を行います。

◆ 労働保険の氏名変更手続き ◆

労働保険（雇用保険）の氏名変更届は、令和2（2020）年1月に廃止となりましたので、在職中の氏名変更手続きは不要です。ただし、退職時に雇用保険被保険者資格喪失届を提出する際、変更前氏名と変更後氏名を記入することが必要です。これに伴い、退職後は変更後氏名での対応が可能となります。

◀手続きのポイント▶

項目	健康保険・厚生年金保険		雇用保険
申請書類	健康保険・厚生年金保険被保険者氏名変更届 ※マイナンバーと基礎年金番号が結びついていない従業員の場合	健康保険・厚生年金保険被保険者住所変更届 ※マイナンバーと基礎年金番号が結びついていない従業員の場合	手続不要 ※ただし、退職時に雇用保険被保険者資格喪失届を提出する際変更前氏名と変更後氏名を記入することで退職後は変更後氏名で対応可能
添付書類	健康保険証 ※年金手帳については、会社担当者が新氏名を記入するため、添付不要。	なし	
提出先	日本年金機構 ※健康保険組合へ加入している場合は健康保険組合への届出要。	日本年金機構 ※健康保険組合へ加入している場合は健康保険組合への届出要。	
提出期限	すみやかに	すみやかに	
交付物・控書類	控書類なし（事業主控が必要な場合はコピーを添付） 氏名変更後の健康保険証	控書類なし（事業主控が必要な場合はコピーを添付）	

健康保険　被保険者氏名変更(訂正)届
厚生年金保険

様式コード
2　2　0　7
届書コード
2　0　7

◎◎裏面の記入方法をご参照のうえ、記入してください。
◎「※」印欄は記入しないでください。

事務センター長 所長	副事務センター長 副所長	グループ長 課長	担当者

① 事業所整理記号
千代田　ア　ニ　ュ　ー　ム

② 被保険者整理番号
6

（フリガナ）キノシタ　カオリ

被保険者の氏名（変更後）（氏）木下　（名）香

③ 個人番号（または基礎年金番号）
1　2　3　4　5　6　7　8　9　9　9　9

④ 生年月日
明.1 大.3 昭.5 平.7 令.9
5　0　4　0　4　2　3

⑤ 変更前の氏名（氏）本物　（名）香

⑥ 種別（性別）
1. ②. 3.　5. 6. 7.

⑥ 健康保険被保険者証不要
※　要・0　不要・1

⑦ 備考

受付日付印

令和　〇年　〇月　〇日　提出

届書記入の個人番号に誤りがないことを確認しました。

事業所所在地　〒100-00XX　東京都千代田区〇〇2-8-13

事業所名称　株式会社　あかさたな

事業主氏名　代表取締役　田中　洋

電話　03（6777）XXXX

社会保険労務士記載欄
氏名等

変更

109

健康保険
厚生年金保険　被保険者住所変更届

様式コード	
2 1 8	署
届書コード	
2 1 8	

◎裏面の「記入方法」印字欄は記入をご参照のうえ、記入してください。

担当者	グループ長	副事業センター長 課　長	事業センター長 所　長

送信

①事業所整理記号　03　あにむ

②被保険者整理番号

⑤
郵便番号　182　0017
住所　東京　都道府県　杉並区浜田山○-△-○
変更年月日　令和　○○○○○○

③個人番号（または基礎年金番号）　4　1122　3445　670

ア　被保険者の氏名
（フリガナ）ヤマダ　タロウ
（氏）山田　（名）太郎

④生年月日
⑤昭和　7.平成　9.令和　3　3　12　01

イ　住所
（フリガナ）チョウフシ　ジンダイジ　モトマチ
調布市　深大寺　元町○-○-○
東京　都道府県

ウ　備考
□短期在留　□住民票住所以外の居所（注1）
□海外居住　□その他（　　　）

送信

被保険者と配偶者が同住所の場合は⑨～⑫欄への記入は不要です。
被保険者と配偶者と配偶者は同居している。
同居の場合は、下記の□に✔を記入してください。（☑被保険者と配偶者は同居している。）注2

被扶養配偶者の住所変更欄

⑥個人番号（または基礎年金番号）　1345　2678　9000

⑧配偶者氏名
（フリガナ）ヤマダ　ハナコ
（氏）山田　（名）華子

⑦生年月日
⑤昭和　7.平成　9.令和　3　3　05　18

住所
都道府県

⑨郵便番号

⑩（フリガナ）
住所コード
変更後　　　都道府県

⑪住所変更年月日
令和

住民票住所以外の居所（注1）（　　　）
□短期在留　□海外居住　□その他

⑫
住所コード
変更前　　　都道府県

ウ備考

注1）住民票住所以外の居所を登録する場合は、今後、住所（居所）を変更した際に手続きが必要となります。

被保険者の個人番号に誤りがないことを確認しました。

100-00XX
（事業所所在地　東京都千代田区○○2-8-13
事業所名称　株式会社　あかさたな
事業主氏名　代表取締役　田中　洋
電　話　03-6777-XXXX

社会保険労務士記載欄
氏名等

令和　○年△△月△△日提出

日本年金機構

110

国民年金第3号被保険者住所変更届

様式コード
4	3	0	1

届書コード
2	1	1

配偶者欄
1　同一市区町村内
2　同一市区町村外

◎「※」印欄は記入しないでください。

配偶者欄

※事業所整理記号　0 3　あにむ
※被保険者整理番号　4 1 1 2

ア　個人番号（または基礎年金番号）　2 3 3 4 5 6 7 0

イ　配偶者の氏名
（フリガナ）ヤマダ　（氏）山田　（名）太郎
トウキョウト　チョウフシ　ジンダイジ　モトマチ
住所　東京都道府県　調布市深大寺元町〇-〇-〇
備考（　　　）

郵便番号　1 8 2 0 0 1 7
住所　東京都道府県　杉並区浜田山〇-〇-301
変更月日　令和　〇〇〇〇〇〇

生年月日　5.昭和 7.平成 9.令和　3 3 1 2 0 1

日本年金機構

注1）住民票住所以外の居所以外の居所
□　短期在留
□　海外居住
□　その他（　　　）
注1）住民票住所以外の居所を登録する場合は、今後、住所（居所）を変更した際に手続が必要となります。

被保険者と配偶者が同一住所の場合は④～⑦欄への記入は不要です。注2
同居の場合は、下記の□に✔を付けてください。（✔被保険者と配偶者は同居している。）注2

被保険者欄

① 個人番号（または基礎年金番号）　1 3 4 5 6 7 8 9 0 0 0

④ 郵便番号　　　　住所コード　　※　都道府県
変更後
変更前
⑦ 住所　都道府県

送信③ 被保険者氏名
（フリガナ）ヤマダ　（氏）山田
ハナコ　（名）華子

⑤ 生年月日　5.昭和 7.平成 9.令和　3 3 0 5 1 8

住所　都道府県　（フリガナ）
令和 9

⑥ 住所変更年月日
送信

住所　東京都調布市深大寺元町〇-〇-〇
氏名　山田　華子
電話番号　042 - 567 - XXXX

備考

国民年金第3号被保険者住所変更届の記載のとおり提出します。
届書の提出は配偶者（第2号被保険者）あて
日本年金機構理事長　令和〇年〇月〇日提出
（届出人）
住所
氏名　印
電話番号

変　更

届出人の個人番号（基礎年金番号）に誤りがないことを確認しました。
令和〇年〇〇月〇〇日提出

・事業所所在地　東京都千代田区〇〇2-8-13
（事業主等名称　株式会社　あかいさかな
　主　事業主氏名　代表取締役　田中　洋
　等）電　話　03-6777-XXXX

上記のとおり被保険者から第3号関係の届出がありましたので提出します。
令和〇年〇〇月〇〇日提出
（医療保険者等）
　所在地
　名称
　氏名
　電話

5-5 従業員の家族を健康保険に加入させるとき

◆ポイント◆
- 健康保険に加入できる家族の要件を理解することが必要です。
- 家族の区分により、添付書類が異なります。

　健康保険には、一定の要件を満たした家族を「被扶養者」として、従業員本人の健康保険に加入できる制度があります。入社時に被扶養者がいる場合や、入社後に結婚したとき、子どもが生まれたときなど、被扶養者の追加や変更があった場合に、事実発生から5日以内に「健康保険被扶養者(異動)届」を日本年金機構または健康保険組合に提出します。

◆ 健康保険に加入できる家族(被扶養者の範囲) ◆

　従業員(被保険者)の家族であれば、誰でも健康保険に加入できるわけではありません。

　原則として、次の要件すべてを満たし、健康保険の保険者に認められた場合のみ加入できます。

①従業員の三親等内の親族であること

　健康保険に加入できる「家族」の範囲は、「従業員本人の三親等内の親族」です。配偶者(内縁関係も含む)や子どもはもちろん、父母、祖父母や兄弟姉妹、配偶者の家族などが該当します。

②従業員と同居していること

　従業員との「同居」も要件です。ただし、配偶者、子、孫、父母、祖父母、曽祖父母、兄弟姉妹については、従業員が生活費を援助する必要性が高いということから、別居でも被扶養者として認められます。

　また、この場合の「同居」とは「同一世帯」であるかどうかで判断します。たとえば2世帯住宅などで「同居」はしているが、住民票が別世帯になっている場合は、「別居」とみなされるケースもあります。

③対象家族が、従業員の収入で生計を維持されていること

　対象家族の収入も重要な要件です。対象家族の年間収入の上限額やその対象家族の生活費が従業員の給料で維持されているかがポイントです。この収入にはアルバイトで働いている場合の収入や、仕事を辞めて退職した後に受給している雇用保険の基本手当(失業等給付)、公的年金、健康保険の傷病手当金や出産手当金も含まれます。なお、この生計維持の基準は「同居」の場合と「別居」の場合で異なります。

④国内に住民票があること

　令和2 （2020）年4月より、健康保険の被扶養者の認定において、原則として国内に居住しているという要件が追加されました。なお、国内に居住しているかの基準は、住民票があるかどうかで判断し、住民票が日本国内にある方は原則、国内居住要件を満たすものとされます。このため、例えば、被扶養者の方が一定の期間を海外で生活している場合も、日本に住民票がある限りは、原則として国内居住要件を満たすこととなります。

　ただし、留学生その他の日本に住所を有しないもののうち、日本国内に生活の基礎があると認められる以下の方についても、例外的に要件を満たすこととしています。また、いわゆる「医療滞在ビザ」等で来日して国内に居住する者は被扶養者の対象から除外されます。

【国内居住要件の例外となる方】

(1)　外国において留学をする学生

(2)　外国に赴任する被保険者に同行する者

(3)　観光、保養又はボランティア活動その他就労以外の目的での一時的な海外渡航者

(4)　被保険者の海外赴任期間に当該被保険者との身分関係が生じた者で、(2)と同等と認められるもの

(5)　(1)から(4)までに掲げられるもののほか、渡航目的その他の事情を考慮して日本国内に生活の基礎があると認められる者

◀ 被扶養者の範囲図（三親等の親族図）▶

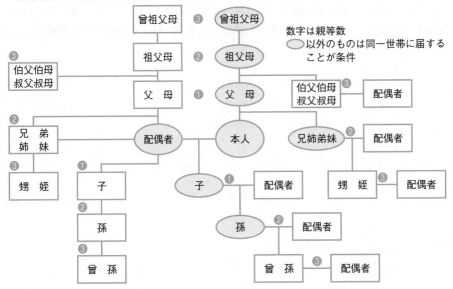

出典：協会けんぽHPを基に作成

同居の場合	別居の場合
対象家族の年間収入が130万円（60歳以上または一定の障害がある方は180万円）未満で、かつ従業員本人の年間収入の2分の1未満であること	対象家族の年間収入が130万円（60歳以上または一定の障害がある方は180万円）未満で、かつその額が従業員本人からの仕送り額などの支援額よりも少ないこと

　年間収入とは、過去における収入のことではなく、被扶養者に該当する時点及び認定された日以降の年間の見込み収入額のことをいいます（給与所得等の収入がある場合、月額108,333円以下。雇用保険等の受給者の場合、日額3,611円以下であること。）。

　雇用保険の待期期間中でも、収入要件を満たしている場合は被扶養者として認定されます。ただし、基本手当（3,612円以上）の支給が始まった場合は、被扶養者として認められませんので、健康保険証を返却し、扶養から外れる手続きが必要となります。

　また、家族の収入が従業員の収入の半分以上の場合であっても、従業員の年間収入を上回らないときで、日本年金機構がその世帯の生計の状況を総合的に勘案して、従業員がその世帯の生計維持の中心的役割を果たしていると認めるときは被扶養者となることができる場合もあります。

◆ 被扶養者の認定に必要な添付書類 ◆

　原則として、「健康保険被扶養者（異動）届」を提出する際は、国内居住の家族等を被扶養者とする際の身分関係、生計維持関係の確認について、次の書類の添付が必要になります。なお、一定の要件を満たした場合には、書類の添付を省略することができます。

◀扶養認定を受ける方が被保険者と同居しているとき▶

		添付書類	添付を省略できる場合
1	続柄の確認	提出日から90日以内に発行された①または② ①戸籍謄本か戸籍抄本 ②住民票(被保険者が世帯主の場合に限る)	(1) 「健康保険被扶養者(異動)届」に❶、❷いずれも記載する場合 ❶被保険者と扶養認定を受ける方のマイナンバー ❷左記書類により、扶養認定を受ける方の続柄が届書の記載と相違ないことを事業主が確認し、備考欄の「続柄確認済み」の□に✓を付している(または「続柄確認済み」と記載している)
2	収入の確認	扶養認定を受ける方の年間収入が130万円未満(※1)であることを確認できる課税証明書等の書類(※2)	(1) 扶養認定を受ける方が16歳未満のとき (2) 「健康保険被扶養者(異動)届」に、扶養認定を受ける方が、所得税法上の控除対象の配偶者または扶養親族であることを確認したことを示す確認欄に○を記した場合 ※非課税対象の収入(障害年金、遺族年金、傷病手当金、失業給付等)がある場合は、受取金額を確認できる通知書等のコピーの添付が必要。

※1 扶養認定を受ける方が60歳以上の場合、障害厚生年金の受給要件に該当する程度の障害者の場合は180万円未満。

※2 収入を確認するための公的証明書等の例
　　①給与収入がある場合…勤務先から発行された収入証明書
　　②退職後で収入がない場合…雇用保険被保険者離職票の写し、退職証明書
　　③雇用保険の失業給付受給中…受給終了者の場合:雇用保険受給資格者証の写し
　　④公的年金等を受給中の場合…年金受給額を確認できる年金証書、改定通知書、振込通知書等の写し
　　⑤自営業による収入、不動産収入等がある場合…直近の確定申告書の写し
　　⑥上記①〜⑤に加えて他に収入がある場合…①〜⑤の確認書類及び課税(非課税)証明書
　　⑦上記①〜⑥に該当しない場合…課税(非課税)証明書

◀別居しているとき▶

上記1、2に加えて下記の書類が必要になります。

	添付書類	添付を省略できる場合
3	仕送りの事実と仕送り額を確認できる書類 ・振込の場合:預金通帳等の写し ・送金の場合:現金書留控えの写し	次の(1)(2)のいずれかに該当する場合 (1) 扶養認定を受ける方が16歳未満のとき (2) 扶養認定を受ける方が16歳以上で学生のとき

変更

5-6 配偶者が健康保険に加入したとき

国民年金の種類

日本では、20歳以上60歳未満の人は「国民年金」に加入する義務があります。この国民年金には3つの種類があり、加入する人によって異なります。

国民年金の種類	内容
第1号被保険者	農業・自営業・学生など日本国内に住所がある20歳以上60歳未満の人
第2号被保険者	厚生年金保険などの加入者
第3号被保険者	第2号被保険者の配偶者で20歳以上60歳未満の人

健康保険に加入する20歳以上60歳未満の配偶者は、国民年金の「第3号被保険者」として年金に加入します。「健康保険被扶養者(異動)届」と「国民年金第3号被保険者関係届」が一体化した様式ですので、健康保険の加入手続きと同時に年金の加入手続きを行うことができます。

また、第3号被保険者の保険料は、厚生年金保険全体で保険料を負担するため、第3号被保険者自身が保険料を支払う必要はありません。

配偶者の住所や氏名が変わった場合

配偶者を扶養に入れる場合にあわせて住所が変わるときは、同時に「健康保険・厚生年金保険被保険者住所変更届」の提出が必要です。この「健康保険・厚生年金保険被保険者住所変更届」は、「国民年金第3号被保険者住所変更届」が一体化した様式ですので、国民年金第3号被保険者である被扶養配偶者の変更後住所についても併せて届け出ることができます。

また、結婚等をきっかけに国民年金第3号被保険者である配偶者の氏名変更の届出を行う場合は、「国民年金第3号被保険者関係届」を提出の際に、配偶者の年金手帳(基礎年金番号通知書)を添付します。

◈ 配偶者が外国人の場合 ◈

外国人の配偶者を被扶養者（国民年金第3号被保険者）とする場合は、「国民年金第3号被保険者関係届」と一緒に「国民年金第3号被保険者ローマ字氏名届」を提出します。

◀手続きのポイント▶

項目	配偶者の年金加入	配偶者の住所変更	配偶者の氏名変更
申請書類	国民年金第3号被保険者関係届 ※配偶者が外国人の場合 国民年金第3号被保険者ローマ字氏名届	国民年金第3号被保険者住所変更届	国民年金第3号被保険者関係届
添付書類	なし	なし	配偶者の年金手帳（基礎年金番号通知書）
提出先	日本年金機構	日本年金機構	日本年金機構
提出期限	該当した日から14日以内	すみやかに	すみやかに
交付物・控書類	控書類なし（事業主控が必要な場合はコピーを添付）	控書類なし（事業主控が必要な場合はコピーを添付）	控書類なし（事業主控が必要な場合はコピーを添付）

変更

◀書式　健康保険被扶養者(異動)届／国民年金第3号被保険者関係届▶

様式コード 2202	協会管掌事業所用	健康保険 国民年金	被扶養者(異動)届 第3号被保険者関係届

令和 ○ 年 ○○ 月 ○○ 日提出

事業主記入欄	事業所 登理記号	03 - アニム		

届出記入の個人番号(基礎年金番号)に誤りがないことを確認しました。

事業所 所在地	〒100-00XX 東京都千代田区○○2-8-13
事業所 名称	株式会社 あかさたな
事業主 氏名	代表取締役　田中　洋
電話番号	03 (6777) XXXX

厚生年金被保険者の配偶者にかかる届出の記載がある場合、同時に『国民年金第3号被保険者関係届』として受理し、配偶者を第3号被保険者に、第2号被保険者を配偶者として読み替えます。

受付印

社会保険労務士記載欄
氏名等

事業主が確認した場合に○で囲んでください。 (1.確認) 収入に関する証明の添付が省略されている者は、所得税法上の控除対象配偶者・扶養親族であることを確認しました。

事業主等受付年月日　令和 ○ 年 XX 月 XX 日

A 被保険者欄	① 被保険者 登理番号 11	② (フリガナ) タ ザキ　ワタル 氏名 (氏) 田崎 (名) 渉	③ 生年月日 1.昭和 ⑦.平成 0 5 1 0 0 5 年 月 日	性別 (1.男) 2.女
			③ 個人番号 (基礎年金番号) 1 2 3 4 5 6 7 8 0 0 0 0	
	⑥ 取得 年月日 1.昭和 ⑦.平成 ○○ 0 5 1 6	⑤昭和 ⑦平成 ○○ 0 5 1 6 ⑦ 収入 (年収) 2,580,000	⑧ 住所 個人番号を記入した場合は、住所記入は不要です。 〒 -	

※事業主が、認定を受ける方の続柄を裏面(a)の書類で確認した場合は、B欄⑭(又はC欄⑮)の「※続柄確認済み」の□に✓を付けてください。(添付書類については裏面(a)(b)参照)
配偶者が被扶養者(第3号被保険者)になった場合は「該当」、被扶養者でなくなった場合は「非該当」、変更の場合は「変更」を○で囲んでください。

B 配偶者である被扶養者欄 (第3号被保険者)	第3号被保険者に関し、この届書記載のとおり届出します。 令和 年 XX 月 XX 日	① 氏名 (フリガナ) タ ザキ　シズ カ (氏名) 田﨑 静香	③ 生年月日 1.昭和 ⑦.平成 3.令和 0 3 0 4 0 1 年 月 日	性別(続柄) 1夫 3.夫(未届) ⑤妻 4妻(未届)
			③ 個人番号 (基礎年金番号) 1 3 1 2 4 5 4 5 9 8 2 0	
		※第3号被保険者関係届の提出は配偶者(第2号被保険者)に委任します ✓	外 国 籍 中華人民共和国	外国人 氏名 (フリガナ) タ ザキ　シズ カ 田﨑 静香
	(7.該当) (第3号被保険者)になった日	⑥ 住所 1.同居 東京都新宿区下落合△-○-△-205 2. 別居 〒 161 - 0033	⑧ 電話 番号 1.自宅 ②携帯 3.勤務先 4.その他 080 (XXXX) 0000	
	7.該当 被扶養者 (第3号被保険者) になった日 9.令和 ○○ △△ □□	⑨ 理由 1.配偶者の就職 4.収入減少 2.婚姻 5.その他 3.その他	⑪ 職業 1.無職 4.その他 ②パート 3.年金受給者	⑪ 収入 (年収) 800,000 円
	非該当 3.変更 被扶養者 (第3号被保険者) でなくなった日 9.令和 年 月 日	⑫ 理由 1.死亡(令和 年 月 日) 4.75歳到達 2.離婚 5.障害認定 3.就職・収入増加 6.その他		⑲ 備考 本人申請意思 確認済
	右の①~⑳欄は、海外居住者または海外から転入した方が記入してください。 1.海外特例 要件該当 海外特例要件に 該当した日 9.令和 年 月 日	⑬ 理由 1.留学 4.海外婚姻 2.同行家族 5.その他 3.特定活動		
	2.海外特例 要件非該当 海外特例要件に 非該当となった日 9.令和 年 月 日	⑮ 理由 1.国内転入(令和 年 月 日) 2.その他	※続柄確認済み ✓	種別 31

⑳ 被扶養者でない配偶者を有するときに記入してください。　　配偶者の収入(年収) 円

配偶者以外の方が被扶養者になった場合は「該当」、被扶養者でなくなった場合は「非該当」、変更の場合は「変更」を○で囲んでください。

C その他の被扶養者欄1	① 氏名 (フリガナ) (氏) (名)	② 生年 月日 1.昭和 7.平成 9.令和 年 月 日		性別 1.男 2.女	④ 続柄 1.実子・養子 2.1以外の子 3.父母・養父母 4.義父母 5.弟妹 6.兄姉 7.曽祖父母 8.曽祖父母 9.孫 10.その他( )
		③ 個人 番号			
	⑥ 住所 1. 同居 〒 2. 別居	右の①~⑯欄は、海外居住者または海外から転入した方が記入してください。 1.海外特例 要件該当 2.海外特例 要件非該当		理由 理由	⑬ 理由 1.留学 4.特定活動 5.その他 2.同行家族 5.海外婚姻 3.国内転入(令和 年 月 日)
	7.該当 被扶養者 になった日 9.令和 年 月 日	職業 1.無職 4.小・中学生以下 2.パート 3.高・大学生(年生) 3.年金受給者 6.その他		⑪ 収入 (年収) 円	⑮ 理由 1.出生 4.同居 2.離職 5.その他 3.収入減
	非該当 3.変更 被扶養者 でなくなった日 9.令和 年 月 日	⑫ 理由 1.死亡(令和 年 月 日) 4.75歳到達 2.離婚 5.収入増加 6.障害認定		⑲ 備考	※続柄確認済み □

C その他の被扶養者欄2	① 氏名 (フリガナ) (氏) (名)	② 生年 月日 1.昭和 7.平成 9.令和 年 月 日		性別 1.男 2.女	④ 続柄 1.実子・養子 2.1以外の子 3.父母・養父母 4.義父母 5.弟妹 6.兄姉 7.曽祖父母 8.曽祖父母 9.孫 10.その他( )
		③ 個人 番号			
	⑥ 住所 1. 同居 〒 2. 別居	右の①~⑯欄は、海外居住者または海外から転入した方が記入してください。 1.海外特例 要件該当 2.海外特例 要件非該当		理由 理由	⑬ 理由 1.留学 4.特定活動 5.その他 2.同行家族 5.海外婚姻 3.国内転入(令和 年 月 日)
	7.該当 被扶養者 になった日 9.令和 年 月 日	職業 1.無職 4.小・中学生以下 2.パート 3.高・大学生(年生) 3.年金受給者 6.その他		⑪ 収入 (年収) 円	⑮ 理由 1.出生 4.同居 2.離職 5.その他 3.収入減
	非該当 3.変更 被扶養者 でなくなった日 9.令和 年 月 日	⑫ 理由 1.死亡(令和 年 月 日) 4.75歳到達 2.離婚 5.収入増加 6.障害認定		⑲ 備考	※続柄確認済み □

※被扶養者の「該当」と「非該当(変更)」は同時に提出できません。「該当」、「非該当」、「変更」はそれぞれ別の用紙で提出してください。

扶養に関する申立書(添付書類等の内容について補足する事項がある場合に記入してください)

申立の事実に相違ありません。　氏名

72074

グループ長 課長	担当者

国民年金第３号被保険者　ローマ字氏名届

年金手帳の基礎年金番号	生年月日（西暦）	性別	住民票の有無
1 2 3 4 5 6 7 8 9 0	年 1 9 9 1 月 0 4 日 0 1	1 男 ② 女	1 無 ② 有

氏名ローマ字記入欄

（フリガナ）　ワン　ジン
（ローマ字）　Wang Jing

被保険者氏名

※漢字氏名（「通称名」をお持ちの方は、下記の欄に記入してください（記入は任意です）。

（フリガナ）　オウ
（氏）　王

（フリガナ）　シズ　カ
（名）　静　香

（フリガナ）　タ　ザキ	（フリガナ）　シズ　カ
（氏）　田崎	（名）　静香

※ローマ字氏名をお持ちでない場合は、その理由をチェック（✓）してください。

理 由 記 入 欄
□短期在留者であるため
□海外に住所を有している者であるため
□在留カード（または特別永住者証明書）にローマ字氏名が記載されていないため
□その他　理由（　　　　　　　　　　　　）

第３号被保険者住所　〒161-0033
東京都新宿区下落合△-○-△-205
田崎　静香

電　話　番　号　(080) XXXX - 0000

令和○年XX月XX日 提出

【記入上の注意】
1 「住民票の有無」欄は、該当する番号を○で囲んでください。
2 フリガナは、被保険者資格取得届に記入したものと同じフリガナを記入してください。
3 ローマ字氏名は、在留カード、住民票又は住民票に記載されているローマ字氏名を大文字で記入してください。なお、ローマ字氏名をお持ちでない方については、ローマ字氏名欄の記入は不要です。ただし、ローマ字氏名を被保険者資格取得届等に記載した場合は、理由記入欄のうえ、「理由記入欄」にその理由を記入してください。

年金 受付	事務所 受付印	事務 センター 受付印

便　利

5-7 従業員が転勤をするとき

◆ポイント◆

●社会保険は「脱退（資格喪失）⇒加入（資格取得）」の手続きが必要です。
●雇用保険は「転勤」の手続きを行います。

　社会保険や労働保険は、会社単位ではなく、事業所単位（支店、営業所、工場、店舗など）で加入することが原則です。そのため、人事異動に伴う「転勤」で勤務場所（＝事業所）が変わる場合、所属する事業所の変更手続きが必要になります。ただし、事業所が複数あっても社会保険・労働保険は本社で一括管理しているなど、各事業所の独立性が薄い場合は、転勤に伴う事業所の変更手続きは必要ありません。

◇ 社会保険の変更手続き ◇

　社会保険は事業所ごとの加入が義務付けられていますので、転勤前の事業所から、転勤後の事業所へ従業員の所属する事業所を変更します。

　変更手続きは従業員が退職したとき（234ページ参照）と、入社したとき（83ページ参照）と同様に、転勤前の事業所にて資格喪失届を提出し、転勤後の事業所にて資格取得届を提出します。その際、転勤による手続きである旨、各届出書の備考欄に、転勤前と転勤後の事業所整理記号と事業所番号、および転勤年月日を記載します。

◇ 労働保険の変更手続き ◇

　転勤による労働保険の変更手続きは、「雇用保険被保険者転勤届」を転勤後の事業所を管轄するハローワークに届け出ます。その際、「雇用保険証」と「人事異動の辞令のコピー」を添付書類として提出します。

◀手続きのポイント▶

項目	社会保険	労働保険
申請書類	【転勤前の事業所】 健康保険・厚生年金保険被保険者資格喪失届 【転勤後の事業所】 健康保険・厚生年金保険被保険者資格取得届	雇用保険被保険者転勤届
添付書類	【転勤前の事業所】 健康保険証 【転勤後の事業所】 なし	雇用保険証 人事異動の辞令のコピーなど
提出先	日本年金機構 ※健康保険組合へ加入している場合は健康保険組合への届出要。	ハローワーク
提出期限	転勤した日から5日以内	転勤した日の翌日から10日以内
交付物・控書類	【転勤前】 健康保険・厚生年金保険資格喪失等確認通知書(⇒会社が保管する) 【転勤後】 ・健康保険証(⇒従業員に渡す) ・健康保険・厚生年金保険資格取得確認および標準報酬決定通知書(⇒従業員に内容を通知する)	雇用保険被保険者転勤届受理通知書(被保険者通知用)／雇用保険被保険者証、雇用保険被保険者転勤届受理通知書(事業主通知用)

変更

様式第10号（第13条関係）（第1面）　　**雇用保険被保険者転勤届**

（必ず第2面の注意事項を読んでから記載してください。）

帳票種別

1	4	1	0	6

1. 被保険者番号

5123-100920-0

2. 生年月日

3-450810 （2 大正　3 昭和　4 平成　5 令和）

元号　年　月　日

3. 被保険者氏名　　木村　二郎

フリガナ（カタカナ）　　キムラ ジロウ

4欄は、被保険者が外国人の場合のみ記入してください。

4. 被保険者氏名（ローマ字）（アルファベット大文字で記入してください。）

被保険者氏名〔続き（ローマ字）〕

5. 資格取得年月日

4-250801 （3 昭和　4 平成　5 令和）

元号　年　月　日

6. 事業所番号

1105-786597-8

7. 転勤前の事業所番号

1301-543210-5

8. 転勤年月日

5-○○××× （4 平成　5 令和）

元号　年　月　日

9. 転勤前事業所名称・所在地

株式会社　あかさたな
千代田区○○2-8-13

10.（フリガナ）変更前氏名		11. 氏名変更年月日	令和　　年　　月　　日

12. 備考	

雇用保険法施行規則第13条第1項の規定により上記のとおり届けます。

令和 ○ 年△△月△△日

住　所　さいたま市浦和区○○7-1-8

事業主　氏　名　株式会社　あかさたな　浦和
田中　明

電話番号　048-823-××××

浦和 公共職業安定所長　殿

社会保険労務士記載欄	作成年月日・提出代行者・事務代理者の表示	氏　　名	電話番号

※	所長	次長	課長	係長	係	操作者

※備考	
確認通知　令和　　年　　月　　日	

2021. 9

（この用紙は、このまま機械で処理しますので、汚さないようにしてください。）

122

コラム 海外派遣と海外出張のちがい

　海外で業務に従事するケースは、「海外派遣」と「海外出張」とに区分されます。

　「海外派遣者」とは、海外の事業場に所属しその事業場の使用者の指揮に従って勤務する人と定義されます。また「海外出張者」とは、単に労働を提供する場が海外にあるに過ぎず、所属はあくまでも国内の事業場であり、国内の事業場の使用者の指揮に従って勤務する人と定義されます。「海外派遣者」に該当するのか「海外出張者」に該当するのかは、勤務の実態により総合的に判断されます。

　一般的な「海外派遣者」と「海外出張者」の業務内容は次のとおりです。

区　分	海外派遣の例	海外出張の例
業務内容	・海外関連会社(現地法人、合弁会社、提携先企業など)へ出向する場合 ・海外支店、営業所へ転勤する場合 ・海外で行う据付工事・建設工事(有期事業)に従事する場合(統括責任者、工事監督者、一般作業員などとして派遣される場合)	・商談 ・技術、仕様などの打ち合わせ ・市場調査、会議、視察、見学 ・アフターサービス ・現地での突発的なトラブル対処 ・技術習得などのために海外に赴く場合

　「海外派遣」の場合は、海外派遣者に対して特別加入の手続きを行わなければ、労災保険から給付を受けることができません。一方「海外出張」の場合は、特別な手続きをすることなく、所属する国内の事業所の労災保険から給付を受けられます。

変更

5-8 健康保険証を紛失したとき

◆ポイント◆

●紛失した健康保険証を悪用されないように、警察にも届出をすることが必要です。
●健康保険証の再交付まで、1週間ほどかかります。

◇ 再交付の申請 ◇

「健康保険証」を紛失すると、病院で治療を受けるときに治療費を全額自己負担しなければなりません。さらに、運転免許証と違って顔写真がありませんので、紛失した健康保険証を悪用される可能性があるため、警察にも紛失届を提出します。健康保険証の再発行の手続きには、「健康保険被保険者証再交付申請書」を協会けんぽに提出します。添付書類は不要ですが、従業員の記名および、再交付理由の記載が必要です。

届出が完了すると、後日会社宛に再発行された健康保険証が送付されます。

◇ 健康保険証を紛失したまま、退職する場合 ◇

従業員が退職する際には、必ず健康保険証を回収することが必要です。しかし、健康保険証を失くしてしまい提出ができない場合、「健康保険被保険者証回収不能届」を、「健康保険・厚生年金保険資格喪失届」とともに日本年金機構または健康保険組合に提出します。添付書類は不要ですが、従業員の記名・押印および、返納不能（紛失）理由の記載が必要です。回収不能対象者には、後日、本人宛に「健康保険証の無効のお知らせ」が送付されます。

◇ 再交付後に健康保険証がみつかったら ◇

健康保険証を紛失したため再交付した後（もしくは退職した後）、健康保険証が見つかった場合は、すみやかに日本年金機構または健康保険組合もしくは協会けんぽに古い健康保険証を返納します。

◀手続きのポイント▶

項目	内容	
申請書類	健康保険被保険者証再交付申請書	健康保険被保険者証回収不能届
添付書類	・健康保険証（き損の場合）	なし
提出先	協会けんぽ	日本年金機構 ※健康保険組合へ加入している場合は健康保険組合への届出要。
提出期限	すみやかに	すみやかに
交付物・控書類	・控書類なし（事業主控が必要な場合はコピーを添付） ・再交付後の健康保険証	控書類なし（事業主控が必要な場合はコピーを添付）

◀書式　健康保険被保険者証再交付申請書▶

健康保険 **被保険者証** 再交付申請書

※記入方法等については「記入の手引き」をご確認ください。

被保険者証を無くされた場合やき損した場合にご使用ください。

被保険者情報

被保険者証	記号（左づめ）	番号（左づめ）	生年月日
	2 1 8 0 0 0 1 2 4		1 ①昭和 2.平成 3.令和 33 年 12 月 01 日

氏名（カタカナ）	ヤ マ タ゛ タ ロ ウ

姓と名の間は1マス空けてご記入ください。濁点（゛）、半濁点（゜）は1字としてご記入ください。

氏名	山田　太郎

郵便番号（ハイフン除く）	1 8 2 0 0 1 7	電話番号（左づめハイフン除く）	0 4 2 5 6 7 X X X X

住所	東京 ㊞都 道 府 県 調布市深大寺元町○-○-○

再交付対象者

対象者	1	① 被保険者（本人）分のみ‥‥‥‥‥‥‥‥‥‥⑦欄の「再交付の原因」をご記入ください。 2. 被扶養者（家族）分のみ‥‥‥‥‥‥‥‥‥④欄に再交付対象のご家族の情報および「再交付の原因」をご記入ください。 3. 被保険者（本人）および被扶養者（家族）分‥‥⑦および④欄それぞれにご記入ください。

⑦被保険者 氏名（カタカナ）	生年月日	再交付の原因
同上	同上	1 ①滅失（無くした、落した） 2.き損（割れた、かすれた） 3.その他（　　）

④被扶養者 (1)氏名（カタカナ）姓と名の間は1マス空けてご記入ください。濁点（゛）、半濁点（゜）は1字としてご記入ください。	生年月日	再交付の原因
	年 月 日 1.昭和 2.平成 3.令和	1.滅失（無くした、落した） 2.き損（割れた、かすれた） 3.その他（　　）
(2)氏名（カタカナ）姓と名の間は1マス空けてご記入ください。濁点（゛）、半濁点（゜）は1字としてご記入ください。	年 月 日 1.昭和 2.平成 3.令和	1.滅失（無くした、落した） 2.き損（割れた、かすれた） 3.その他（　　）
(3)氏名（カタカナ）姓と名の間は1マス空けてご記入ください。濁点（゛）、半濁点（゜）は1字としてご記入ください。	年 月 日 1.昭和 2.平成 3.令和	1.滅失（無くした、落した） 2.き損（割れた、かすれた） 3.その他（　　）

備考	保険証の入った財布を紛失し行方が分からなくなった

事業主欄

上記のとおり被保険者から再交付の申請がありましたので届出します。

事業所所在地	100 － 00XX － 千代田区○○2-8-13
事業所名称	株式会社　あかさたな
事業主氏名	代表取締役　田中　洋
電話番号	03 － 6777 － XXXX

任意継続被保険者の方は、事業主の記入は不要です。

被保険者証の記号番号が不明の場合は、被保険者のマイナンバーをご記入ください。
（記入した場合は、本人確認書類等の添付が必要となります。）　▶

社会保険労務士の 提出代行者名記入欄	

受付日付印

―――――― 以下は、協会使用欄のため、記入しないでください。――――――

MN確認（被保険者）		1. 記入（添付あり） 2. 記入（添付なし） 3. 記入無（添付あり）	添付書類				1. き損被保険者証の添付あり

2 1 1 1 1 1 0 1		その他		1. その他 2. 処理欄	（理由）	枚数	

(2022.12)

❷ 全国健康保険協会
協会けんぽ

(1 / 1)

126

健康保険　被保険者証回収不能届

被保険者情報	被保険者証の (左づめ)	記号	番号	生年月日　年　月　日
		2 1 8 0 0 0 1 2	1 0	☑昭和　☐平成　☐令和　6 0 1 1 1 1
	氏名	(フリガナ)　サトウ　キョウ　コ 佐藤　京子		
	住所	(〒 142 - 0061) 東京 ㊞都道府県 品川区小山台○-X-○-204		
	電話番号 (日中の連絡先)	TEL　(　　　)	携帯電話　090 - XXXX - 0000	

※「電話番号(日中の連絡先)」または「携帯電話番号」について必ず記入してください。

変更

	氏名	生年月日	性別	高齢受給者証 交付 / 返納	被保険者証を返納できない理由
回収不能等の対象者	佐藤　京子	☑昭和 ☐平成 60年11月11日 ☐令和	☐男 ☑女	☐有 ☑無 / ☐有 ☐無	滅失により回収できないため
		☐昭和 ☐平成　年　月　日 ☐令和	☐男 ☐女	☐有 ☐無 / ☐有 ☐無	
		☐昭和 ☐平成　年　月　日 ☐令和	☐男 ☐女	☐有 ☐無 / ☐有 ☐無	
		☐昭和 ☐平成　年　月　日 ☐令和	☐男 ☐女	☐有 ☐無 / ☐有 ☐無	
	備考				

上記の者について、被保険者証(高齢受給者証)が回収不能であるため届出します。
なお、被保険者証を回収したときは、ただちに返納します。

令和　○　年　XX　月　XX　日

事業主欄	事業所所在地	(〒 100 - 00XX) 東京都千代田区○○2-8-13
	事業所名称	株式会社　あかさたな
	事業主氏名	代表取締役　田中　洋
	電話	03　(6777)　XXXX

社会保険労務士記載欄	氏名等		受付日付印

※この届は被保険者証を返納できない場合に提出します。
※回収不能対象者には、後日、被保険者あてに「健康保険被保険者証の無効のお知らせ」を送付します。

5-9 年金手帳（基礎年金番号通知書）を紛失したとき

◆ポイント◆

● 再交付にあたり、年金の加入記録の確認のため、過去に勤務した会社名を記入します。
● 年金手帳の再交付は、会社を通さずに、従業員本人が申請することも可能です。

「年金手帳」は日常生活で使用する機会があまりありません。どこに年金手帳を保管していたのかを忘れてしまうことがよくあります。年金手帳や基礎年金番号通知書を紛失してしまったり、破ってしまったりしたときには基礎年金番号通知書の再交付の申請を行います。

なお、令和4（2022）年4月から年金手帳が廃止されたため、基礎年金番号通知書の再交付申請となります。

◇ 再交付の申請 ◇

「基礎年金番号通知書再交付申請書」を日本年金機構へ提出します。

入社の手続き（83ページ参照）と同時に再交付を申請する場合は、「基礎年金番号通知書再交付申請書」の「現に被保険者として使用されている（又は最後に被保険者として使用された）事業所の名称、所在地（又は船舶所有者の氏名、住所）」欄に、現在の会社に入社する直前に勤務していた会社の名称、所在地等を記入します。書式の欄が「現に」となっていますが、「現在の勤務先」ではありませんので注意が必要です。

再交付された基礎年金番号通知書は、会社宛に送付されますので、届いたら、従業員に渡しましょう。なお、基礎年金番号通知書の再交付は、会社を通さずに、従業員本人が申請することも可能です。その場合には、原則、日本年金機構で管理している従業員の住所あてに郵送されます。または、従業員本人が日本年金機構の窓口に本人であることが確認できる身分証明等を持参し、再交付申請を行った場合は、窓口ですぐに発行してもらうことができます。

◇ 被扶養者である配偶者の基礎年金番号通知書の再交付 ◇

被扶養者である配偶者（国民年金第3号被保険者）の基礎年金番号通知書を再交付する場合には、従業員本人の再交付手続きと同様に、日本年金機構へ提出します。

◆ 再交付後、年金手帳がみつかったら ◆

　年金手帳を紛失したため再交付した後に年金手帳が見つかった場合は、速やかに日本年金機構に古い年金手帳を返納しましょう。

◆ 年金手帳の廃止について ◆

　令和4（2022）年4月1日から国民年金手帳の新規発行は廃止され、年金の手続には基礎年金番号通知書が使われています。年金手帳は、従来、①保険料納付の領収の証明、②基礎年金番号の本人通知という2つの機能を果たすものでした。しかし、現在は、被保険者情報はすでにオンラインシステムで管理されており、さらに、個人番号（マイナンバー）の導入により手帳という形式が不要となってきています。したがって、今後の行政手続の簡素化及び利便性向上を推進する観点から、「基礎年金番号を明らかにする書類」で手続が可能とし、業務の簡素化及び効率化等を図るため、年金手帳の手帳という形式や役割を見直すこととなり廃止されました。

　これに伴い、令和4（2022）年4月1日以降に新たに国民年金や厚生年金保険に加入する人には、「基礎年金番号通知書」が送付されます。また、現行の年金手帳については、基礎年金番号を明らかにするものとして引き続き使用できますが、紛失・棄損した場合は、基礎年金番号通知書が交付されます。

◀手続きのポイント▶

項目	内容
申請書類	基礎年金番号通知書再交付申請書
添付書類	き損の場合は、き損した年金手帳または基礎年金番号通知書
提出先	日本年金機構
提出期限	すみやかに
交付物・控書類	・控書類なし（事業主控が必要な場合はコピーを添付） ・再交付後の基礎年金番号通知書

変更

◀書式　基礎年金番号通知書再交付申請書▶

様式コード
1 2 0 6 2

基礎年金番号通知書再交付申請書

令和 ◯ 年 ◯ 月 ◯ 日提出

事業所情報

事業所整理記号	03 あにむ	事業所番号	1 2 3 4 5

事業所所在地	〒100-00XX 東京都千代田区○○2-8-13
事業所名称	株式会社　あかさたな
事業主氏名	代表取締役　田中　洋
電話番号	03　（ 6777 ）XXXX

厚生年金保険もしくは船員保険に現在加入していて、お勤め先からの届出を希望される方は、左の欄に証明をもらってください。

受付印

社会保険労務士記載欄
氏　名　等

申請対象の被保険者について記入してください。

基礎年金番号（10桁）で届出する場合は「①個人番号（または基礎年金番号）」欄に左詰めで記入してください。

A 被保険者

① 個人番号（または基礎年金番号）	1 1 2 2 3 3 4 4 5 6 7 0			
② 生年月日	5.昭和 7.平成 9.令和 **3 3** 年 **1 2** 月 **0 1** 日	③ 氏名 (フリガナ) ヤマ ダ 山 田	タ ロウ 太 郎	
④ 郵便番号	1 8 2 0 0 1 7	⑤ 電話番号 1.自宅 3.勤務先 2.携帯電話 4.その他	042-567-XXXX	
⑥ 住所	東京都調布市深大寺元町○-○-○			

申請内容について記入してください。

B. 申請内容

⑦ 申請事由		1.紛失　2.破損（汚れ）　9.その他		
現に加入している（または最後に加入していた）制度の名称及び取得・喪失年月日	⑧ 制度の名称	1.国民年金 2.厚生年金保険 3.船員保険 4.共済組合	取得年月日	◯ 年 XX 月 XX 日
			喪失年月日	年 月 日
「⑧制度の名称」欄が国民年金または共済組合の方は、以下の記入は不要です。				
最初に被保険者として使用されていた事業所の名称、所在地（または船舶所有者の氏名、住所）及び、取得年月日	名称（氏名）			
	所在地（住所）			
	取得年月日	年　　月　　日		
現に被保険者として使用されている（または最後に被保険者として使用された）事業所の名称、所在地（または船舶所有者の氏名、住所）	名称（氏名）	かきくけこ株式会社		
	所在地（住所）	東京都文京区○○2-12-21		

130

5-10 雇用保険証を紛失したとき

◆ポイント◆

●雇用保険番号がわからない場合は、空欄でも構いません。
●雇用保険証の再交付は、会社を通さず、従業員本人の申請も可能です。

「雇用保険証」は、年金手帳と同様、普段はあまり使用頻度が少ない証明書ですが、紛失してしまったり破ってしまったりしたときには再発行の手続きを行います。

◇ 再交付の申請を行うには ◇

雇用保険証の再交付の手続きは、「雇用保険被保険者証再交付申請書」を管轄のハローワークに提出します。

◇ 雇用保険証をなくしたまま、退職する場合 ◇

「雇用保険証」は、転職先で入社手続きをするときや、雇用保険の基本手当(いわゆる失業保険)をもらうときに必要です。そのため、退職後に雇用保険証をなくしていることがわかった場合には、従業員本人が、居住地を管轄するハローワークに「雇用保険被保険者証再交付申請書」を提出し、再交付の申請を行います。

◇ 再交付後、雇用保険被保険者証がみつかったら ◇

「雇用保険証」は、ハローワークに返納する必要はありません。そのため、再交付後、雇用保険証がみつかった場合には、古い雇用保険証を破棄してしまっても問題ありません。

◀手続きのポイント▶

項目	内容
申請書類	雇用保険被保険者証再交付申請書
添付書類	き損の場合は、き損した雇用保険証
提出先	ハローワーク
提出期限	すみやかに
交付物・控書類	・控書類なし(事業主控が必要な場合はコピーを添付) ・再交付後の雇用保険証

様式第8号（第10条関係）

※	所長	次長	課長	係長	係

雇用保険被保険者証再交付申請書

申請者	1.	フリガナ 氏 名	ヤマダ　タロウ 山田　太郎	2. 性別	①男 2 女	3. 生年月日	大昭平令 33年12月1日
	4.	住所又 は居所	調布市深大寺元町○-○-○			郵便番号	182 － 0017
現に被保険者として雇用されている事業所	5.	名称	株式会社　あかさたな			電話番号	03-6777-XXXX
	6.	所在地	千代田区○○2-8-13			郵便番号	100 － 00XX
最後に被保険者として雇用されていた事業所	7.	名称				電話番号	
	8.	所在地				郵便番号 －	
9.	取得年月日		令和○○ 年 XX 月 XX 日				
10.	被保険者番号		5053 － 226790 － 1			※安定所確認印	
11.	被保険者証の滅失 又は損傷の理由		保管場所忘れのため滅失				

雇用保険法施行規則第10条第3項の規定により上記のとおり雇用保険被保険者証の再交付を申請します。

　　令和 ○ 年△△月△△日

飯田橋 公共職業安定所長　殿

　　　　　　　　　　申請者氏名　山田　太郎

※ 再交付 年月日	令和　年　月　日	※備考	

注意

1　被保険者証を損傷したことにより再交付の申請をする者は、この申請書に損傷した被保険者証を添えること。

2　1欄には、滅失又は損傷した被保険者証に記載されていたものと同一のものを明確に記載すること。

3　5欄及び6欄には、申請者が現に被保険者として雇用されている者である場合に、その雇用されている事業所の名称及び所在地をそれぞれ記載すること。

4　7欄及び8欄には、申請者が現に被保険者として雇用されている者でない場合に、最後に被保険者として雇用されていた事業所の名称及び所在地をそれぞれ記載すること。

5　9欄には、最後に被保険者となったことの原因となる事実のあった年月日を記載すること。

6　※印欄には、記載しないこと。

7　なお、本手続は電子申請による届出も可能です。詳しくは公共職業安定所までお問い合わせください。

2021. 9

第6章

ケガや病気の際の手続き
（仕事外・通勤途上外）

◆ポイント◆

●健康保険証を忘れて病院で治療を受けたときなど、医療費を一時的に全額立て替えた場合は一定額の払戻しを受けられます。
●手続きを行わないと立て替えた治療費は戻ってきませんので、後日療養費の申請書を提出する必要があります。

◇ 健康保険証を提示できなかったとき ◇

　病院で健康保険証を提示すると、かかった医療費の原則2～3割（年齢と収入によって異なります）を支払うことで治療を受けられます。しかし、健康保険証を忘れて治療を受けた時などは医療費を全額立て替えなければなりません。
　このような場合は、「健康保険療養費支給申請書」を協会けんぽまたは健康保険組合へ提出することで、療養費として一部の医療費の払い戻しを受けることが可能です。

◇ 治療用装具を装着したとき ◇

　治療用装具（ギプス、コルセット、弾性着衣など）は、保険契約がないため、医療費を全額立て替えなければなりません。このような場合は後日申請を行うことで療養費として一部の医療費の払い戻しを受けることが可能です。なお、治療用装具の療養費の申請手続きは治療にあたって治療用装具が必要であると医師が認めた証明が必要になります。「健康保険療養費支給申請書」に証明欄がありますので、担当医師に証明を依頼して下さい。

◇ 海外で治療を受けたとき ◇

　海外で急な病気にかかって治療を受けたときは、後日申請を行うことで療養費として一部の医療費の払い戻しを受けることが可能です（海外療養費）。海外療養費の支給対象となるのは、日本国内で保険診療と認められている医療行為に限られます。そのため、保険適用になっていない医療行為や薬は給付の対象にはなりません。また、治療目的で海外にて治療を受けた場合も給付の対象にはなりません。海外療養費の金額は、日本の医療機関等で治療した場合にかかる医療費を基準に計算した額（実際に海外で支払った額の方が低いときはその額）から、自己負担相当額を

差し引いた額が支給されます。

　一部の医療費の払戻しを受けるには、「海外療養費支給申請書」に「診療内容明細書」「領収明細書」「領収書の原本」「各添付書類の翻訳文」を添付する必要があります。

◆ 療養費の支給申請手続き ◆

　医療費を全額自己負担した場合は、「健康保険療養費支給申請書」を協会けんぽまたは健康保険組合へ提出することで療養費として一部の医療費の払戻しを受けることが可能です。添付書類として「領収書原本」と「診療報酬明細書」が必要です。療養費が支払われるのは、「健康保険療養費支給申請書」を申請してから約1か月後になります。

　なお、従業員本人が住民税非課税の場合は、マイナンバーの添付が必要です(マイナンバーの情報連携により従業員の課税情報を確認するため)。具体的には、入院時にやむを得ず医療費を自費で支払ったときや、限度額適用・標準負担額減額認定証を提示しなかったことにより入院時に支払った食事療養費を減額されない金額で支払ったとき等が該当します。

◀手続きのポイント▶

項目	内容
申請書類	健康保険被保険者療養費支給申請書
添付書類	領収書原本 診療報酬明細書など
提出先	協会けんぽまたは健康保険組合
提出期限	治療を受けた日から2年
交付物・ 控書類	・控書類なし(事業主控が必要な場合はコピーを添付) ・支給決定通知書

健康保険 被保険者 家　族 療養費 支給申請書（立替払等）

1 | 2 ページ　立

医療機関窓口で医療費の全額を支払い、払い戻しを受ける場合等にご使用ください。なお、記入方法および添付書類等については「記入の手引き」をご確認ください。

被保険者（申請者）情報

被保険者証	記号（左づめ）	番号（左づめ）	生年月日
	2 1 8 0 0 0 1 2 5		1 (1.昭和 2.平成 3.令和) 5 3 年 0 6 月 0 4 日

氏名（カタカナ） モリタ　リエ

姓と名の間は1マス空けてご記入ください。濁点（"）、半濁点（°）は1字としてご記入ください。

氏名 森田　理恵

※申請者はお勤めされている（いた）被保険者です。被保険者がおさくなりになっている場合は、相続人よりご申請ください。

郵便番号（ハイフン除く） 1 6 2 0 8 1 3

電話番号（左づめハイフン除く） 0 3 4 3 2 1 X X X X

住所 東京 (都)道府県 新宿区東五軒町X-○-X-1203

振込先指定口座

振込先指定口座は、上記申請者氏名と同じ名義の口座をご指定ください。

金融機関名称	○○○○	(銀行) 金庫 信組　農協 漁協　その他（　　）	支店名	○○○	本店 支店　代理店 出張所 本店営業部　本所 支所
預金種別	1	普通預金	口座番号（左づめ）		1 2 3 4 5 6 7

ゆうちょ銀行の口座へお振り込みを希望される場合、支店名は3桁の漢数字を、口座番号は振込専用の口座番号（7桁）をご記入ください。
ゆうちょ銀行口座番号（記号・番号）ではお振込できません。

2ページ目に続きます。 ≫≫≫

被保険者証の記号番号が不明の場合は、被保険者のマイナンバーをご記入ください。▶
（記入した場合は、本人確認書類等の添付が必要となります。）

社会保険労務士の 提出代行者名記入欄	

以下は、協会使用欄のため、記入しないでください。

MN確認（被保険者）		1.記入有（添付あり） 2.記入有（添付なし） 3.記入無（添付あり）

添付書類	領収書		1.添付 2.不備	診療費用		円	負担割合		%
	診療明細（レセプト）		1.添付 2.不備 3.同意書	戸籍（法定代理）		1.添付	口座証明		1.添付

申請内容	診療期間	令和 年 月 日 から 令和 年 月 日	日間
	申請理由	1.被保険者証不所持 2.他療保証使用 3.食事療養費 9.その他	入院外来 1.入院 2.外来

6 6 1 1 1 1 0 1	その他		1.その他	（理由）	枚数	

受付日付印

(2022.12)

全国健康保険協会 協会けんぽ

1 / 2

健康保険 被保険者／家族 療養費 支給申請書（立替払等）

被保険者氏名　森田　理恵

①-1 受診者	**1**	1. 被保険者 2. 家族（被扶養者）
① ①-2 受診者の氏名（カタカナ）	モリタ　リエ	
	姓と名の間は1マス空けてご記入ください。濁点（゛）、半濁点（゜）は1字としてご記入ください。	
①-3 受診者の生年月日	**1**	1. 昭和 2. 平成　**53**年 **06**月 **04**日 3. 令和

② 傷病名	急性上気道炎	③ 発病または負傷年月日	**2** 1. 平成 2. 令和　**XX**年 **09**月 **10**日

申請内容

④	④-1 傷病の原因	**1**	1. 仕事中以外（業務外）での傷病 2. 仕事中（業務上）での傷病　　➡ ④-2へ 3. 通勤途中での傷病
			旅行中、宿泊先で急に熱が出てしまった
	④-2 労働災害、通勤災害の認定を受けていますか。	☐	1. はい 2. 請求中 3. 未請求
⑤	傷病の原因は第三者の行為（交通事故やケンカ等）によるものですか。	**2**	1. はい　　「1. はい」の場合、別途「第三者行為による傷病届」をご提出ください。 2. いいえ
⑥	⑥-1 診療を受けた医療機関等の名称	△△病院	
	⑥-2 診療を受けた医療機関等の所在地	△△県△△市△△	
	⑥-3 診療した医師等の氏名	△△　△△	
⑦	診療を受けた期間	令和 **XX**年 **09**月 **10**日 から　令和 **XX**年 **09**月 **10**日	
⑧	療養に要した費用の額（右づめ）	**9600**円	
⑨	診療の内容	診察のうえ解熱鎮痛薬を処方された	
⑩	療養費申請の理由	**1**	1. 被保険者証を持参できなかったことにより、医療費を全額自己負担したため 2. 他の保険者の被保険者証を使用し、医療費を返還したため 3. 入院時の食事代の差額を申請するため 9. その他

ケガや病気（仕事外）

『健康保険療養費支給申請書（立替払等）記入の手引き』をご確認ください。

66121101

全国健康保険協会
協会けんぽ

（2 / 2）

137

6-2 自己負担した医療費が高額になったとき

◆ポイント◆

● 自己負担が一定額を超えた場合にはその超えた金額を「高額療養費」として健康保険から給付を受けられます。

● 事前に協会けんぽまたは健康保険組合で認定を受けておくと、窓口で支払う医療費の額を高額療養費の自己負担額限度額までとすることが可能です。

◇ 自己負担限度額 ◇

　高額療養費とは、同一月にかかった医療費の自己負担額が高額になった場合に、自己負担限度額を超えた分があとで払い戻される制度です。なお、自己負担限度額は、年齢および所得状況等により設定されています。

◀70歳未満の方の自己負担限度額▶

所得区分	自己負担限度額	多数該当※2
①区分ア （標準報酬月額83万円以上の方） （報酬月額81万円以上の方）	252,600円＋（総医療費※1 －842,000円）×１％	140,100円
②区分イ （標準報酬月額53万～79万円の方） （報酬月額51万５千円以上～81万円未満の方）	167,400円＋（総医療費－ 558,000円）×１％	93,000円
③区分ウ （標準報酬月額28万～50万円の方） （報酬月額27万円以上～51万５千円未満の方）	80,100円＋（総医療費－ 267,000円）×１％	44,400円
④区分エ （標準報酬月額26万円以下の方） （報酬月額27万円未満の方）	57,600円	44,400円
⑤区分オ （低所得者） （被保険者が市区町村民税の非課税者等）	35,400円	24,600円

※１　総医療費とは保険適用される診察費用の総額（10割）のことをいいます。

※２　療養を受けた月以前の１年間に３か月以上の高額療養費の支給を受けた（限度額適用認定証を使用し、自己負担限度額を負担した場合も含む）場合には、４か月目から「多数該当」が適用となり、自己負担限度額がさらに軽減されます。

注）「区分ア」または「区分イ」に該当する場合、市区町村民税が非課税であっても、標準報酬月額での「区分ア」または「区分イ」の該当となります。

◀70歳以上75歳未満の方の自己負担限度額　平成30年8月診療分より▶

被保険者の所得区分		自己負担限度額	
		外来（個人ごと）	外来・入院（世帯）
①現役並み所得者	現役並みⅢ（標準報酬月額83万円以上で高齢受給者証の負担割合が3割の方）	252,600円＋（総医療費－842,000円）×1％[多数該当：140,100円]	
	現役並みⅡ（標準報酬月額53万～79万円で高齢受給者証の負担割合が3割の方）	167,400円＋（総医療費－558,000円）×1％[多数該当：93,000円]	
	現役並みⅠ（標準報酬月額28万～50万円で高齢受給者証の負担割合が3割の方）	80,100円＋（総医療費－267,000円）×1％[多数該当：44,400円]	
②一般所得者（①および③以外の方）		18,000円（年間上限14.4万円）	57,600円[多数該当：44,400円]
③低所得者	Ⅱ（※1）	8,000円	24,600円
	Ⅰ（※2）		15,000円

※1　被保険者が市区町村民税の非課税者等である場合が該当します。
※2　被保険者とその扶養家族全ての方の収入から必要経費・控除額を除いた後の所得がない場合が該当します。
注）現役並み所得者に該当する場合は、市区町村民税が非課税等であっても現役並み所得者となります。

ケガや病気（仕事外）

◇ 限度額適用認定証 ◇

　高額療養費制度では、医療機関より請求された医療費の全額を立替え申請することにより、自己負担限度額を超えた金額が払い戻されますが、一時的とはいえ、多額の費用を立て替えることになるため、経済的に大きな負担となります。そこで、事前に協会けんぽまたは健康保険組合に「健康保険限度額適用認定申請書」を提出することで、病院の窓口で支払う医療費の額を、高額療養費の自己負担限度額までとすることが可能です。ただし、食事代や保険適用とならない費用（個室代や差額ベッド代など）は別途支払が必要となります。

　なお、家族の医療費を合算して高額療養費に該当するような場合は、いったん医療費を自己負担し、あとから高額療養費支給申請書を届け出て、自己負担限度額を超える医療費の払戻しを受けます。

◇ 高額療養費の要件 ◇

　高額療養費の対象になるのは、保険の対象となる「医療費」です。個室代や差額ベット代などは対象外となります。また高額療養費の要件は次の通りです。

a　従業員本人、家族ごとに計算すること

b　同じ月（1日〜末日まで）に治療を受けていること

c　同じ病院で治療を受けていること

　　違う病院で治療を受けた場合は、病院ごとに計算します。また、総合病院の場合は、各科ごとに計算します。

d　同じ病名で治療を受けていること

　　複数の病名で治療を受けている場合は、それぞれの病名ごとに計算します。

e　入院、通院別に計算すること

　　入院の治療費と通院の医療費はそれぞれ別々に計算します。

◆ 例外的な高額療養費の取扱い ◆

①家族の自己負担額も合算できる

　従業員とその家族が自己負担した医療費と介護費が複数あり、各人の各月における自己負担額が窓口負担では自己負担限度額を超えない場合でも、複数の受診や、同じ世帯にいる他の方（同じ医療保険に加入している方に限ります。）の受診について、窓口でそれぞれ支払った自己負担額を1か月単位で合算することができます。その合算額が一定額を超えたときは、超えた分が高額療養費として支給されます。

※ただし、70歳未満の方の合算できる自己負担額は21,000円以上のものに限られます。70歳以上の方は自己負担額をすべて合算できます。

②長期入院で高額療養費が優遇される制度

　長期の入院などで、高額療養費として払い戻しを受けた月数が1年間に3か月以上あったときは4か月目から、自己負担限度額がさらに引き下げられる制度があります。

③特定疾病により高額療養費が優遇される制度

　高額な治療を長期間にわたって継続しなければならない国が指定する特定疾病（血友病、人工透析及びHIV）の場合は、自己負担限度額が引き下げられる特例制度があります。

　この場合は、「健康保険特定疾病療養受療証交付申請書」に医師の証明を受けて、協会けんぽまたは健康保険組合へ提出すると、「健康保険特定疾病療養受療証」が発行されます。病院で健康保険証と一緒にこの受療証を提示することで、自己負担限度額が1万円（人工腎臓を実施している慢性腎不全の上位所得者は2万円）となります。

◇ 高額療養費の支給申請手続き ◇

「健康保険高額療養費支給申請書」を協会けんぽまたは健康保険組合へ提出します。高額療養費は、申請から約３か月後に払い戻されます。

なお、従業員本人が住民税非課税の場合は、マイナンバーの情報連携により従業員の課税情報を確認するため、マイナンバーの添付が必要です。

◀手続きのポイント▶

項目	内容
申請書類	【事前申請時】 健康保険限度額適用認定申請書 【事後申請時】 健康保険被保険者高額療養費支給申請書
添付書類	【事前申請時】 なし 【事後申請時】 なし
提出先	協会けんぽまたは健康保険組合
提出期限	診療月の翌月１日から２年以内
交付物・控書類	【事前申請時】 ・健康保険限度額適用認定証 【事後申請時】 控書類なし(事業主控が必要な場合はコピーを添付) 支給決定通知書
その他	高額療養費は、保険医療機関等から提出される診療報酬明細書の確認が必要であることから、支給決定は診療月から３か月以上かかる。

ケガや病気
(仕事外)

健康保険 **限度額適用認定** 申請書

入院等で医療費が自己負担限度額を超えそうな場合にご使用ください。なお、記入方法および添付書類等については「記入の手引き」をご確認ください。

被保険者情報

被保険者証	記号（左づめ）	番号（左づめ）	生年月日
	2 1 8 0 0 0 1 2 7		1. 昭和 2. 平成 3. 令和 → 1　39 年　03 月　02 日

氏名（カタカナ）	ス ズ キ　イ チ ロ ウ

姓と名の間は1マス空けてご記入ください。濁点（゛）、半濁点（゜）は1字としてご記入ください。

氏名	鈴木　一郎

郵便番号（ハイフン除く）	1 3 5 0 0 9 1	電話番号（左づめハイフン除く）	0 3 8 8 3 3 X X X X

住所	東京 ㊞道府県　港区台場△-X-△-1107

認定対象者欄

氏名（カタカナ）	ス ズ キ　リ ョ ウ コ

姓と名の間は1マス空けてご記入ください。濁点（゛）、半濁点（゜）は1字としてご記入ください。

生年月日	1. 昭和 2. 平成 3. 令和 → 1　38 年　07 月　09 日

送付希望先欄

上記被保険者情報に記入した住所と別の住所に送付を希望する場合にご記入ください。

郵便番号（ハイフン除く）	1 0 0 0 0 X X	電話番号（左づめハイフン除く）	0 3 6 7 7 7 X X X X

住所	東京 ㊞道府県　千代田区○○2-8-13

宛名	株式会社　あかさたな

申請代行者欄

被保険者以外の方が申請する場合にご記入ください。

氏名		被保険者との関係	
電話番号（左づめハイフン除く）		申請代行の理由	1. 被保険者本人が入院中で外出できないため 2. その他

備考	

被保険者証の記号番号が不明の場合は、被保険者のマイナンバーをご記入ください。
（記入した場合は、本人確認書類等の添付が必要となります。）▶

社会保険労務士の提出代行者名記入欄	

以下は、協会使用欄のため、記入しないでください。

MN確認（被保険者）		1. 記入有（添付あり） 2. 記入有（添付なし） 3. 記入無（添付あり）	同時申請		1. 資格取得		1. 被扶養者異動届		1. 被保険者変更訂正
2 3 0 1 1 1 0 1			その他		1. その他 2. 処理票	（理由）		枚数	

受付日付印

(2022.12)

全国健康保険協会
協会けんぽ

1 / 1

◀書式　健康保険被保険者・被扶養者・世帯合算高額療養費支給申請書▶

健康保険　被保険者 被扶養者 世帯合算　高額療養費 支給申請書　1　2　ページ　高

※給付金のお支払いまで、診療月後3か月以上かかります。

医療機関に支払った1か月分の自己負担額が高額になり、自己負担額を超えた額の払い戻しを受ける場合にご使用ください。なお、記入方法および添付書類等については「記入の手引き」をご確認ください。

被保険者（申請者）情報

被保険者証	記号（左づめ）	番号（左づめ）	生年月日
	2 1 8 0 0 0 1 2 7		1. 昭和 2. 平成 3. 令和　1　39 年　03 月　02 日

氏名（カタカナ）	ス ス゛ キ　イ チ ロ ウ

姓と名の間は1マス空けてご記入ください。濁点（゛）、半濁点（゜）は1字としてご記入ください。

氏名	鈴木　一郎

※申請者はお勤めされている（いた）被保険者です。被保険者がお亡くなりになっている場合は、相続人よりご申請ください。

郵便番号（ハイフン除く）	1 3 5 0 0 9 1	電話番号（左づめハイフン除く）	0 3 8 8 3 3 X X X X

住所	東京 ㊡道府県　港区台場△-X-△-1107

ケガや病気（仕事外）

振込先指定口座

振込先指定口座は、上記申請者氏名と同じ名義の口座をご指定ください。

金融機関名称	○○○　銀行　金庫　信組　農協　漁協　その他（　　）	支店名	○○○　本店　支店　代理店　出張所　本店営業部　本所　支所

預金種別	1　普通預金	口座番号（左づめ）	1 2 3 4 5 6 7

ゆうちょ銀行の口座へお振り込みを希望される場合、支店名は3桁の漢数字を、口座番号は振込専用の口座番号（7桁）をご記入ください。
ゆうちょ銀行口座番号（記号・番号）ではお振込できません。

2ページ目に続きます。　≫≫

被保険者証の記号番号が不明の場合は、被保険者のマイナンバーをご記入ください。
（記入した場合は、本人確認書類等の添付が必要となります。）▶ _____

社会保険労務士の提出代行者名記入欄	

── 以下は、協会使用欄のため、記入しないでください。 ──

MN確認（被保険者）	□ 1. 記入有（添付あり） 2. 記入有（添付なし） 3. 記入無（添付なし）			受付日付印
添付書類	所得証明 □ 1. 添付 2. 不備	戸籍（法定代理） □ 1. 添付	口座証明 □ 1. 添付	
6 4 1 1 1 1 0 1	その他 □ 1. その他（理由）		枚数 □□	

全国健康保険協会
協会けんぽ

(2022.12)

1 / 2

健康保険 被保険者 被扶養者 世帯合算 高額療養費 支給申請書

※給付金のお支払いまで、診療月後3か月以上かかります。

被保険者氏名	鈴木 一郎

医療機関等から協会へ請求のあった診療報酬明細書（レセプト）により確認できた、本申請の支給（合算）対象となる診療等の自己負担額を全て合算して、支給額を算出します。

① 診療年月　令和 [X][X] 年 [1][1] 月 ➡ 高額療養費は月単位でご申請ください。左記年月に診療を受けたものについて、下記項目をご記入ください。

<table>
<tr><td rowspan="2">受診者氏名</td><td>鈴木 一郎</td><td>鈴木 晴子</td><td></td></tr>
<tr><td></td><td></td><td></td></tr>
<tr><td>② 受診者生年月日</td><td>[1] 1.昭和 2.平成 3.令和
[39]年[03]月[02]日</td><td>[1] 1.昭和 2.平成 3.令和
[19]年[02]月[08]日</td><td>[ ] 1.昭和 2.平成 3.令和
[ ]年[ ]月[ ]日</td></tr>
<tr><td>③ 医療機関（薬局）の名称</td><td>○○○病院</td><td>△△病院</td><td></td></tr>
<tr><td>医療機関（薬局）の所在地</td><td>東京都港区○○1-5</td><td>東京都文京区○○2-3</td><td></td></tr>
<tr><td>④ 病気・ケガの別</td><td>[1] 1.病気 2.ケガ</td><td>[1] 1.病気 2.ケガ</td><td>[ ] 1.病気 2.ケガ</td></tr>
<tr><td>⑤ 療養を受けた期間</td><td>[10]日 から [14]日</td><td>[01]日 から [25]日</td><td>[ ]日 から [ ]日</td></tr>
<tr><td>⑥ 支払額（右づめ）</td><td>98400 円</td><td>77300 円</td><td>円</td></tr>
</table>

申請内容

「①診療年月」以前1年間に、高額療養費に該当する月が3か月以上ある場合、「①診療年月」以外の直近3か月分の診療年月をご記入ください。

⑦ 診療年月　**1** 令和 [X][X] 年 [04] 月　**2** 令和 [X][X] 年 [09] 月　**3** 令和 [X][X] 年 [10] 月

⑧ 非課税等　[ ]　被保険者が非課税である等、自己負担限度額の所得区分が「低所得」となる場合（記入の手引き参照）には、左記に ☑ を入れてください。

「⑧非課税等」に☑された方は、高額療養費算出のため、マイナンバーを利用した情報照会を行いますので、以下に当てはまる郵便番号をご記入ください。
診療月が1月～ 7月の場合：前年1月1日時点の被保険者の住民票住所の郵便番号
診療月が8月～12月の場合：本年1月1日時点の被保険者の住民票住所の郵便番号
詳しくは「記入の手引き」をご確認ください。

情報照会

⑨ 被保険者郵便番号（ハイフン除く）　[ ][ ][ ][ ][ ][ ][ ]

⑩ 希望しない　[ ]　マイナンバーを利用した情報照会を希望しない場合は、左記に ☑ を入れてください。
希望しない場合には、非課税証明書等の必要な証明書類を添付してください。

[6][4][1][2][1][1][0][1]

全国健康保険協会 協会けんぽ

ケガや病気で会社を休んだとき

◆ポイント◆

●従業員が私傷病で会社を休み、給料の支給がない場合は、健康保険から傷病手当金が支給されます。
●傷病手当金は給料の代わりとなるものなので、休業が長期間の場合は毎月申請手続きを行う必要があります。

◇ 傷病手当金の概要 ◇

　傷病手当金は、病気休業中の従業員とその家族の生活を保障するために設けられた制度です。従業員が仕事外や通勤途上外でケガや病気になり、業務に携わることができずに給料が支給されない場合、健康保険から休んでいる間の休業保障として「傷病手当金」が支給されます。

　傷病手当金は、1日当たり「休んだ日以前の継続した12か月間の各月の標準報酬月額を平均した額を30日で除した額の3分の2」が支給されます。なお、支給開始日以前の期間が12か月に満たない場合の1日当たりの給付金の計算方法は、

　　①支給開始日の属する月以前の継続した各月の報酬月額の平均額
　　②当該年度の前年度の9月30日における全被保険者の同月の標準報酬月額を平均した額

の①②を比較して少ない方の額を元に計算を行います。

　傷病手当金が支給される期間は、支給開始した日から支給期間を通算して最長1年6か月です。したがって、1年6か月の間に仕事に復帰した期間があり、その後再び同じケガや病気により仕事に就けなくなった場合、復帰した期間は1年6か月から除外されます。

◇ 傷病手当金の支給要件 ◇

　傷病手当金は、次の4つの要件を満たした場合に支給されます。
①仕事外や通勤途上外のケガや病気の治療中であること
　入院や通院のみならず、自宅療養なども対象に含まれます。
②仕事外や通勤途上外のケガや病気で働けない状態になったこと
　仕事に就けない状態をいいます。医師の証明にて「働けない状態(労務不能)」である旨確認します。

③会社を連続して4日以上休んでいること

　傷病手当金の支給は休業4日目からとなります。最初の3日間は待期期間といって傷病手当金は支給されません。なお、この期間は有給、無給、休日が含まれていてもかまいませんが、「継続して」の3日間が必要となります。

④休んだ期間の給料が支払われていないこと

　支払われた給料が傷病手当金の金額より少ないときは差額が支給されます。

◆ 休業期間中の社会保険料の取扱い ◆

　休業期間中でも社会保険料(健康保険料・介護保険料・厚生年金保険料)は発生するため、従業員の休業期間中の社会保険料は、いったん会社が立て替えて支払います。会社が立て替えた社会保険料の精算は、毎月定期的に行うか、または復帰後にまとめて本人と精算します。なお、雇用保険料は支払う給料がない場合は発生しません。

◆ 傷病手当金の支給申請手続き ◆

　「健康保険傷病手当金支給申請書」を、協会けんぽまたは健康保険組合へ提出します。

　添付書類は原則不要ですが、申請書に労務不能である旨医師の証明を受ける必要があります。また、該当の従業員が支給開始日以前の12か月以内で事業所に変更があった場合は、以前の各事業所の名称、所在地及び各事業所に使用されていた期間がわかる書類が必要です。

　なお、傷病手当金は給料の代わりとなるものなので、休業期間が長期になる場合は、会社で定めた「給与計算締切日」に合わせて、毎月請求を行うのが一般的です。また、医療費が高額になった場合は「健康保険高額療養費支給申請書」の手続きも行います(138ページ参照)。

◀手続きのポイント▶

項目	内容
申請書類	健康保険傷病手当金支給申請書
添付書類	なし
提出先	協会けんぽまたは健康保険組合
提出期限	労務不能であった日の翌日から2年以内
交付物・控書類	・控書類なし(事業主控が必要な場合はコピーを添付) ・支給決定通知書
その他	申請書に医師による「労務不能」の証明を受ける必要あり。また、従業員が支給開始日以前の12か月以内で事業所の変更があった場合は、以前の各事業所の名称、所在地及び各事業所に使用されていた期間がわかる書類を添付する。

ケガや病気
(仕事外)

健康保険 傷病手当金 支給申請書

被保険者記入用

被保険者が病気やケガのため仕事に就くことができず、給与が受けられない場合の生活保障として、給付金を受ける場合にご使用ください。
なお、記入方法および添付書類等については「記入の手引き」をご確認ください。

被保険者証	記号（左づめ）	番号（左づめ）	生年月日
	2 1 8 0 0 0 1 2 7		1.昭和 2.平成 3.令和　**1**　**39**年　**03**月　**02**日

被保険者（申請者）情報

氏名（カタカナ）	ス ズ゛ キ　イ チ ロ ウ

姓と名の間は1マス空けてご記入ください。濁点（゛）、半濁点（゜）は1字としてご記入ください。

氏名	鈴木　一郎

※申請者はお勤めされている（いた）被保険者です。
被保険者がお亡くなりになっている場合は、
相続人よりご申請ください。

郵便番号（ハイフン除く）	1 3 5 0 0 9 1	電話番号（左づめハイフン除く）	0 3 8 8 3 3 X X X X

住所	東京 ㊞道府県　港区台場△-X-△-1107

振込先指定口座

振込先指定口座は、上記申請者氏名と同じ名義の口座をご指定ください。

金融機関名称	○ ○ ○　銀行　金庫　信組　農協　漁協　その他（　）	支店名	○ ○ ○　本店　支店　代理店　出張所　本店営業部　本所　支所
預金種別	1　普通預金	口座番号（左づめ）	1 2 3 4 5 6 7

ゆうちょ銀行の口座へお振り込みを希望される場合、支店名は3桁の漢数字を、口座番号は振込専用の口座番号（7桁）をご記入ください。
ゆうちょ銀行口座番号（記号・番号）ではお振込できません。

2ページ目に続きます。 ≫≫

被保険者証の記号番号が不明の場合は、被保険者のマイナンバーをご記入ください。▶
（記入した場合は、本人確認書類等の添付が必要となります。）

社会保険労務士の提出代行者名記入欄	

―――――――― 以下は、協会使用欄のため、記入しないでください。 ――――――――

MN確認（被保険者）	☐ 1.記入有（添付あり）2.記入有（添付なし）3.記入無（添付あり）				受付日付印

添付書類	職歴	☐ 1.添付 2.不備	年金	☐ 1.添付 2.不備	労災	☐ 1.添付 2.不備
	戸籍（法定代理）	☐ 1.添付	口座証明	☐ 1.添付		

6 0 1 1 1 1 1 0 1	その他	☐ 1.その他	（理由）	枚数	☐☐

(2022.12)

全国健康保険協会
協会けんぽ

1 / 4

健康保険 傷病手当金 支給申請書

被保険者氏名	鈴木 一郎

申請内容

① 申請期間
（療養のために休んだ期間）

令和 XX 年 11 月 10 日 から
令和 XX 年 11 月 25 日 まで

② 被保険者の仕事の内容
（退職後の申請の場合は、退職前の仕事の内容）

経理

③ 傷病名

☑ 療養担当者記入欄（4ページ）に記入されている傷病による申請である場合は、左記に☑を入れてください。
別傷病による申請を行う場合は、別途その傷病に対する療養担当者の証明を受けてください。

④ 発病・負傷年月日

2 1.平成
2.令和 XX 年 11 月 10 日

⑤ 傷病の原因

⑤-1

1 1. 仕事中以外（業務外）での傷病
2. 仕事中（業務上）での傷病 ⟹ ⑤-2へ 11月10日8時頃、突然腹痛に襲われた。
3. 通勤途中での傷病

⑤-2 労働災害、通勤災害の認定を受けていますか。

1. はい
2. 請求中（_____労働基準監督署）
3. 未請求

⑥ 傷病の原因は第三者の行為（交通事故や
ケンカ等）によるものですか。

2 1. はい 「1. はい」の場合、別途「第三者行為による傷病届」をご提出ください。
2. いいえ

ケガや病気
（仕事外）

確認事項

① 報酬

①-1 申請期間（療養のために休んだ期間）に報酬を受けましたか。

1 1. はい ⟹ ①-2へ
2. いいえ

①-2 ①-1を「はい」と答えた場合、受けた報酬は事業主証明欄に記入されている内容のとおりですか。

1 1. はい
2. いいえ ⟹ 事業主へご確認のうえ、正しい証明を受けてください。

② 年金受給

②-1 障害年金、障害手当金について
今回傷病手当金を申請するものと同一の傷病で「障害厚生年金」または「障害手当金」を受給していますか。（同一の傷病で障害年金等を受給している場合は、傷病手当金の額を調整します）

2 1. はい ⟹ ②-3へ 「1. はい」の場合
2. いいえ

②-2 老齢年金等について
※退職等による健康保険資格の喪失後の期間について、傷病手当金を申請する場合はご記入ください
老齢または退職を事由とする公的年金を受給していますか。（公的年金を受給している場合は、傷病手当金の額を調整します）

2 1. はい ⟹ ②-3へ 「1. はい」の場合
2. いいえ

②-3 ②-1または②-2を「はい」と答えた場合のみ、ご記入ください。

基礎年金番号 ▢▢▢▢ - ▢▢▢▢▢▢
年金コード ▢▢▢▢
支給開始年月日 1.平成 2.令和 ▢▢ 年 ▢▢ 月 ▢▢ 日
年金額 ▢▢▢▢▢▢▢ 円（右づめ）

③ 労災補償

今回の傷病手当金を申請する期間において、別傷病により、労災保険から休業補償給付を受給していますか。

3 1. はい
2. 請求中（_____労働基準監督署）
3. いいえ

「1. はい」の場合
「2. 請求中」の場合

「事業主記入用」は3ページ目に続きます。 ≫≫≫

『健康保険傷病手当金支給申請書記入の手引き』をご確認ください。

6 0 1 2 1 1 0 1

全国健康保険協会
協会けんぽ

2/4

149

健康保険 傷病手当金 支給申請書

事業主記入用

労務に服することができなかった期間を含む賃金計算期間の勤務状況および賃金支払い状況等をご記入ください。

被保険者氏名 （カタカナ）	ス ス ゛ キ 　 イ チ ロ ウ

姓と名の間は1マス空けてご記入ください。濁点（゛）、半濁点（゜）は1字としてご記入ください。

勤務状況　2ページの申請期間のうち出勤した日付を【○】で囲んでください。「年」「月」については出勤の有無に関わらずご記入ください。

令和 XX 年 11 月
(1) (2) (3) (4) (5) (6) (7) (8) (9) (10) (11) (12) (13) (14) (15)
(16) (17) (18) (19) (20) (21) (22) (23) (24) (25) (26) (27) (28) (29) (30) (31)

令和 　 年 　 月
(1) (2) (3) (4) (5) (6) (7) (8) (9) (10) (11) (12) (13) (14) (15)
(16) (17) (18) (19) (20) (21) (22) (23) (24) (25) (26) (27) (28) (29) (30) (31)

令和 　 年 　 月
(1) (2) (3) (4) (5) (6) (7) (8) (9) (10) (11) (12) (13) (14) (15)
(16) (17) (18) (19) (20) (21) (22) (23) (24) (25) (26) (27) (28) (29) (30) (31)

2ページの申請期間のうち、出勤していない日（上記【○】で囲んだ日以外の日）に対して、報酬等（※）を支給した日がある場合は、支給した日と金額をご記入ください。
※有給休暇の場合の賃金、出勤等の有無に関わらず支給している手当（扶養手当・住宅手当等）、食事・住居等現物支給しているもの等

事業主が証明するところ

	令和	年	月	日 から	令和	年	月	日	円
例	0 5	0 2	0 1	から	0 5	0 2	2 8		3 0 0 0 0 0
①	XX	11	12	から	XX	11	15		9 7 1 4 3
②				から					
③				から					
④				から					
⑤				から					
⑥				から					
⑦				から					
⑧				から					
⑨				から					
⑩				から					

上記のとおり相違ないことを証明します。

事業所所在地	東京都千代田区○○2-8-13
事業所名称	株式会社　あかさたな
事業主氏名	代表取締役　田中　洋
電話番号	036777XXXX

令和 XX 年 12 月 00 日

「療養担当者記入用」は4ページ目に続きます。 >>>

6 0 1 3 1 1 0 1

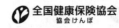
全国健康保険協会
協会けんぽ

健康保険 傷病手当金 支給申請書

療養担当者記入用

患者氏名 (カタカナ)	スス゛キ　イチロウ

姓と名の間は1マス空けてご記入ください。濁点(゛)、半濁点(゜)は1字としてご記入ください。

<table>
<tr><td rowspan="9">療養担当者が意見を記入するところ</td><td>労務不能と認めた期間
(勤務先での従前の労務に服することができない期間をいいます。)</td><td>令和 XX 年 11 月 10 日 から
令和 XX 年 11 月 25 日 まで</td></tr>
<tr><td>傷病名
(労務不能と認めた傷病をご記入ください)</td><td>急性虫垂炎　　初診日(療養の給付の開始年月日) 2 1.平成 2.令和 XX 年 11 月 10 日</td></tr>
<tr><td>発病または負傷の原因</td><td>不詳</td></tr>
<tr><td>発病または負傷の年月日</td><td>2 1.平成 2.令和 XX 年 11 月 10 日</td></tr>
<tr><td>労務不能と認めた期間に診療した日がありましたか。</td><td>1 1.はい 2.いいえ</td></tr>
<tr><td>上記期間中における「主たる症状及び経過」「治療内容、検査結果、療養指導」等</td><td>11月10日虫垂切除術を実施。経過良好につき11月14日退院する。
以後2週間程度加療を要した。</td></tr>
</table>

ケガや病気（仕事外）

上記のとおり相違ないことを証明します。　令和 XX 年 XX 月 XX 日

医療機関の所在地　東京都港区○○1-5
医療機関の名称　○○○病院
医師の氏名　天野 清
電話番号　032753XXXX

6 0 1 4 1 1 0 1

全国健康保険協会　協会けんぽ

4/4

151

6-4 従業員やその家族が死亡したとき

◆ポイント◆

● 従業員やその家族が亡くなったときは、健康保険から遺族に対して一時金が支給されます。
● 従業員が亡くなった場合は社会保険と労働保険の資格喪失手続きも行う必要があります。

◇ 従業員が死亡したとき ◇

　従業員が死亡したときは、遺族に対して5万円の「埋葬料」が支給されます。この場合の遺族とは、従業員の健康保険の被扶養者に限らず、亡くなった従業員により生計を維持されていれば「遺族」と認められます。

　「埋葬料」の支給申請手続は、「健康保険埋葬料(費)支給申請書」を協会けんぽまたは健康保険組合に提出します。添付書類に事業主の証明が必要ですが、事業主の証明が受けられない場合は、以下の中からいずれか1つを添付します。

【事業主の証明が受けられない場合(下記のいずれか一つ)】

・埋葬許可証のコピー
・火葬許可証のコピー
・死亡診断書のコピー
・死体検案書のコピー
・検視調書のコピー
・亡くなった方の戸籍(除籍)謄(抄)本
・住民票

◇ 家族が死亡したとき ◇

　従業員の健康保険の被扶養者が死亡した場合は、従業員に対して5万円の「家族埋葬料」が支給されます。

◇ 遺族がいない場合 ◇

　従業員に「埋葬料」を受け取る遺族がいない場合は、実際に従業員のお葬式などを行った人に「埋葬費」が支給されます。

　「埋葬費」は、5万円を上限として葬儀に要した費用が支給されます。埋葬費と

して認められる費用は葬儀代、霊柩車代、霊柩運搬代、霊前供物代、火葬料、僧侶の謝礼等となっています。

埋葬費として認められるもの	葬儀代、霊柩車代、僧侶への謝礼、葬式の際における死者霊前供物代
埋葬費として認められないもの	参加者への接待費用、飲食代、香典返し

◆ 社会保険と労働保険の資格喪失 ◆

　従業員が死亡したときは、社会保険と労働保険の資格喪失手続きが必要です(234ページ参照)。また、健康保険の被扶養者である家族が死亡した場合は、「健康保険被扶養者(異動)届」の提出が必要です(118ページ参照)。

◀手続きのポイント▶

項目	内容
申請書類	健康保険被保険者埋葬料(費)支給申請書
添付書類	【埋葬料】 ・死亡を証明できる書類(死亡診断書等) ・(健康保険の被扶養者以外が申請をする場合)生計維持の確認ができる書類 【埋葬費】 ・埋葬に要した費用の領収書 ・埋葬に要した費用の明細書
提出先	協会けんぽまたは健康保険組合
提出期限	死亡日の翌日から2年以内 ※埋葬費の場合は埋葬の日から2年以内
交付物・控書類	・控書類なし(事業主控が必要な場合はコピーを添付) ・支給決定通知書

ケガや病気
(仕事外)

健康保険 被保険者 家族 埋葬料(費) 支給申請書

被保険者記入用　**埋**

加入者がお亡くなりになり、埋葬料(費)を受ける場合にご使用ください。なお、記入方法および添付書類等については「記入の手引き」をご確認ください。

被保険者(申請者)情報

被保険者証	記号(左づめ)	番号(左づめ)	生年月日
	2 1 8 0 0 0 1 2 7		1.昭和 2.平成 3.令和 → 1　39 年 03 月 02 日

氏名(カタカナ)　スズキ　イチロウ
姓と名の間は1マス空けてご記入ください。濁点(ﾞ)、半濁点(ﾟ)は1字としてご記入ください。

氏名　鈴木　一郎

申請者について
①被保険者がお亡くなりになった場合
⇒被保険者により生計維持されていた方/埋葬を行った方
②被扶養者がお亡くなりになった場合
⇒被保険者

郵便番号(ハイフン除く)　1350091
電話番号(左づめハイフン除く)　038833XXXX

住所　東京 ㊞都道府県　港区台場△-X-△-1107

振込先指定口座

振込先指定口座は、上記申請者氏名と同じ名義の口座をご指定ください。

金融機関名称	○○○ 銀行 金庫 信組 農協 漁協 その他( )	支店名	○○○ 本店 支店 代理店 出張所 本店営業部 本所 支所
預金種別	1 普通預金	口座番号(左づめ)	1 2 3 4 5 6 7

ゆうちょ銀行の口座へお振り込みを希望される場合、支店名は3桁の漢数字を、口座番号は振込専用の口座番号(7桁)をご記入ください。
ゆうちょ銀行口座番号(記号・番号)ではお振込できません。

「被保険者・事業主記入用」は2ページ目に続きます。 >>>

被保険者証の記号番号が不明の場合は、被保険者のマイナンバーをご記入ください。
(記入した場合は、本人確認書類等の添付が必要となります。)　▶ ＿＿＿＿＿＿＿＿＿＿＿

社会保険労務士の 提出代行者名記入欄	

― 以下は、協会使用欄のため、記入しないでください。 ―

MN確認 (被保険者)	□	1. 記入有(添付あり) 2. 記入有(添付なし) 3. 記入無(添付あり)		
添付書類	死亡 証明書	□ 1.添付 2.不備	生計維持 確認書類	□ 1.添付 2.不備
	領収書 内訳書	□ 1.添付 2.不備	埋葬費用	＿＿＿＿ 円
	戸籍 (法定代理)	□ 1.添付	口座証明	□ 1.添付

6 3 1 1 1 1 0 1	その他 □ 1.その他	(理由)	枚数 □□

受付日付印

(2022.12)

◆◆ **全国健康保険協会** 協会けんぽ

1/2

154

健康保険 被保険者 家族 埋葬料（費）支給申請書

被保険者氏名	鈴木　一郎

申請内容

①

①−1 死亡者区分

`2`
1. 被保険者 ➡ ①−2では「1. 埋葬料」もしくは「2. 埋葬費」を選択ください。
2. 家族（被扶養者） ➡ ①−2では「3. 家族埋葬料」をご選択ください。

①−2 申請区分

`3`
1. 埋葬料（被保険者の死亡かつ、生計維持関係者による申請）
2. 埋葬費（被保険者の死亡かつ、生計維持関係者以外による申請）
3. 家族埋葬料（家族（被扶養者）の死亡かつ、被保険者による申請）

②−1 死亡した方の氏名（カタカナ）

`ス ス ゛ キ` `ハ ル コ`

姓と名の間は1マス空けてご記入ください。濁点（゛）、半濁点（゜）は1字としてご記入ください。

②−2 死亡した方の生年月日

`1` 1.昭和 2.平成 3.令和 `1 9` 年 `0 2` 月 `0 8` 日

②−3 死亡年月日

令和 `○○` 年 `1 2` 月 `0 9` 日

②−4 続柄（身分関係）

母 ➡ 「被保険者が死亡」した場合は、被保険者と申請者の身分関係をご記入ください。
「家族が死亡」した場合は、被保険者との続柄をご記入ください。

③

③−1 死亡の原因

`1`
1. 仕事中以外（業務外）での傷病
2. 仕事中（業務上）での傷病
3. 通勤途中での傷病
} ➡ ③−2へ　急性心不全

③−2 労働災害、通勤災害の認定を受けていますか。

1. はい
2. 請求中
3. 未請求

④ 傷病の原因は第三者の行為（交通事故やケンカ等）によるものですか。

`2`
1. はい
2. いいえ

「1. はい」の場合、別途「第三者行為による傷病届」をご提出ください。

⑤ 同一の死亡について、健康保険組合や国民健康保険等から埋葬料（費）を受給していますか。

`2`
1. 受給した
2. 受給していない

「①−2申請区分」が「2. 埋葬費」の場合のみご記入ください。
※埋葬費の場合は、別途埋葬に要した費用の領収書と明細書も添付してください。

⑥

⑥−1 埋葬した年月日

令和 　 年 　 月 　 日

⑥−2 埋葬に要した費用の額

　　　　　　円

事業主証明欄

死亡した方の氏名（カタカナ）	`ス ス ゛ キ` `ハ ル コ`

姓と名の間は1マス空けてご記入ください。濁点（゛）、半濁点（゜）は1字としてご記入ください。

死亡年月日　令和 `○○` 年 `1 2` 月 `0 9` 日

上記のとおり相違ないことを証明します。

事業所所在地　東京都千代田区○○2-8-13
事業所名称　株式会社　あかさたな
事業主氏名　代表取締役　田中　洋
電話番号　036777XXXX

令和 `○○` 年 `1 2` 月 `2 5` 日

`6 3 1 2 1 1 0 1`

Q&A 病気で休業中の従業員の手続き

Q 病気で休業している従業員の保険の手続きはどのようにすればよいでしょうか。

A 健康保険から、休んでいる間の休業保障として「傷病手当金」が支給されます(145ページ参照)。休業期間が長期になる場合、傷病手当金は給料の代わりとなるものなので、通常会社で定めた「給与計算締切日」にあわせて毎月請求を行うのが一般的です。また、休業期間中でも社会保険料(健康保険料・介護保険料・厚生年金保険料)は発生するため本人負担分の社会保険料、住民税はいったん会社が立て替えて支払い、復帰後などに本人と精算します。なお、雇用保険料は支払う給料がない場合は発生しません。また、入院が長期間におよぶ場合、治療費の自己負担額も高額になる可能性がありますので、「高額療養費」制度の適用も可能です(138ページ参照)。

その他、従業員が個人で加入している損害保険、生命保険から給付金がでる可能性があります。従業員の方にご自身が加入している保険の支給要件や金額などをチェックするよう伝えておきましょう。また、確定申告時に医療費控除が受けられる可能性があります。健康保険の給付の対象外であっても確定申告の医療費控除の対象となるものがありますので、通院のための交通費なども控えておきましょう。

第7章

ケガや病気の際の手続き
（仕事上・通勤途上）

7-1 労災保険のしくみ

労災保険の概要

「労働者災害補償保険（労災保険）」は、仕事上や通勤途上でケガをした場合や病気になった場合に使用します。例えば仕事中に誤って指をケガした場合や通勤途上で移動中に駅の階段で転んだ場合は労災保険を使わなければなりません。誤って健康保険で治療を受けてしまうと、労災保険へ切り替える手続きが必要になります。

会社は労働基準法にて、仕事上でのケガや病気に対して補償を行うことを義務付けられています（労働基準法第75条）。しかし、充分な補償を行う資力がない会社の場合、実質的には被災した労働者が補償を受けられなくなるリスクがあります。こうしたリスクを考慮し、被災した労働者もきちんと補償を受けられ、かつ補償義務を負っている会社の会社経営に支障がでないようにするため「労働者災害補償保険制度（労災保険）」が設けられています。

労働基準法第75条（療養補償）
労働者が業務上負傷し、又は疾病にかかった場合においては、使用者は、その費用で必要な療養を行い、又は必要な療養の費用を負担しなければならない。
2　前項に規定する業務上の疾病及び療養の範囲は、厚生労働省令で定める。

なお、労働基準法では「仕事上」のケガや病気について会社に補償を義務付けていますが、「通勤途上」のケガや病気については補償を義務付けてはいません。しかし、労災保険では、「通勤途上」のケガや病気についても仕事との関連性が深いため、合わせて補償の対象としています。

◇ 労災保険の加入単位と加入対象者 ◇

労災保険は「会社」単位で加入するため、保険料は全額会社負担です。なお、従業員別の加入手続きは発生しないため、従業員から保険料を徴収することはありません。

また、労災保険は正社員やパート等を含めた従業員（労働者）を補償の対象としています。したがって、従業員以外の代表取締役社長・取締役などの役員・個人事業主は原則として補償の対象とはなりません。ただし、例外として中小企業事業主等が労災保険に加入できる制度があります（中小事業主等の特別加入制度）。

◇ 労災保険の治療費の負担 ◇

　労災保険で治療を受けた場合は、原則として治療費の自己負担はありません。「健康保険証」を提示して治療を受ける場合は「自己負担額2割～3割(年齢や収入等により負担割合が異なります)」ですが、労災保険の場合、従業員が治療費を負担することなく治療を受けることができます。ただし、例外として通勤災害ではじめて治療を受けるときに従業員が200円自己負担する場合があります。

◇ 業務災害の要件 ◇

　仕事上のケガや病気の場合、必ずしも労災保険の対象となるわけではありません。労災保険の適用の対象となる業務災害として認められるためには、次の2つの要件を満たす必要があります。

a	ケガ・病気になったときに会社(事業主)の管理下にあったこと(業務遂行性) (例)仕事中、作業中、休憩時間、時間外に会社内にいる時間、出張中など
b	仕事が原因でケガや病気になったこと(業務起因性)

　業務災害とは、労働関係から生じた災害のことをいい、従業員が会社の支配下において労働を提供していて、業務を行っていたことが原因で発生した災害のことをいいます。この状態を「業務遂行性」といい、業務が原因であることを「業務起因性」といいます。「業務遂行性」がなければ「業務起因性」も成立しませんが、「業務遂行性」があれば必ず「業務起因性」があるとは限りません。具体的にどのような場合に「業務遂行性」があるかについては、次の3つの類型に分けることができます。

①会社の支配・管理下で業務に従事している場合

　従業員が、予め定められた担当の仕事をしている場合、会社からの特命業務に従事している場合、担当業務を行う上で必要な行為、作業中の用便、飲水等の生理的行為を行っている場合、その他労働関係の本旨に照らして合理的と認められる行為を行っている場合などが該当します。

②会社の支配・管理下にあるが業務に従事していない場合

　休憩時間に事業場構内でキャッチボールをしている場合、従業員食堂で食事をしている場合、休憩室で休んでいる場合、事業主が通勤専用に提供した交通機関を利用している場合などが該当します。

③会社の支配下にあるが、管理下を離れて業務に従事している場合

　出張や社用での外出、運送、配達、営業などのため会社の外で仕事をする場合、会社の就業場所への往復、食事、用便など会社外での業務に付随する行為を行う場合などが該当します。

ケガや病気
(仕事上)

◇ 通勤災害の要件 ◇

　通勤とは、従業員が会社へ出勤するため、自宅と会社を妥当な手段やルートによって往復することをいいます。したがって、途中で寄り道をした場合など通勤の合理的な経路から外れている場合(逸脱)や、通勤とは関係のない行為(中断)をしている場合は、通勤として認められません。ただし、例外として、日常生活上必要な行為であって厚生労働省令で定めるものを、やむを得ない事由により行うための最小限度のものである場合は、合理的な経路から外れている場合(逸脱)又は通勤とは関係のない行為(中断)の間を除き通勤として認められます。

　なお、単身赴任者が、週末に会社から自宅へ帰り、週始めに自宅から会社へ出勤する場合は、一定の場合について自宅は「住居」と認められます。また、単身赴任者の赴任先住居と帰省先自宅の間の移動の要件は、「配偶者と別居した場合」「配偶者がいない場合において18歳到達年度末までにある子と別居した場合」「配偶者も子もない場合において同居介護していた要介護状態にある父母又は親族と別居することになった場合」等となっています。

【通勤の定義】

①住居と就業の場所との間の往復
②厚生労働省令で定める就業の場所から他の就業の場所への移動(複数就業者の事業場間の移動)。
③①に掲げる往復に先行し、又は後続する移動(厚生労働省令で定める要件に該当するものに限る。)(単身赴任者の赴任先住居と帰省先住居の間の移動を指す。)

【厚生労働省令で定める逸脱、中断の例外となる行為】

①日用品の購入その他これに準ずる行為
②職業訓練、学校教育法第1条に規定する学校において行われる教育その他これらに準ずる教育訓練であって職業能力の開発向上に資するものを受ける行為
③選挙権の行使その他これに準ずる行為
④病院又は診療所において診察又は治療を受けることその他これに準ずる行為
⑤要介護状態にある配偶者、子、父母、配偶者の父母並びに同居し、かつ、扶養している孫、祖父母及び兄弟姉妹の介護(継続的に又は反復して行われるものに限る。)

◆ 労災保険を使うリスクやデメリット ◆

　労災保険の保険率は、事業の種類ごとに定められていますが、たとえ同じ業種であっても、会社の作業環境や災害防止努力の違いにより労働災害の発生率は異なります(労災保険率については参考資料316ページ参照)。このように労災事故が少ない会社と労災事故が多い会社の不公平感をなくすため、一定の要件を満たす場合は、労災事故が少ない会社の労災保険料を割り引く制度があります(労災保険のメリット

制)。これにより、労災事故件数が少なければ支払う労災保険料も割り引かれますが、労災事故件数が一定の範囲を超えた場合はこの割引制度は適用されません。

　なお、故意に従業員に労災保険を使用しなかった場合や、故意に虚偽の内容を報告した場合は、労働災害の被災者に犠牲を強いて自己の利益を優先する行為となります。このような行為は、労働安全衛生法第100条に違反し又は同法第120条第5号に該当することとなり、厚生労働省は罰則を適用して厳しく処罰を求めています（いわゆる「労災かくし」）。

◆ 複数の事業所に勤務する従業員の労災保険給付について ◆

　多様な働き方を選択する方やパート労働者等で複数就業している方が増えているなど、副業・兼業を取り巻く状況の変化を踏まえ、令和2（2020）年9月1日以降にケガ等で休業等をした者については、すべての勤務先事業所の賃金額を合算して、休業に関する給付等が算出されることになりました。

①複数事業労働者とは

　複数事業労働者とは、「被災した（業務や通勤が原因でけがや病気などになったり死亡した）時点で、事業主が同一でない複数の事業場と労働契約関係にある労働者」のことをいいます。具体的には、労災事故にあった際に、「株式会社A」と「株式会社B」の2社と労働契約を締結している者は、複数事業労働者に該当します。その他、以下についても複数事業労働者に該当します。

　　a　1つの会社と労働契約関係にあり、他の就業について特別加入している者
　　b　複数の就業について特別加入をしている者

　なお、被災した時点で複数の会社について労働契約関係にない場合であっても、その原因や要因となる事由が発生した時点で、複数の会社と労働契約関係であった場合には「複数事業労働者に類する者」となります。

②複数事業労働者の保険給付について

　複数事業労働者については、各就業先の事業場で支払われている賃金額を合算した額を基礎として給付基礎日額（保険給付の算定基礎となる日額）が決定されます。

③業務上の負荷（労働時間やストレス等）の判断について

　複数の事業の業務を要因とする傷病等（負傷、疾病、障害又は死亡）についても、労災保険給付の対象となります。なお、対象となる傷病等は、脳・心臓疾患や精神障害などが該当します。

　複数事業労働者は、1つの事業場のみの業務上の負荷（労働時間やストレス等）を評価して業務災害に当たらない場合に、複数の事業場等の業務上の負荷を総合的に評価して労災認定できるか判断します。

④経過措置について

　今回の法改正に当たっては経過措置が設けられており、令和2（2020）年9月1日

ケガや病気
（仕事上）

161

（改正労働者災害補償保険法の施行日）以後に発生した傷病等についてのみ、法改正の対象となります。そのため、令和2（2020）年8月31日以前に発生した傷病等については、従来どおり法改正前の制度により労災保険給付が行われます。

⑤**メリット制への影響について**

　労災保険には、各事業場の業務災害の多寡に応じ、労災保険率又は保険料を増減させるメリット制がありますが、今回の法改正は、メリット制には影響しません。ただし、業務災害が発生した事業場の賃金に相当する保険給付額のみがメリット制に影響します。

7-2 仕事上・通勤途上のケガや病気で 治療を受けたとき

◆ポイント◆

●労災保険で治療を受ける場合は、労災指定医療機関か否かで労災申請書類が異なります。
●労災指定医療機関でない場合、従業員は医療費の全額を負担後、直接労働基準監督署に請求します。

◇ 労災保険で治療を受ける手続き ◇

　労災保険で治療を受ける場合は、「健康保険証」は使用できません。必ず病院に「仕事上又は通勤途上のケガまたは病気である」旨伝える必要があります。労災保険で治療を受ける手続きは、治療を受ける病院が労災指定医療機関か否かにより対応方法と申請書類が異なります。

◇ 治療を受ける病院が労災指定医療機関だった場合 ◇

　療養（補償）給付たる療養の給付請求書を作成し、病院に直接提出してください。この書類を提出することで、自己負担なく治療を受けることができます。

◇ 治療を受ける病院が労災指定医療機関以外だった場合 ◇

　従業員が、いったん治療費を全額自己負担して下さい。その後療養（補償）給付たる療養の費用請求書を作成し、管轄の労働基準監督署へ提出してください。手続き完了後原則として支払った治療費全額が、指定した銀行口座に払い戻しされます。

	労災指定医療機関	労災指定医療機関以外
書類の提出先	治療を受けた病院	会社の所在地を管轄する労働基準監督署
治療費の支払い方法	申請書類を病院へ提出したことで、自己負担なく治療が受けられます。	いったん従業員が、治療費を全額自己負担する必要があります。その後申請書類を労働基準監督署へ提出すると治療費の全額が払い戻しされます。
書類の作成上の注意ポイント	本人・会社の捺印は不要になりました。	病院にて治療内容の証明を受けてください。

ケガや病気
〔仕事上〕

◆ 病院、薬局、整骨院で使用する労災申請書類 ◆

　労災の申請書類は、病院・薬局・整骨院により異なります。なお、整骨院で施術を受ける場合は、「療養(補償)給付たる療養の費用請求書(3)」を使用します。柔道整復師にも「労災保険指名柔道整復師」があり、この書類を提出することで、自己負担なく、施術を受けることができます。

医療機関等	労災申請書類名
病院	療養(補償)給付及び複数事業労働者療養給付たる療養の費用請求書(1)
薬局	療養(補償)給付及び複数事業労働者療養給付たる療養の費用請求書(2)　(薬局用)
整骨院など	療養(補償)給付及び複数事業労働者療養給付たる療養の費用請求書(3)　(柔道整復師用)

◀ 手続きのポイント ▶

項目	内容
申請書類	【労災指定医療機関】 療養(補償)給付及び複数事業労働者療養給付たる療養の給付請求書 【労災指定医療機関以外】 療養(補償)給付及び複数事業労働者療養給付たる療養の費用請求書
添付書類	【労災指定医療機関】 なし 【労災指定医療機関以外】 領収書原本
提出先	【労災指定医療機関】 治療を受けた労災指定病院 【労災指定医療機関以外】 労働基準監督署
提出期限	すみやかに ※遅くとも治療を受けた日の翌日から2年以内
交付物・控書類	【労災指定医療機関】 控書類なし(事業主控が必要な場合はコピーを添付) 【労災指定医療機関以外】 控書類なし(事業主控が必要な場合はコピーを添付) 支給決定通知 / 支払振込通知
その他	業務災害の場合は申請書類に「補償」の記載あり(例:療養補償給付及び複数事業労働者療養給付たる療養の給付請求書)。 通勤災害の場合は申請書類に「補償」の記載なし(例:療養給付及び複数事業労働者療養給付たる療養の給付請求書)。

■ 様式第5号（表面）　労働者災害補償保険

標	準	字	体	0	1	2	3	4	5	6	7	8	9	゛	゜	ー
ア	イ	ウ	エ	オ	カ	キ	ク	ケ	コ	サ	シ	ス	セ	ソ	タ	チ	ツ	テ	ト	ナ	ニ	ヌ
ネ	ノ	ハ	ヒ	フ	ヘ	ホ	マ	ミ	ム	メ	モ	ヤ	ユ	ヨ	ラ	リ	ル	レ	ロ	ワ	ン	

■ 業務災害用
複数業務要因災害用
療養補償給付及び複数事業労働者
療養給付たる療養の給付請求書

裏面に記載してある注意
事項をよく読んだ上で、
記入してください。

標準字体で記入してください。

※帳票種別　**3 4 5 9 0**

①管轄局署　②業通別 **1** 業通 **1** 3　③保留 **1** 全レセ 4 全給付

⑤労働保険番号
府県 所掌 管轄　基幹番号　枝番号
7 3 1 0 1 1 2 3 4 5 0 0 0 0

年金証書番号記入欄

⑧性別 **1** 男1/2女3/女　⑨労働者の生年月日 1明治/3昭和/5大正/7平成/9令和 **5 3 9 0 3 0 2**　⑩負傷又は発病年月日 **9 X X 0 2 2 0**

※受付年月日
②兼業
※支給・不支給決定年月日
②請求
②再発年月日
②複災　③三者　④特疾　⑤特別加入者

⑫労働者の
シメイ（カタカナ）：姓と名の間は1文字あけて記入してください。濁点・半濁点は1文字として記入してください。
スズキ　イチロウ

氏名　**鈴木　一郎**　（58歳）
⑯郵便番号　**135-0091**　フリガナ ミナトクダイバ
住所　**港区台場△-X-△**
-1107
職種　**経理**

⑰負傷又は発病の時刻　午前/後 **3** 時 **00** 分頃
⑱災害発生の事実を確認した者の職名、氏名
職名　**社員**
氏名　**木下　香**

⑲災害の原因及び発生状況　（あ）どのような場所で（い）どのような作業をしているときに（う）どのような物又は環境に（え）どのような不安全な又は有害な状態があって（お）どのような災害が発生したか（か）⑩と初診日が異なる場合はその理由を詳細に記入すること

社内で作業中、書類の入った段ボール箱1箱を抱えて5階の資料室から4階の事務所へ階段を使って移動していたところ、足を踏み外して転倒し、右足首をひねってしまった。

⑳指定病院等の
名称　**○○病院**　電話（ **03** ） **0000-0000**
所在地　**千代田区○○2-7-9**　〒 **100-00XX**

㉑傷病の部位及び状態　**右足関節捻挫**

⑫の者については、⑩、⑰及び⑲に記載したとおりであることを証明します。　**XX** 年 **2** 月 **20** 日

事業の名称　**株式会社　あかさたな**　電話（ **03** ） **6777-XXXX**
事業場の所在地　**千代田区○○2-8-13**　〒 **100-00XX**
事業主の氏名　**代表取締役　田中　洋**
（法人その他の団体であるときはその名称及び代表者の氏名）

労働者の所属事業場の名称・所在地
電話（　　）　　－

（注意）1　労働者の所属事業場の名称・所在地については、労働者が直接所属する事業場が一括適用の取扱いを受けている場合に、労働者が直接所属する支店、工事現場等を記載してください。
2　派遣労働者について、療養補償給付又は複数事業労働者療養給付のみの請求がなされる場合にあっては、派遣先事業主は、派遣元事業主が証明する事項の記載内容と相違ない旨裏面に記載してください。

上記により療養補償給付又は複数事業労働者療養給付たる療養の給付を請求します。　**XX** 年 **3** 月 **1** 日

中央 労働基準監督署長 殿

病院/診療所/薬局/訪問看護事業者 経由
○○

請求人の
〒 **135-0091**　電話（ **03** ） **8833-XXXX**
住所　**港区台場△-X-△-1107** （　　　方）
氏名　**鈴木　一郎**

支不支給決定決議書

	署長	副署長	課長	係長	係	決定年月日	・	・
						不支給の理由		
調査年月日	・	・	・					
復命書番号	第　　号	第　　号	第　　号					

※印の欄は記入しないでください。（職員が記入します）

※この欄は記入しないでください。

折り曲げる場合には（◀）の所を谷に折りさらに2つ折りにしてください。

ケガや病気（仕事上）

165

■ 様式第7号(1)(表面) 労働者災害補償保険

| 業務災害用 複数業務要因災害用 | 第 回 |

療養補償給付及び複数事業労働者療養給付たる療養の費用請求書(同一傷病分)

標準字体 0 1 2 3 4 5 6 7 8 9 ゛゜ー
ア イ ウ エ オ カ キ ク ケ コ サ シ ス セ ソ タ チ ツ テ ト ナ ニ ヌ
ネ ノ ハ ヒ フ ヘ ホ マ ミ ム メ モ ヤ ユ ヨ ラ リ ル レ ロ ワ ン

※帳票種別 **3 4 2 6 0**　①管轄局署　②業通別 **1** 1業務 3通勤　③受付年月日　　　③三者コード　⑩委任未支給　⑪特別加入者　⑬審査コード

③労働保険番号 府県 **7 3** 所掌 **1** 管轄 **0 1** 基幹番号 **1 2 3 4 5 0 0 0 0** 枝番号 **0 0 0**　④ 管轄局 種別 西暦年 番号

⑤労働者の性別 **1** (1男 3女) ⑥労働者の生年月日 **5 3 9 0 3 0 2** (明治1 大正3 昭和5 平成7) ⑧負傷又は発病年月日 **9 X X 0 2 2 0**　⑭金融機関コード

⑨労働者のシメイ(カタカナ) 姓と名の間は1文字あけて記入してください。濁点・半濁点は1文字として記入してください。
ス ス ゛ キ 　 イ チ ロ ウ

⑮郵便局コード

氏名 **鈴木　一郎** (58歳) 職種 **経理**

住所 ②郵便番号 **1 3 5 - 0 0 9 7** **港区台場△-X-△-1107**

新規・変更 ○○○ ○○○ 鈴木一郎

⑯預金の種類 **1** 1普通 3当座　⑰口座番号(右詰め。ゆうちょ銀行の場合は、記号(5桁)は左詰め、番号は右詰めで記入し、空欄は「0」を記入) **1 2 3 4 5 6 7**

メイギニン(カタカナ) 姓と名の間は1文字あけて記入してください。濁点・半濁点は1文字として記入してください。
ス ス ゛ キ 　 イ チ ロ ウ

(つづき)メイギニン(カタカナ)

⑨の者については、(ロ)並びに裏面の(ヌ)及び(ヲ)に記載したとおりであることを証明します。

XX年3月1日
事業の名称 **株式会社　あかさたな** 電話(03)6777-XXXX
事業場の所在地 **千代田区○○2-8-13** 〒100-00XX
事業主の氏名 **代表取締役　田中　洋**

(法人その他の団体であるときはその名称及び代表者の氏名)

(注意) 派遣労働者について、療養補償給付又は複数事業労働者療養給付がなされる場合の事項の記載内容が事実と相違ない旨裏面に記載すること。派遣先事業主は、派遣元事業主は証明する

| 療養の内容 | (イ)期間XX年 2月20日 から XX年 2月28日まで 9 日間 診療実日数 5 日 |

(ロ)傷病の部位及び傷病名 **右足首ねんざ**

(ハ)傷病の経過の概要 **経過良好**

⑨の者については、(イ)から(ニ)までに記載したとおりであることを証明します。
XX年 3月1日 〒100-00XX
病院又は診療所の 所在地 **千代田区○○2-9-10**
名称 **○○クリニック** 電話(03)9999-XXXX
診療担当者氏名 **中山　沙織**

XX年2月28日 (治癒(症状固定)・継続中・転医・中止・死亡)

(ニ)療養の内訳及び金額(内訳裏面のとおり。) **9 8 0 0** 円

(ホ)看護料 年 月 日から年 月 日まで 日間 (看護師の資格の有・無)

(ヘ)移送費 から まで 片道・往復 キロメートル 回

(ト)上記以外の療養費(内訳別紙請求書又は領収書 枚のとおり。)

(チ)療養の給付を受けなかった理由 **労災指定病院でないため**

⑳療養に要した費用の額(合計) 千万 百万 十万 万 千 百 十 円 **9 8 0 0**

| ㉑費用の種別 | ㉒療養期間の初日 | ㉓療養期間の末日 | ㉔診療実日数 | ㉕転帰事由 |

上記により療養補償給付又は複数事業労働者療養給付たる療養の費用の支給を請求します。

XX年 3月1日 〒135-0091 電話(03)8833-XXXX
請求人の 住所 **港区台場△-X-△-1107** (方)
氏名 **鈴木　一郎**

中央 労働基準監督署長 殿

166

様式第7号（1）（裏面）

（リ）労働者の所属事業場の名称・所在地	株式会社　あかさたな　千代田区○○2-8-13	（ヌ）負傷又は発病の時刻	午前・午後　3 時 00 分頃	（ル）災害発生の事実を確認した者の	職名 社員　氏名 木下 香

（ヲ）災害の原因及び発生状況　（あ）どのような場所で（い）どのような作業をしているときに（う）どのような物又は環境に（え）どのような不安全な又は有害な状態があって（お）どのような災害が発生したか（か）⑦と初診日が異なる場合はその理由を詳細に記入すること

社内で作業中、書類の入った段ボール箱1箱を抱えて5階の資料室から4階の事務所へ階段を使って移動していたところ、足を踏み外して転倒し、右足首をひねってしまった。

療養の内訳及び金額

合計金額 ①+②　9,800 円

派遣先事業主証明欄／社会保険労務士記載欄

167

◇ 病院を変更する場合 ◇

　当初通っていた病院や薬局を変更する場合は、変更後の病院や薬局が労災指定医療機関か否かによって手続きが異なります。

①労災指定医療機関→労災指定医療機関へ変更する場合

　「療養（補償）給付及び複数事業労働者療養給付たる療養の給付を受ける指定病院等（変更）届」を変更後の医療機関に提出することで、引き続き自己負担なく治療を受けることが可能です。

②労災指定医療機関→労災指定医療機関以外へ変更する場合

　医療機関変更後は、いったん治療費を全額自己負担する必要があります。「療養（補償）給付及び複数事業労働者療養給付たる療養の費用請求書」に医師の証明等を受けて、後日労働基準監督署へ提出することで、負担していた全額が払い戻されます。

③労災指定医療機関以外→労災指定医療機関へ変更する場合

　医療機関変更後は、「療養（補償）給付及び複数事業労働者療養給付たる療養の給付請求書」を変更後の医療機関に提出することで、自己負担額なく治療が受けることが可能です。

④労災指定医療機関以外→労災指定医療機関以外

　引き続き、変更後の医療機関でも、いったん治療費を全額自己負担する必要があります。「療養（補償）給付及び複数事業労働者療養給付たる療養の費用請求書」に医師の証明等を受けて、後日労働基準監督署へ提出することで、負担していた全額が払い戻されます。

◀書式 療養補償給付及び複数事業労働者療養給付たる療養の給付を受ける指定病院等(変更)届(様式第6号)▶

様式第6号(表面)

労働者災害補償保険

療養補償給付及び複数事業労働者療養給付たる療養の給付を受ける指定病院等(変更)届

中央 労働基準監督署長 殿

XX 年 2 月 25 日

○○○ 病院／診療所／薬局／訪問看護事業者 経由

〒135-0091
電話(03) 8833 - XXXX
住所 港区台場△-X-△-1107 方

届出人の 氏名 鈴木 一郎

下記により療養補償給付及び複数事業労働者療養給付たる療養の給付を受ける指定病院等を(変更するので)届けます。

① 労 働 保 険 番 号					③労働者の	氏 名	鈴木 一郎 (男・女)	④負傷又は発病年月日	
府県	所掌	管轄	基幹番号	枝番号		生年月日	昭和39年 3 月 2 日(58歳)	XX年 2 月 20 日	
13	1	01	1234500	000		住 所	港区台場△-X-△-1107	午前/午後 3 時00分頃	
② 年 金 証 書 の 番 号									
管轄局	種別	西暦年	番 号			職 種	経理		

⑤ 災害の原因及び発生状況　(あ)どのような場所で(い)どのような作業をしているときに(う)どのような物又は環境に(え)どのような不安全な又は有害な状態があって(お)どのような災害が発生したかを簡明に記載すること。

社内で作業中、書類の入った段ボール箱1箱を抱えて5階の資料室から4階の事務所へ階段を使って移動していたところ、足を踏み外して転倒し、右足首をひねってしまった。

③の者については、④及び⑤に記載したとおりであることを証明します。

XX 年 2 月 25 日

事業の名称 株式会社 あかさたな
〒 100-00XX 電話(03)6777-XXXX
事業場の所在地 千代田区○○2-8-13
事業主の氏名 代表取締役 田中 洋
(法人その他の団体であるときはその名称及び代表者の氏名)

⑥指定病院等の変更	変 更 前 の	名 称	△△△病院	労災指定医番号	
		所在地	千代田区○○2-2-7	〒 100-00XX	
	変 更 後 の	名 称	○○○病院		
		所在地	港区台場△-X-△	〒 135-0091	
	変 更 理 由		自宅から近い病院へ転院したため		
⑦	傷病補償年金又は複数事業労働者傷病年金の支給を受けることとなった後に療養の給付を受けようとする指定病院等の	名 称			
		所在地		〒 —	
⑧	傷 病 名		右足首ねんざ		

ケガや病気(仕事上)

169

7-3 仕事上・通勤途上のケガや病気で会社を休んだとき

◆ポイント◆

- ●仕事上や通勤途上によるケガや病気で会社を休業した場合、労災保険から給付が支給されます。
- ●業務災害の場合は「休業補償給付」通勤災害の場合は「休業給付」が支給されます。
- ●業務災害・通勤災害の場合も補償の内容は同じです。

◇ 休業（補償）給付の要件 ◇

休業（補償）給付を受給するには、以下の要件を満たす必要があります。

①仕事上または通勤途上によるケガや病気で治療中であること

入院や通院のみならず、自宅療養なども対象に含まれます。

②仕事上または通勤途上によるケガや病気で働けない状態になったこと

仕事に就けない状態をいいます。「働けない状態（労務不能）」であることを医師に証明してもらいます。

③会社を通算して4日以上休んでいること

休業（補償）給付は休業4日目からの支給となります。休業初日から3日目までは「待期期間」といって休業（補償）給付は支給されません。業務災害の場合はこの期間について労働基準法に基づいて休業補償（1日につき平均賃金の60％）を支給する必要があります。なお、この期間は連続している必要はなく「通算して」3日間が必要となります。

④休んだ期間の給料が支払われていないこと

一部労働して給料が支払われている場合は、支払われた給料額を引いた差額の60％が支給されます。

◇ 休業（補償）給付の金額 ◇

「休業（補償）給付」は、1日につき、給付基礎日額とよばれるいわゆる対象従業員の1日分の給料の60％に相当する額が支給されます。また、「休業（補償）給付」の上乗せの給付金である「休業特別支給金」として給付基礎日額の20％に相当する額が合わせて支給されます。したがって、労災保険から支給される休業補償の金額は、1日あたり合計で給付基礎日額の80％となります。なお、特別支給金は、原則として「休業（補償）給付支給請求書」と同時に請求するため、書式も同一になって

います。

> 休業(補償)給付(給付基礎日額の60％)＋休業特別支給金(給付基礎日額の20％)＝給付基礎日額の80％

　また、健康保険の傷病手当金は、支給期間は1年6か月を限度としていますが、労災保険の休業(補償)給付は、支給期間に限度はありません。ケガや病気が治るまで支給されます。

◇ 休業(補償)給付の手続き ◇

　「休業(補償)給付支給請求書」を管轄の労働基準監督署へ提出します。なお、「休業(補償)給付」は、1日につき、給付基礎日額とよばれるいわゆる対象従業員の1日分の給料を元に計算します。この給付基礎日額は下記の計算式で算出します。初回の休業(補償)給付を申請する際にはこの計算式の内訳(平均賃金算定内訳)もあわせて提出します。

$$給付基礎日額 = \frac{事故の発生した日(賃金締切日が定められているときは事故の発生した日の直前の賃金締切日)以前3か月間に支給された給料の総額}{事故の発生した日以前3か月間の総日数(暦日数)}$$

　また、休業した場合は、別途「労働者死傷病報告」の提出が必要です。「労働者死傷病報告」は休業4日以上の場合と休業4日未満の場合で申請書類が異なります。

◀手続きのポイント▶

項目	内容
申請書類	休業(補償)給付支給請求書
添付書類	・事故直前の賃金締切日から起算して3か月分の賃金台帳のコピー(初回のみ) ・事故直前の賃金締切日から起算して3か月分の出勤簿またはタイムカードのコピー(初回のみ)
提出先	労働基準監督署
提出期限	休業した日の翌日から2年以内
交付物・控書類	・控書類なし(事業主控が必要な場合はコピーを添付) ・支給決定通知／支払振込通知
その他	仕事上のケガや病気で会社を休んだ場合は、別途「労働者死傷病報告」の提出が必要。 業務災害の場合は申請書類に「補償」の記載あり(例：休業補償給付支給請求書) 通勤災害の場合は申請書類に「補償」の記載なし(例：休業給付支給請求書)

ケガや病気
(仕事上)

171

■ 様式第8号(表面)

業務災害用 複数業務要因災害用	労働者災害補償保険 休業補償給付支給請求書　第　回 複数事業労働者休業給付支給請求書 休業特別支給金支給申請書	(同一傷病分)

標 準 字 体	0 1 2 3 4 5 6 7 8 9 ゛ ゜ ー
	ア イ ウ エ オ カ キ ク ケ コ サ シ ス セ ソ タ チ ツ テ ト ナ ニ ヌ
	ネ ノ ハ ヒ フ ヘ ホ マ ミ ム メ モ ヤ ユ ヨ ラ リ ル レ ロ ワ ン

※帳票種別　**3 4 3 6 0**　①管轄局署　①新継再別　元号　付 年 月 日　⑧業通別　③コード別　①曜日コード　①特別加入者

①業 1業 3他
1 2業 3 5他

⑰平均賃金　十万 千 百 十 円 . 十 銭　⑱特別給与の額　千万 百万 十万 万 千 百 十 円　③日数算定　①特支コード　①委任未支給　①特別コード
3 2休 1 委
3 末 1 特

②労働保険番号　府県 所掌 管轄 基幹番号 枝番号　**1 3 1 0 1 1 2 3 4 5 0 0 0 0**　⑤労働者の性別　**1**　⑥労働者の生年月日　**5 3 9 0 3 0 2**

⑫労働者の氏名(カタカナ)　**ス ス ゛ キ 　 イ チ ロ ウ**

氏名　**鈴木 一郎**　(58歳)

⑦負傷又は発病年月日　**9 X X 0 2 2 0**

②住所　郵便番号　**1 3 5 - 0 0 9 1**　**港区台場△-X-△-1107**

⑲療養のため労働できなかった期間　**9 X X 0 2 2 0** から **9 X X 0 2 2 8** まで　**9** 日間のうち　**9** 日

賃金を受けなかった日数(内訳別紙2のとおり)

②預金の種類　1普通 3当座　**1**　②口座番号　**1 2 3 4 5 6 7**

新規・変更

振込を希望する金融機関の名称

○○○　銀行・金庫・農協・漁協・信組
○○○　本店・本所 出張所 支店・支所

②メイギニン(カタカナ)　**ス ス ゛ キ 　 イ チ ロ ウ**

②(つづき)メイギニン(カタカナ)

口座名義人　**鈴木一郎**

① 金融機関コード　② 店舗
① 郵便局コード　②

⑫の者については、⑦、⑲、⑳、㉑から㉕まで⑱の(ハ)を除く。)及び別紙2に記載したとおりであることを証明します。

XX年3月1日
事業の名称　**株式会社　あかさたな**　電話(03)6777-XXXX
事業場の所在地　**千代田区○○2-8-13**　〒**100-00XX**
事業主の氏名　**代表取締役　田中 洋**
(法人その他の団体であるときはその名称及び代表者の氏名)

労働者の直接所属事業場名称所在地　電話(　)　-

(注意)
③の(イ)及び(ロ)については、⑫の者が厚生年金保険の被保険者である場合に限り証明すること。
労働者の直接所属する事業場の所在地については、労働者が直接所属する事業場が一括適用の取扱いを受けている場合に、労働者が直接所属する支店、工事現場等を記載すること。

1回目の請求書には、必ず記入してください。
死傷病報告提出年月日
(XX年 3 月 1 日)

㉘傷病の部位及び傷病名　**右足首ねんざ**
㉙療養の期間　**XX**年 **2** 月 **20** 日から **XX** 年 **2** 月 **28** 日まで　**9** 日間　診療実日数　**5** 日
傷病の経過　㉚療養の現況 **XX**年 **2** 月 **28** 日　治癒(症状固定)・死亡・転医・中止・継続中
㉛療養のため労働することができなかったと認められる期間　**XX** 年 **2** 月 **20** 日から **XX** 年 **2** 月 **28** 日まで　**9** 日間のうち　**9** 日

⑫の者については、㉘から㉛までに記載したとおりであることを証明します。

XX年2月28日
〒**100-00XX**　電話(**03**)**0000-0000**
病院又は診療所の　所在地　**千代田区○○2-7-9**
名称　**○○病院**
診療担当者氏名　**青木 賢治**

上記により 休業補償給付 又は 複数事業労働者休業給付 の支給を請求 します。
　　　　　　休業特別支給金 の支給を申請

XX年3月1日
〒**135-0091**　電話(**03**)**8833-XXXX**
請求人の申請人の　住所　**港区台場△-X-△-1107**　(　方)
氏名　**鈴木 一郎**

中央 労働基準監督署長 殿

172

様式第8号（裏面）

㉜ 労働者の職種	㉝ 負傷又は発病の時刻	㉞ 平均賃金（算定内訳別紙1のとおり）	
経理	午前・後 3 時 00 分頃	18,806 円	69 銭
㉟ 所定労働時間	午前・後 8 時 30 分から午前・後 5 時 30 分まで	休業補償給付額・休業特別支給金額の改定比率	平均給与額証明書のとおり

㊲ 災害の原因、発生状況及び発生当日の就労・療養状況

（あ）どのような場所で（い）どのような作業をしているときに（う）どのような物又は環境に（え）どのような不安全な又は有害な状態があって（お）どのような災害が発生したか（か）⑦と初診日が異なる場合はその理由を詳細に記入すること

社内で作業中、書類の入った段ボール箱1箱を抱えて5階の資料室から4階の事務所へ階段を使って移動していたところ、足を踏み外して転倒し、右足首をひねってしまった。

㊳ 厚生年金保険等の受給関係	（イ）基礎年金番号			（ロ）被保険者資格の取得年月日		年　　月　　日
	（ハ）当該傷病に関して支給される年金の種類等	年　金　の　種　類		厚生年金保険法の 国民年金保険法の 船員保険法の	イ 障害年金 ロ 障害厚生年金 ハ 障害年金 ニ 障害基礎年金 ホ 障害年金	
		障　害　等　級				級
		支給される年金の額				円
		支給されることとなった年月日		年　　月　　日		
		基礎年金番号及び厚生年金等の年金証書の年金コード				
		所轄年金事務所等				

㊴その他就業先の有無

有 無	有の場合のその数 （ただし表面の事業場を含まない）		社
有の場合でいずれかの事業で特別加入している場合の特別加入状況（ただし表面の事業を含まない）	労働保険事務組合又は特別加入団体の名称		
	加入年月日	年　月　日	
	給付基礎日額	円	
労働保険番号（特別加入）			

社会保険 労務士 記載欄	作成年月日・提出代行者・事務代理者の表示	氏　　　名	電　話　番　号
			（　）　－

ケガや病気（仕事上）

173

労　働　保　険　番　号					氏　　　　名	災害発生年月日
府県	所掌	管轄	基幹番号	枝番号	鈴木　一郎	XX年 2 月 20日
13	1	01	12345	000		

平均賃金算定内訳

(労働基準法第12条参照のこと。)

雇入年月日		○○年 4 月 1 日		常用・日雇の別				常用・日雇	
賃金支給方法		月給・週給・日給・時間給・出来高払制・その他請負制				賃金締切日		毎月 15 日	

A 月・週その他一定の期間によって支払ったもの		賃金計算期間	11月16日から 12月15日まで	12月16日から 1月15日まで	1月16日から 2月15日まで	計	
		総　日　数	30 日	31 日	31 日	(イ)	92 日
	賃金	基本賃金	510,000円	510,000円	510,000円	1,530,000円	
		家族手当	20,000	20,000	20,000	60,000	
		住宅手当	15,000	15,000	15,000	45,000	
		通勤手当	11,500	11,500	11,500	34,500	
		計	556,500円	556,500円	556,500円	(ロ) 1,669,500円	

B 日若しくは時間又は出来高払制その他の請負制によって支払ったもの		賃金計算期間	11月16日から 12月15日まで	12月16日から 1月15日まで	1月16日から 2月15日まで	計	
		総　日　数	30 日	31 日	31 日	(イ)	92 日
		労働日数	21 日	19 日	22 日	(ハ)	62 日
	賃金	基本賃金	円	円	円	円	
		残業手当	21,250	15,179	24,287	60,716	
		手当					
		計	21,250円	15,179円	24,287円	(ニ) 60,716円	

総　　　計	577,750円	571,679円	580,787円	(ホ) 1,730,216円

平　均　賃　金	賃金総額(ホ)1,730,216円÷総日数(イ) 92 = 18,806 円 69 銭

最低保障平均賃金の計算方法

Aの(ロ) 1,669,500 円÷総日数(イ)92 = 18,146 円 73 銭 (ヘ)

Bの(ニ) 60,716 円÷労働日数(ハ) 62 × $\frac{60}{100}$ = 587 円 57 銭 (ト)

(ヘ) 18,146 円73銭+(ト) 587 円57銭 = 18,734 円 3 銭 (最低保障平均賃金)

日日雇い入れられる者の平均賃金(昭和38年労働省告示第52号による。)	第1号又は第2号の場合	賃金計算期間	(リ) 労働日数又は労働総日数	(ヌ) 賃金総額	平均賃金(リ)÷(ヌ)×$\frac{73}{100}$
		月　日から 月　日まで	日	円	円　銭
	第3号の場合	都道府県労働局長が定める金額			円
	第4号の場合	従事する事業又は職業			
		都道府県労働局長が定めた金額			円

漁業及び林業労働者の平均賃金(昭和24年労働省告示第5号第2条による。)	平均賃金協定額の承認年月日	年 月 日 職種	平均賃金協定額	円

① 賃金計算期間のうち業務外の傷病の療養等のため休業した期間の日数及びその期間中の賃金を業務上の傷病の療養のため休業した期間の日数及びその期間中の賃金とみなして算定した平均賃金

(賃金の総額(ホ)-休業した期間にかかる②の(リ)) ÷ (総日数(イ)-休業した期間②の(チ))

(円- 円) ÷ (日- 日) = 円 銭

7-4 仕事上・通勤途上のケガや病気で障害が残ったとき

◆ポイント◆

●仕事上や通勤途上のケガや病気により一定の障害が残った場合は、障害の程度に応じて労災保険から年金や一時金が支給されます。

◇ 障害(補償)給付の概要 ◇

　労災保険における「治ったとき」とは、症状が安定して疾病が固定した状態にあり、これ以上治療をしても改善が見込まれない状態のことをいいます。この「治ったとき」の状態が、障害等級に該当する場合に、障害(補償)給付として年金や一時金が支給されます。

　障害(補償)給付は、給付基礎日額を元に計算します。障害が重いほど年金としてもらえる日数が多くなり、権利を失わない限り、一生涯年金がもらえます。また、障害が軽くなるほど一時金としてもらえる日数も少なくなります。一時金は1回限りの支給となります。

◇ 障害(補償)年金前払一時金 ◇

　障害(補償)年金は、年単位で支給されますが、1回に限り一定額を前払いしてもらう「障害(補償)年金前払一時金」制度があります。前払一時金の額は、障害等級に応じて定められている一定額の中から希望する金額を選択できます。

◇ 障害(補償)年金差額一時金 ◇

　障害(補償)年金の受給権者が死亡したとき、すでに支給された「障害(補償)年金」の額と「障害(補償)年金前払一時金」の合計額が、障害等級に応じて定められている一定額に満たない場合は、遺族に対して「障害(補償)年金差額一時金」が支給されます。

◇ 特別支給金 ◇

　障害(補償)年金や障害(補償)一時金とは別に、「特別支給金」としての上乗せ給付があります。「特別支給金」には、「障害特別支給金」と「障害特別年金」または「障害特別一時金」があります。「障害特別支給金」は、すべての等級に対してあら

ケガや病気
(仕事上)

175

かじめ決められた金額が、一時金として支給されます。「障害特別年金」または「障害特別一時金」は、従業員が事故発生の日から1年前までの間に支給された賞与額を、1日あたりの金額に換算した「算定基礎日額」をもとに計算されます。また、受給要件を満たしている場合は、厚生年金や国民年金から「障害厚生年金」や「障害基礎年金」が支給されます(ただし、労災保険の給付が一定率で減額します)。

◀障害等級第1級〜第7級に該当するとき▶

障害等級	障害(補償)年金 (年金)	障害特別支給金 (一時金)	障害特別年金 (年金)
第1級〜 第7級	給付基礎日額の313日分 〜131日分	342万円〜159万円	算定基礎日額の313日分 〜131日分

◀障害等級第8級〜第14級に該当するとき▶

障害等級	障害(補償)一時金 (一時金)	障害特別支給金 (一時金)	障害特別一時金 (一時金)
第8級〜 第14級	給付基礎日額の503日分 〜56日分	65万円〜8万円	算定基礎日額の503日分 〜56日分

◆ 障害(補償)給付の手続き ◆

「障害(補償)給付支給請求書」を、管轄の労働基準監督署に提出します。必要に応じてレントゲン写真などを添付書類として提出する場合があります。なお、特別支給金は、原則として「障害(補償)給付支給請求書」と同時に請求するため、書式も同一になっています。

また、請求にあたり従業員の「個人番号(マイナンバー)」の記載が必要です。「個人番号(マイナンバー)」が記載された書類を提出する場合は、本人確認書類として「個人番号カード」または「通知カード及び運転免許証のコピー」等の添付が必要になります。

◀手続きのポイント▶

項目	内容
申請書類	障害(補償)給付支給請求書
添付書類	・レントゲン写真など ・同一の事由によって障害厚生年金、障害基礎年金等の支給を受けている場合は支給額を証明することのできる書類 ・本人確認書類として「個人番号カード」または「通知カード及び運転免許証のコピー」等 ・通勤災害の場合は「通勤災害に関する事項」を添付
提出先	労働基準監督署

提出期限	ケガや病気が治った日の翌日から5年以内
交付物・控書類	・控書類なし（事業主控が必要な場合はコピーを添付） ・支給決定通知／支払振込通知 ・労災年金証書（年金の場合）
その他	業務災害の場合は申請書類に「補償」の記載あり（例：障害補償給付支給請求書） 通勤災害の場合は申請書類に「補償」の記載なし（例：障害給付支給請求書）

ケガや病気
（仕事上）

◀書式　障害補償給付支給請求書▶

様式第10号（表面）

<table>
<tr><td colspan="2">業務災害用
複数業務要因災害用</td><td colspan="4">労働者災害補償保険
障害補償給付
複数事業労働者障害給付　支給請求書
障害給付　支給申請書
障害特別支給金
障害特別年金
障害特別一時金</td></tr>
</table>

① 労働保険番号					フリガナ	ハセガワ ユウジ		④ 負傷又は発病年月日
府県	所掌	管轄	基幹番号	枝番号	③労働者の	氏 名 長谷川 雄二 （男・女）		XX年 6 月 8 日
13	1	01	123450	000		生年月日 昭和44年 6 月 20 日(53歳)		午前・後 5 時 10 分頃
② 年金証書の番号						フリガナ ブンキョウク コイシカワ		⑤ 傷病の治癒した年月日
管轄局	種別	西暦年	番　号			住 所 文京区小石川○-○-△		○○年 1 月 19 日
						職 種 営業		⑦ 平 均 賃 金
						所属事業場名称・所在地		

⑥ 災害の原因及び発生状況	（あ）どのような場所で(い)どのような作業をしているときに(う)どのような物又は環境に(え)どのような不安全な又は有害な状態があって(お)どのような災害が発生したかを簡明に記載すること
社用車で取引先から戻るために片側2車線ある道路の左側車線を走行中、前方を走行していた別の乗用車を追い越そうと右側車線に出た後、左の車線に戻ろうとしてハンドルを左に切ったところ、後輪がスリップしてコントロールを失い、道路際のポールに衝突して左足を骨折した。	

⑦ 平 均 賃 金
12,471 円 91 銭
⑧ 特別給与の総額（年額）
703,000 円

⑨厚生年金保険等の受給関係	㋑	厚年等の年金証書の基礎年金番号・年金コード			㋺	被保険者資格の取得年月日		年　　月　　日
	㋺	当該傷病に関して支給される年金の種類等	年 金 の 種 類		厚生年金保険法の イ、障害年金　ロ、障害厚生年金 国民年金法の　　イ、障害年金　ロ、障害基礎年金 船員保険法の障害年金			
			障 害 等 級					級
			支給される年金の額					円
			支給されることとなった年月日				年　　月　　日	
			厚年等の年金証書の基礎年金番号・年金コード					
			所轄年金事務所等					

③の者については、④、⑥から⑧まで並びに⑨の㋑及び㋺に記載したとおりであることを証明します。

○○年 1 月 30 日

事業の名称 株式会社 あかさたな 電話（ 03 ）6777-XXXX
事業場の所在地 千代田区○○2-8-13 〒 100 - 00XX
事業主の氏名 代表取締役 田中 洋
（法人その他の団体であるときは、その名称及び代表者の氏名）

〔注意〕⑨の㋑及び㋺については、③の者が厚生年金保険の被保険者である場合に限り証明すること。

⑩ 障害の部位及び状態	（診断書のとおり）	⑪ 既存障害がある場合にはその部位及び状態	

⑫ 添付する書類その他の資料名	レントゲン写真

⑬ 年金の払渡しを受けることを希望する金融機関又は郵便局	金融機関（郵便貯金銀行の支店等を除く。）	名　称	※ 金融機関店舗コード		銀行・金庫 農協・漁協・信組	本店・本所 出張所 支店・支所
		預金通帳の記号番号	普通・当座	第		号
	郵便貯金銀行の支店等又は郵便局	※ 郵便局コード				
		フリガナ 名　称				
		所在地	都道府県	市郡区		
		預金通帳の記号番号	第			号

上記により

障害補償給付
複数事業労働者障害給付　の支給を請求します。
障害特別支給金
障害特別年金
障害特別一時金　の支給を申請します。

○○年 1 月 30 日

中央 労働基準監督署長 殿

請求人申請人の	〒 112 - 00XX
	電話（ 03 ）5342-XXXX
	住所 文京区小石川○-○-△
	氏名 長谷川 雄二
	□本件手続を裏面に記載の社会保険労務士に委託します。
	個人番号 1 1 2 3 4 5 0 7 8 9 0 8

振込を希望する金融機関の名称			預金の種類及び口座番号
△△△	銀行・金庫 農協・漁協・信組	△△ 本店・本所 出張所 支店・支所	普通・当座 第 2345678 号 口座名義人 長谷川 雄二

仕事上・通勤途上のケガや病気で死亡したとき

◆ポイント◆

●従業員が仕事上や通勤途上のケガや病気が原因で死亡したときは、遺族（補償）給付が支給されます。
●遺族（補償）給付には遺族（補償）年金と遺族（補償）一時金の2種類があります。

◇ 遺族（補償）給付の概要 ◇

　従業員が、仕事上や通勤途上のケガや病気が原因で死亡したときは、遺族に対して「遺族（補償）給付」が支給されます。死亡した従業員と遺族の年齢や続柄など一定の基準に応じて「遺族（補償）年金」または「遺族（補償）一時金」のどちらかが支給されます。

　遺族（補償）年金は、死亡した従業員の遺族が次の3つの要件を満たした場合に、遺族の人数に応じて、対象従業員の1日分の給料（給付基礎日額）の153～245日分が支給されます。

a	死亡した従業員の収入によって生計を維持していた
b	配偶者(内縁関係含む)、子供、父母、孫、祖父母、兄弟姉妹の続柄に該当している
c	妻である配偶者以外の遺族については、従業員の死亡当時一定の年齢要件あるいは障害要件に該当している

　遺族（補償）年金を受ける遺族がいる場合は年金が優先されますが、年金を受ける遺族がいない場合は一時金になります。従業員が死亡したときに、遺族（補償）年金を受ける遺族がいない場合、給付基礎日額の1000日分が一時金として支給されます。

◇ 遺族（補償）年金を受ける遺族が年金を受給する権利を失った場合 ◇

　遺族（補償）年金を受ける遺族が年金を受給する権利を失った場合で、それまでに支給された遺族（補償）年金、あるいは遺族（補償）年金前払一時金の合計額が給付基礎日額の1000日分に満たないときは、その合計額と給付基礎日額の1000日分との差額が一括で支給されます。

◇ 遺族(補償)年金前払一時金 ◇

　遺族(補償)年金は、年単位で支給されますが、従業員が死亡した直後に遺族が請求することで、1回に限り一定額を前払いしてもらう「遺族(補償)年金前払一時金」制度があります。前払一時金の額は、定められている一定額の中から希望する金額を選択できます。

◇ 特別支給金 ◇

　「遺族(補償)給付」には上乗せ給付があり、「遺族特別支給金」と「遺族特別年金」が支給されます。
　「遺族特別支給金」は、あらかじめ決められた金額が一時金として支給されます。「遺族特別年金」または「遺族特別一時金」は、その従業員が事故発生の日から1年前までの間に支給された賞与額を、1日あたりの金額に換算した「算定基礎日額」をもとに計算されます。また、受給要件を満たしている場合は、厚生年金や国民年金からは「遺族厚生年金」や「遺族基礎年金」が支給されます(ただし、労災保険の給付が一定率で減額します)。

◀遺族(補償)年金が支給される場合▶

遺族数	遺族(補償)年金	遺族特別支給金	遺族特別年金
1人〜4人	給付基礎日額の153日分〜245日分 (ただし遺族数が1人の場合で55歳以上または一定の障害がある妻の場合は175日分)	300万円(一時金)	算定基礎日額の153日分〜245日分 (ただし遺族数が1人の場合で55歳以上または一定の障害がある妻の場合は175日分)

◀遺族(補償)年金を受ける遺族がいない場合▶

遺族数	遺族(補償)一時金	遺族特別支給金	遺族特別一時金
不問	給付基礎日額×1000日分	300万円(一時金)	算定基礎日額×1000日分 ※一部例外あり

◇ 遺族(補償)給付の手続き ◇

　「遺族(補償)年金支給申請書」か「遺族(補償)一時金支給申請書」を、管轄の労働基準監督署に提出します。添付書類として、死亡日が確認できる書類(「死亡診断書」等)、従業員との関係を証明する書類(「戸籍謄本」「戸籍抄本」等)、従業員の給料で生計維持していたことを証明する書類が必要です。なお、特別支給金の支給申請は、原則として「遺族(補償)年金支給請求書」か「遺族(補償)一時金支給申請

書」と同時に請求するため、書式も同一になっています。

　また、請求にあたり従業員の「個人番号（マイナンバー）」の記載が必要です。「個人番号（マイナンバー）」が記載された書類を提出する場合は、本人確認書類として「個人番号カード」または「通知カード及び運転免許証のコピー」等の添付が必要になります。

◀手続きのポイント▶

項目	内容
申請書類	遺族（補償）年金支給請求書 遺族（補償）一時金支給請求書
添付書類	・死亡診断書、除籍謄本、住民票除票等 ・同一の事由によって遺族厚生年金、遺族基礎年金等の支給を受けている場合は支給額を証明することのできる書類 ・本人確認書類として「個人番号カード」または「通知カード及び運転免許証のコピー」等 ・通勤災害の場合は「通勤災害に関する事項」を添付
提出先	労働基準監督署
提出期限	死亡の日の翌日から5年以内
交付物・ 控書類	・控書類なし（事業主控が必要な場合はコピーを添付） ・支給決定通知／支払振込通知
その他	業務災害の場合は申請書類に「補償」の記載あり（例：遺族補償年金支給請求書） 通勤災害の場合は申請書類に「補償」の記載なし（例：遺族年金支給請求書）

ケガや病気
（仕事上）

◀ 書式　遺族（補償）年金支給請求書 ▶

様式第12号（表面）

業務災害用 複数業務要因災害用	労働者災害補償保険	遺族補償年金 複数事業労働者遺族年金 遺族特別支給金 遺族特別年金	支給請求書 支給申請書	［ 年金新規報告書提出 ］

<table>
<tr><td colspan="8">① 労 働 保 険 番 号</td><td rowspan="3">死亡労働者の</td><td>フリガナ</td><td>ハセガワ　ユウジ</td><td>④ 負傷又は発病年月日</td></tr>
<tr><td>府県</td><td>所掌</td><td>管轄</td><td colspan="2">基幹番号</td><td colspan="2">枝番号</td><td>氏　名</td><td>長谷川　雄二（男・女）（53歳）</td><td rowspan="2">午前
午後　5 時 10 分頃</td></tr>
<tr><td>1 3</td><td>1</td><td>0 1</td><td colspan="2">1 2 3 4 5 0</td><td colspan="2">0 0 0</td><td>生年月日</td><td>昭和44年 6 月20日（53歳）</td></tr>
<tr><td colspan="8">② 年 金 証 書 の 番 号</td><td>職種</td><td>営業</td><td>⑤ 死 亡 年 月 日</td></tr>
<tr><td colspan="3">管轄局</td><td>種別</td><td>西暦年</td><td colspan="2">番　号</td><td>枝番号</td><td rowspan="2">所属事業場
名称・所在地</td><td rowspan="2"></td><td>XX年 6 月 8 日</td></tr>
<tr><td colspan="8"></td><td>⑦ 平 均 賃 金</td></tr>
</table>

⑥ 災害の原因及び発生状況	（あ）どのような場所で（い）どのような作業をしているときに（う）どのような物又は環境に（え）どのような不安全な又は有害な状態があって（お）どのような災害が発生したかを簡明に記載すること	12,471 円 91 銭

社用車で取引先から戻るために片側2車線ある道路の左側車線を走行中、前方を走行していた別の乗用車を追い越そうと右側車線に出た後、元の車線に戻ろうとしてハンドルを左に切ったところ、後輪がスリップしてコントロールを失い、道路際のポールに激突し首を強く打って死亡した。

⑧ 特別給与の総額（年額）　703,000 円

<table>
<tr><td rowspan="6">厚生の受給金保険係</td><td>⑨</td><td>㋑ 死亡労働者の厚生年金等の年金証書の
基礎年金番号・年金コード</td><td></td><td>㋺ 死亡労働者の被保険者資格の取得年月日　年 月 日</td></tr>
<tr><td>㋩</td><td colspan="2">当該死亡に関して支給される年金の種類</td><td></td></tr>
<tr><td></td><td>厚生年金保険法の</td><td>イ 遺族年金
ロ 遺族厚生年金</td><td>国民年金法の</td><td>イ 母子年金 ロ 準母子年金 ハ 遺児年金
二 寡婦年金 ホ 遺族基礎年金</td><td>船員保険法の遺族年金</td></tr>
<tr><td></td><td>支給される年金の額</td><td>支給されることとなった年月日</td><td colspan="2">厚生等の年金証書の基礎年金番号・年金コード
（複数のコードがある場合は下段に記載すること。）</td><td>所轄年金事務所等</td></tr>
<tr><td></td><td>1,218,600 円</td><td>XX年10月20日</td><td colspan="2">1 2 3 4 5 6 7 8 9 0 0 2 3 4</td><td>千代田年金事務所</td></tr>
<tr><td colspan="6">受けていない場合は、次のいずれかを○で囲む。 ・裁定請求中 ・不支給裁定 ・未加入 ・請求していない ・老齢年金選択</td></tr>
</table>

③の者については、④、⑥から⑧まで並びに⑨の㋑及び㋺に記載したとおりであることを証明します。

XX年 10 月 25 日

〔注意〕
⑨の㋑及び㋺については、③の者が厚生年金保険の被保険者である場合に限り証明すること。

事 業 の 名 称　株式会社 あかさたな　　電話（03）6777—XXXX
〒 100 — 00XX
事業場の所在地　千代田区○○2-8-13
事業主の氏名　代表取締役 田中 洋
（法人その他の団体であるときはその名称及び代表者の氏名）

<table>
<tr><td rowspan="5">⑩
請求人
申請人</td><td>氏　名（フリガナ）</td><td>生 年 月 日</td><td>住　所（フリガナ）</td><td>死亡労働者
との関係</td><td>障害の有無</td><td>請求人（申請人）の代表者を
選任しないときは、その理由</td></tr>
<tr><td>ハセガワ　クミコ
長谷川　久美子</td><td>昭和48・12・9</td><td>ブンキョウク コイシカワ
文京区小石川○-○-△</td><td>妻</td><td>ある・ない</td><td rowspan="3"></td></tr>
<tr><td></td><td>・　・</td><td></td><td></td><td>ある・ない</td></tr>
<tr><td></td><td>・　・</td><td></td><td></td><td>ある・ない</td></tr>
<tr><td>氏　名（フリガナ）</td><td>生 年 月 日</td><td>住　所（フリガナ）</td><td>死亡労働者
との関係</td><td>障害の有無</td><td>請求人（申請人）と生計を同じくしているか</td></tr>
</table>

<table>
<tr><td rowspan="4">⑪ 本年金たる保険給付を受けることができる遺族であってその順位が請求人（申請人）より先順位である者の状況</td><td></td><td>・　・</td><td></td><td></td><td>ある・ない</td><td>いる・いない</td></tr>
<tr><td></td><td>・　・</td><td></td><td></td><td>ある・ない</td><td>いる・いない</td></tr>
<tr><td></td><td>・　・</td><td></td><td></td><td>ある・ない</td><td>いる・いない</td></tr>
<tr><td></td><td>・　・</td><td></td><td></td><td>ある・ない</td><td>いる・いない</td></tr>
</table>

⑫ 添 付 す る 書 類 そ の 他 の 資 料 名

<table>
<tr><td rowspan="8">⑬
年金の払渡しを
受けることを
希望する
金融機関又は
郵便局</td><td rowspan="4">金融機関（郵便貯金銀行を除く。）</td><td>名　　称</td><td colspan="3">※金融機関店舗コード</td><td></td></tr>
<tr><td></td><td colspan="3">○○○ 　　 銀行・金庫
農協・漁協・信組 　○○</td><td>本店・本所
出張所
（支店）・支所</td></tr>
<tr><td>預金通帳の
記号番号</td><td colspan="4">普通・当座　第 7654321 号</td></tr>
<tr><td></td><td colspan="4"></td></tr>
<tr><td rowspan="4">郵便貯金銀行の支店等又は郵便局</td><td>フリガナ</td><td colspan="3">※郵便局コード</td><td></td></tr>
<tr><td>名　　称</td><td colspan="4"></td></tr>
<tr><td>所 在 地</td><td>都道
府県</td><td colspan="2">市郡
区</td><td></td></tr>
<tr><td>預金通帳の
記号番号</td><td colspan="4">第 　　 号</td></tr>
</table>

上記により
遺族補償年金
複数事業労働者遺族年金
遺族特別支給金
遺族特別年金　の支給を請求します。
　　　　　　　　　の支給を申請します。

XX年 10 月 25 日

中央　労働基準監督署長　殿

請求人
申請人
（代表者）の　　〒 112 — 0012 電話（03）5342 — XXXX
住所 文京区小石川○-○-△
氏名 長谷川 久美子

□本件手続を裏面に記載の社会保険労務士に委託します。

個人番号　1 2 2 3 4 5 6 7 8 9 0 3

	特別支給金について振込を希望する金融機関の名称		預金の種類及び口座番号
○○○	銀行・金庫 農協・漁協・信組 ○○	本店・本所 出張所 （支店）・支所	普通・当座　第 7654321 号 口座名義人 長谷川 久美子

7-6 仕事上・通勤途上のケガや病気で死亡し埋葬したとき

◆ポイント◆

●従業員が仕事上や通勤途上のケガや病気が原因で死亡し、埋葬されたときは、葬儀費用として「葬祭料(葬祭給付)」が支給されます。
●通常遺族(補償)一時金や遺族(補償)年金と一緒に申請を行います。

◇ 葬祭料(葬祭給付)の概要 ◇

死亡した従業員の葬儀費用として、「葬祭料(通勤途上での死亡の場合は「葬祭給付」)」が支給されます。通常は、葬儀を行った遺族に支給されますが、遺族がいない場合は、実際に葬儀を行った人に支給されます。

葬祭料(葬祭給付)は、31万5,000円に死亡した従業員の給付基礎日額30日分をプラスした金額です。なお、その合計金額が給付基礎日額の60日分に満たない場合は、給付基礎日額の60日分が支給されます。

◇ 葬祭料(葬祭給付)の手続き ◇

「葬祭料又は複数事業労働者葬祭給付請求書(葬祭給付請求書)」を労働基準監督署に提出します。添付書類として死亡日が確認できる書類(「死亡診断書」等)が必要ですが、「遺族(補償)年金」や「遺族(補償)一時金」と一緒に申請する場合は、別途用意する必要はありません。

◀手続きのポイント▶

項目	内容
申請書類	葬祭料(葬祭給付)又は複数事業労働者葬祭給付請求書
添付書類	・死亡診断書、除籍謄本、住民票除票等
提出先	労働基準監督署
提出期限	死亡の日の翌日から2年以内
交付物・控書類	・控書類なし(事業主控が必要な場合はコピーを添付) ・支給決定通知／支払振込通知
その他	死亡を確認する添付書類は、遺族(補償)年金や遺族(補償)一時金の支給申請時に添付してあれば不要。

ケガや病気
(仕事上)

様式第16号(表面)

| 業務災害用 |
| 複数業務要因災害用 |

労働者災害補償保険
葬祭料又は複数事業労働者葬祭給付請求書

① 労働保険番号					③ 請求人の	フリガナ 氏　名	ハセガワ　クミコ 長谷川　久美子
府県	所掌	管轄	基幹番号	枝番号			
13	1	01	123450	000		住　所	文京区小石川〇-〇-△
② 年金証書の番号						死亡労働者 との関係	妻
管轄局	種別	西暦年	番　号				

④ 死亡労働者の	フリガナ 氏　名	長谷川　雄二　　　　　　(男・女)	⑤ 負傷又は発病年月日
	生年月日	昭和44 年 6 月 20 日(53歳)	XX 年 6 月 8 日 午前 後 5 時 10 分頃
	職　種	営業	⑦ 死亡年月日
	所属事業場 名称所在地		

⑥ 災害の原因及び発生状況	(あ)どのような場所で(い)どのような作業をしているときに(う)どのような物又は環境に(え)どのような不安全な又は有害な状態があって(お)どのような災害が発生したかを簡明に記載すること

社用車で取引先から戻るために片側2車線ある道路の左側車線を走行中、前方を走行していた別の乗用車を追い越そうと右側車線に出た後、左の車線に戻ろうとしてハンドルを左に切ったところ、後輪がスリップしてコントロールを失い、道路際のポールに激突し首を強く打って死亡した。

⑦ 死亡年月日　XX 年 6 月 8 日

| ⑧ 平均賃金 | 12,471円 91 銭 |

④の者については、⑤、⑥及び⑧に記載したとおりであることを証明します。

XX 年 6 月 25 日

電話(03)6777-XXXX
事業の名称　株式会社　あかさたな
〒 100 - 00XX
事業場の所在地　千代田区〇〇2-8-13
事業主の氏名　代表取締役　田中　洋
(法人その他の団体であるときはその名称及び代表者の氏名)

| ⑨ 添付する書類その他の資料名 | 遺族補償年金請求時添付 |

上記により葬祭料又は複数事業労働者葬祭給付の支給を請求します。

XX 年 6 月 25 日

〒 112 - 0012　電話(03)5342-XXXX
請求人の　住　所　文京区小石川〇-〇-△

中央　労働基準監督署長　殿

氏　名　長谷川　久美子

振込を希望する金融機関の名称				預金の種類及び口座番号	
〇〇〇	銀行・金庫 農協・漁協・信組	〇〇	本店・本所 出張所 支店・支所	普通・当座　第7654321号 口座名義人　長谷川　久美子	

184

7-7 仕事上・通勤途上に他人(第三者)の行為でケガや病気になったとき

◆ポイント◆

● 仕事上または通勤途上で第三者の行為で交通事故等に遭遇した場合は、被害にあった従業員が事故の当事者である第三者には損害賠償請求権、労災保険には給付請求権を持つことになります。

● 両者から重複して損害の補填を受けることになるため、それを避けるために支給調整が行われます。

◇「第三者行為災害」の概要◇

　従業員が交通事故でケガをしたとき、その原因に他人(第三者)が関わっている場合、第三者がケガの治療費や休業補償、慰謝料など、損害賠償の責任を負います。このような事故のことを「第三者行為災害」といいます。

　第三者行為災害に該当する場合は、従業員はその第三者に対して損害賠償請求権を持つだけでなく、労災保険からもケガの治療費や休業期間の生活補償などを受ける権利を持ちます。この場合、同一の事故について2箇所から重複して損害の補填を受けることができることになり、実際に受けた損害額よりも多く補填を受け取る場合もでてきます。そこで労災保険には、第三者行為災害のときに民事損害賠償と支給額を調整するように定められています。先に従業員が労災保険から治療費の支払いや休業補償を受けたときは、労災保険に損害賠償請求権が移ります。逆に第三者から損害賠償を受けたときは、その受けた賠償額を限度として労災保険は治療費の支払いや休業補償をしなくてよいとしています。

◇ 第三者行為災害届の手続き ◇

　第三者行為災害の場合は、従業員のケガや病気の責任を明確にするため、「第三者行為災害届」を管轄の労働基準監督署へ提出する必要があります。この書類には、第三者の名前や住所、加入している自賠責保険や任意保険の内容(自動車事故の場合)、事故の場所、事故の状況などの記載が求められます。

　また、交通事故の場合は添付書類として「交通事故証明書」「念書(兼同意書)」が必要です。交通事故証明書は、自動車安全運転センターで入手できます。ただし、事故が起きたときに警察署へ届け出ていないと、交通事故証明書が発行されません。その場合は「交通事故発生届」を作成し、提出します。「念書(兼同意書)」は指定の書式がありますので労働基準監督署で入手して下さい。

ケガや病気
(仕事上)

なお、正当な理由もなしに第三者行為災害届を提出しない場合は、労災保険から治療費や休業補償が受けられなくなりますので注意してください。

◆ 示談を行った場合 ◆

　交通事故などで従業員が他人から損害を受けた場合には、加害者に対して損害賠償請求権が発生しますが、早期に解決するためにお互いで話し合い、双方が納得した金額で話を付けてしまうことを「示談」といいます。従業員が持つすべての損害賠償責任について示談が正しく成立した場合は、労災保険は示談成立後の補償を行わないことになっています。

　示談を行ったときは、速やかに管轄の労働基準監督署に申し出る必要があります。また、あわせて「示談書のコピー」の提出も必要になります。

◀手続きのポイント▶

項目	内容
申請書類	第三者行為災害届
添付書類	交通事故証明書、念書(兼同意書)、示談書のコピー（示談をした場合）
提出先	労働基準監督署
提出期限	事故発生後、遅滞なく
交付物・控書類	・控書類なし(事業主控が必要な場合はコピーを添付)
その他	交通事故証明書の入手ができない場合は、「交通事故発生届」を作成し提出が必要。

（届その1）

第三者行為災害届 （業務災害・通勤災害）
（交通事故・交通事故以外）

令和 XX 年 6 月 25 日

労働者災害補償保険法施行規則第22条の規定により届け出ます。

（署受付日付）

保険給付請求権者
住所 東京都新宿区東五軒町 X-○-X-1203

フリガナ モリタ リエ　　郵便番号（ 162 - 0813 ）
氏名 森田 理恵

中央 労働基準監督署長 殿

電話 （自宅） 03 - 4321 - XXXX
　　 （携帯） 080 - 0000 - XXXX

1 第一当事者(被災者)

フリガナ モリタ リエ
氏名 森田 理恵　　（男・女）　　生年月日昭和53年 6 月 4 日　（ 44歳）
住所 東京都新宿区東五軒町 X-○-X-1203
職種 営業

2 第一当事者（被災者）の所属事業場

労働保険番号

府県	所掌	管轄	基幹番号	枝番号
1 3	1	0 1	1 2 3 4 5	0 0 0 0

名称 株式会社 あかさたな　　　　電話 03 - 6777 - XXXX
所在地 東京都千代田区○○2-8-13　　　　郵便番号 100 - 00XX
代表者 （役職） 代表取締役　　　　担当者（所属部課名）管理部
　　　 （氏名） 田中 洋　　　　　　（氏名）　鈴木 一郎

3 災害発生日

日時 令和 XX 年 5 月 18 日　　午前・午後 3 時 30 分頃
場所 東京都練馬区谷原○丁目 X 番地　都道24号線　○○郵便局前

4 第二当事者 相手方)

氏名 矢島 徹　　（29歳）　　電話 （自宅）090 - 0000 - XXXX
　　　　　　　　　　　　　　　　 （携帯）
住所 東京都世田谷区代沢△-X-○-304　　　　郵便番号 155-0032

第二当事者（相手方）が業務中であった場合
所属事業場名称 株式会社 フュテュール　　　電話 03 - 8166 - XXXX
所在地 東京都世田谷区池尻△-△-△　　　　郵便番号 154-0001
代表者 （役職） 代表取締役　　　（氏名） 成沢 碧

5 災害調査を行った警察署又は派出所の名称

石神井 警察署　交通 係（派出所）

6 災害発生の事実の現認者 5の災害調査を行った警察署又は派出所がない場合に記入してください)

氏名 　　　　　　　（　歳）　電話 （自宅） -　-
　　　　　　　　　　　　　　　　　　 （携帯）
住所 　　　　　　　　　　　　　　　　郵便番号 　-

7 あなたの運転していた車両 あなたが運転者の場合にのみ記入してください)

車種	大・中・(普)・特・自二・軽自・原付自		登録番号（車両番号）		品川 12 か 3333	
運転者 の免許	(有) 無	免許の種類 普通	免許証番号 456703923170	資格取得 平成XX年 2 月 9 日	有効期限 XX 年 7 月 4 日まで	免許の条件

8　事故現場の状況

天　　候　⦅晴⦆・曇・小雨・雨・小雪・雪・暴風雨・霧・濃霧

見透し　⦅良い⦆・悪い・（障害物　　　　　　　　　　　　　　　　　　　　があった。）

道路の状況　（あなた（被災者）が運転者であった場合に記入してください。）

　　　道路の幅（　　　　m）、⦅舗装⦆・非舗装、坂（上り・下り・緩・急）

　　　でこぼこ・砂利道・道路欠損・工事中・凍結・その他（　　　　　　　　　　　　　　　　）

　　　（あなた（被災者）が歩行者であった場合に記入してください。）

　　　歩車道の区別が（ある・ない）道路、車の交通頻繁な道路、住宅地・商店街の道路

　　　歩行者用道路（車の通行　許・否）、その他の道路（　　　　　　　　　　　　　　　　）

標　　識　⦅速度制限（　30　km/h）⦆・追い越し禁止・一方通行・歩行者横断禁止

　　　一時停止（有・⦅無⦆）・停止線⦅有⦆・無

信　号　機　⦅無⦆・有（　　色で交差点に入った。）、信号機時間外（黄点滅・赤点滅）

　　　横断歩道上の信号機（有・無）

交　通　量　多い・少ない・⦅中位⦆

9　事故当時の行為、心身の状況及び車両の状況

心身の状況　⦅正常⦆・いねむり・疲労・わき見・病気（　　　　　　　　　　　　　）・飲酒

あなたの行為　（あなた（被災者）が運転者であった場合に記入してください。）

　　　直前に警笛を（⦅鳴らした⦆・鳴らさない）相手を発見したのは（　　　）m手前

　　　ブレーキを（か⦅け⦆た（スリップ　　　m）・かけない）、方向指示灯（だした・⦅ださない⦆）

　　　停止線で一時停止（⦅した⦆・しない）、速度は約（　30　）km/h　相手は約（　40　）km/h

　　　（あなた（被災者）が歩行者であった場合に記入してください。）

　　　横断中の場合　横断場所（　　　　　　　　）、信号機（　　　）色で横断歩道に入った。

　　　　　　左右の安全確認（した・しない）、車の直前・直後を横断（した・しない）

　　　通行中の場合　通行場所（歩道・車道・歩車道の区別がない道路）

　　　　　　通行のしかた（車と同方向・対面方向）

10　第二当事者（相手方）の自賠責保険（共済）及び任意の対人賠償保険（共済）に関すること

（1）自賠責保険（共済）について

証明書番号　第　S529842010　号

保険（共済）契約者　（氏名）株式会社フテュール　第二当事者（相手方）と契約者との関係　従業員

　　　（住所）東京都世田谷区池尻△-△-△

保険会社の管轄店名　〇〇火災海上株式会社 成城支店　　電話　03 － 0000 － 0000

管轄店所在地　東京都世田谷区〇〇1-3-8　　　　　　　　　　　郵便番号154-00XX

（2）任意の対人賠償保険（共済）について

証券番号　第　4200312501　号　　保険金額　対人　　無制限　万円

保険（共済）契約者　（氏名）株式会社フテュール　第二当事者（相手方）と契約者との関係　従業員

　　　（住所）東京都世田谷区池尻△-△-△

保険会社の管轄店名　〇〇火災海上株式会社 成城支店　　電話　03 － 0000 － 0000

管轄店所在地　東京都世田谷区〇〇1-3-8　　　　　　　　　　　郵便番号154-00XX

（3）保険金（損害賠償額）請求の有無　　有・⦅無⦆

　　有の場合の請求方法　イ　自賠責保険（共済）単独

　　　　　　　　　　　　ロ　自賠責保険（共済）と任意の対人賠償保険（共済）との一括

　　保険金（損害賠償額）の支払を受けている場合は、受けた者の氏名、金額及びその年月日

　　氏名　　　　　　　金額　　　　　　円　受領年月日　　　年　　月　　日

11　運行供用者が第二当事者（相手方）以外の場合の運行供用者

名称（氏名）　株式会社　フテュール　　　　電話　03 － 8166 － XXXX

所在地（住所）東京都世田谷区池尻△-△-△　　　　　　　　　郵便番号154-00XX

12　あなた（被災者）の人身傷害補償保険に関すること

人身障害補償保険に　（加入している・⦅していない⦆）

証券番号　第　　　号　保険金額　　　万円

保険（共済）契約者　（氏名）　　　　　あなた（被災者）と契約者との関係

　　　（住所）

保険会社の管轄店名　　　　　　　　電話　　　－　　　－

管轄店所在地　　　　　　　　　　　郵便番号　　－

人身傷害補償保険金の請求の有無　　有・無

人身傷害補償保険の支払を受けている場合は、受けた者の氏名、金額及びその年月日

　　氏名　　　　　　　金額　　　　　　円　受領年月日　　　年　　月　　日

13 災害発生状況

第一当事者（被災者）・第二当事者（相手方）の行動、災害発生原因と状況をわかりやすく記入してください。

社用車で取引先から戻るために都道24号線谷原5丁目12付近を走行中、進行方向左側の幅員の狭い道路から加害者（矢島氏）の運転する車が一時停止をせず、急スピードで右折してきたため、直前で相手を認知しましたがハンドル操作やブレーキ操作が間に合わず衝突し、頭を強く打ち、負傷しました。

14 現場見取図

道路方向の地名（至○○方面）、道路幅、信号、横断歩道、区画線、道路標識、接触点等くわしく記入してください。

別紙参照

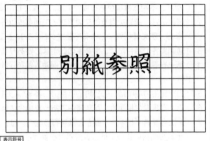

表示符号						
自　車	●	横断禁止	⊗	信　号（赤、黄、青の表示）	◯◯◯	横断歩道 ▦
相手車	◇	人　間	☆			接触点 ✕
進行方向	↑	自転車オートバイ		一時停止	▽	

15 過失割合

私の過失割合は　　　20　％、相手の過失割合は　　　80　％だと思います。

理由　自分も前方不注意ではありましたが、相手方は一時停止規則があるにもかかわらず一時停止せずに走行していたため。

16 示談について

イ　示談が成立した。（　　年　　月　　日）　　　ロ　交渉中

ハ　示談はしない。　　　　　　　　　　　　　　ニ　示談をする予定（　　年　　月　　日頃予定）

ホ　裁判の見込み（　　年　　月　　日頃提訴予定）

17 身体損傷及び診療機関

	私（被災者）側	相手側（わかっていることだけ記入ください。）
部位・傷病名	頸椎ねんざ	身体損傷なし
程　　度	全治1ヵ月	
診療機関名称	○○病院	
所在地	東京都千代田区○○3-3-2	

18 損害賠償金の受領

受領年月日	支払者	金額・品目	名目	受領年月日	支払者	金額・品目	名目
受領なし							

事業主の証明	1欄の者については、2欄から6欄、13欄及び14欄に記載したとおりであることを証明します。 令和 XX 年 6 月 25 日 事業場の名称　株式会社　あかさたな 事業主の氏名　代表取締役　田中　洋 （法人の場合は代表者の役職・氏名）

ケガや病気（仕事上）

第三者行為災害届を記載するに当たっての留意事項

1　災害発生後、すみやかに提出してください。
　　なお、不明な事項がある場合には、空欄とし、提出時に申し出てください。
2　業務災害・通勤災害及び交通事故・交通事故以外のいずれか該当するものに○をしてください。
　　なお、例えば構内における移動式クレーンによる事故のような場合には交通事故に含まれます。
3　通勤災害の場合には、事業主の証明は必要ありません。
4　第一当事者（被災者）とは、労災保険給付を受ける原因となった業務災害又は通勤災害を被った者をいいます。
5　災害発生の場所は、○○町○丁目○○番地○○ストア前歩道のように具体的に記入してください。
6　第二当事者（相手方）が業務中であった場合には、「届その１」の４欄に記入してください。
7　第二当事者（相手方）側と示談を行う場合には、あらかじめ所轄労働基準監督署に必ず御相談ください。
　　示談の内容によっては、保険給付を受けられない場合があります。
8　交通事故以外の災害の場合には「届その２」を提出する必要はありません。
9　運行供用者とは、自己のために自動車の運行をさせる者をいいますが、一般的には自動車の所有者及び使用者等がこれに当たります。
10　「現場見取図」について、作業場における事故等で欄が不足し書ききれない場合にはこの用紙の下記記載欄を使用し、この「届その４」もあわせて提出してください。
11　損害賠償金を受領した場合には、第二当事者（相手方）又は保険会社等からを問わずすべて記入してください。
12　この届用紙に書ききれない場合には、適宜別紙に記載してあわせて提出してください。

現 場 見 取 図

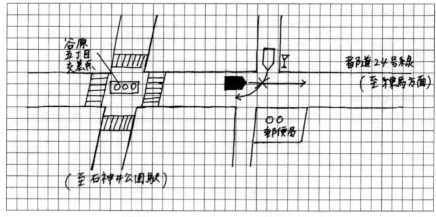

様式第1号

念　書　（　兼　同　意　書　）

災害発生年月日	令和 XX 年 5 月 18 日	災害発生場所	東京都練馬区谷原○丁目 X 番地 都道 24 号線○○郵便局前
第一当事者(被災者)氏名	森田　理恵	第二当事者(相手方)氏名	矢島　徹

1　上記災害に関して、労災保険給付を請求するに当たり以下の事項を遵守することを誓約します。
　(1) 相手方と示談や和解(裁判上・外の両方を含む。以下同じ。)を行おうとする場合は必ず前もって貴職に連絡します。
　(2) 相手方に白紙委任状を渡しません。
　(3) 相手方から金品を受けたときは、受領の年月日、内容、金額(評価額)を漏れなく、かつ遅滞なく貴職に連絡します。

2　上記災害に関して、私が相手方と行った示談や和解の内容によっては、労災保険給付を受けられない場合や、受領した労災保険給付の返納を求められる場合があることについては承知しました。

3　上記災害に関して、私が労災保険給付を受けた場合には、私の有する損害賠償請求権及び保険会社等(相手方もしくは私が損害賠償請求できる者が加入する自動車保険・自賠責保険会社(共済)等をいう。以下同じ。)に対する被害者請求権を、政府が労災保険給付の価額の限度で取得し、損害賠償金を受領することについては承知しました。

4　上記災害に関して、相手方、又は相手方が加入している保険会社等から、労災保険に先立ち、労災保険と同一の事由に基づく損害賠償金の支払を受けている場合、労災保険が給付すべき額から、私が受領した損害賠償金の額を差し引いて、更に労災保険より給付すべき額がある場合のみ、労災保険が給付されることについて、承知しました。

5　上記災害に関して、私が労災保険の請求と相手方が加入している自賠責保険又は自賠責共済(以下「自賠責保険等」という。)に対する被害者請求の両方を行い、かつ、労災保険に先行して労災保険と同一の事由の損害項目について、自賠責保険等からの支払を希望する旨の意思表示を行った場合の取扱いにつき、以下の事項に同意します。
　(1)　労災保険と同一の事由の損害項目について、自賠責保険等からの支払が完了するまでの間は、労災保険の支給が行われないこと。
　(2)　自賠責保険等からの支払に時間を要する等の事情が生じたことから、自賠責保険等からの支払に先行して労災保険の給付を希望する場合には、必ず貴職及び自賠責保険等の担当者に対してその旨の連絡を行うこと。

6　上記災害に関して、私の個人情報及びこの念書(兼同意書)の取扱いにつき、以下の事項に同意します。
　(1)　貴職が、私の労災保険の請求、決定及び給付(その見込みを含む。)の状況等について、私が保険金請求権を有する人身傷害補償保険取扱会社に対して提供すること。
　(2)　貴職が、私の労災保険の給付及び上記3の業務に関して必要な事項(保険会社等から受けた金品の有無及びその金額・内訳(その見込みを含む。)等)について、保険会社等から提供を受けること。
　(3)　貴職が、私の労災保険の給付及び上記3の業務に関して必要な事項(保険給付額の算出基礎となる資料等)について、保険会社等に対して提供すること。
　(4)　この念書(兼同意書)をもって(2)に掲げる事項に対応する保険会社等への同意を含むこと。
　(5)　この念書(兼同意書)を保険会社等へ提示すること。

令和 XX 年 6 月 25 日

中央　　　労働基準監督署長　殿

請求権者の住所　東京都新宿区東五軒町 X-○-X-1203

氏名　森田　理恵

(※ 請求権者の氏名は請求権者が自署してください。)

ケガや病気(仕事上)

Q&A 労災保険と健康保険はどちらが得か

Q 仕事上や通勤途上でケガをした場合は、労災保険と健康保険どちらを使うのが得なのでしょうか?

A 仕事上や通勤途上でケガをした場合は、健康保険証は使えません。健康保険は「仕事・通勤途上外のケガ・病気」に対して給付を行うことになっています。したがって、労災保険と健康保険とどちらかを選んで使うことができるのではなく、仕事上や通勤途上でのケガや病気の場合は、労災保険を使用しなければなりません。なお、健康保険が使えないため、健康保険証も使えません。もしも仕事上や通勤途上のケガや病気で病院にかかる場合は、病院で「仕事上(もしくは通勤途上)のケガなので、労災保険を使います」と伝えてください。

Q&A 届出と異なる通勤経路

Q 会社に届けている経路とは異なる通勤経路を利用した際に、その途中でケガをした場合は通勤災害になるのでしょうか?

A 労災保険の補償の対象となる「通勤」とは、「労働者が就業に関し住居と就業の場所との間を、合理的な経路及び方法により往復すること」と定義しています。したがって、「合理的な経路および方法」であれば、たとえ会社に届け出ていない方法であっても通勤災害として認められます。

　例えば、会社へは電車通勤として届け出ていたのに、実際は会社で禁止されているバイク通勤をしていて事故がおきた場合は、労災保険の補償の対象になるのかという問題があります。このような場合、バイク通勤で使用した通勤経路が合理的な経路であれば、労災保険の対象となりますが、労災保険上の通勤として補償が受けられることと、会社のルール違反に対する処分とは別の話になりますので、懲戒規定がある場合は、規定に基づいて処分を行ったり、支給していた通勤手当の返却を求めたり、という対応も可能です。

第8章

出産・育児・介護休業の手続き

8-1　出産と育児休業の流れ

◆ポイント◆

●出産と育児による各保険の給付内容により手続きのタイミングが異なります。

●育児休業終了後も行う手続きがあります。

　従業員が出産したときには「健康保険」「厚生年金保険」「雇用保険」から給付金が支給されます。保険の種類によって、申請の仕方が異なります。

手続きのタイミング	健康保険	厚生年金保険	雇用保険
①産前(産後)休業を開始したとき	・健康保険・厚生年金保険産前産後休業取得者申出書		
②出産したとき	・健康保険出産育児一時金請求書 ・健康保険出産手当金請求書 ・健康保険被扶養者(異動)届(※出産した従業員の収入が配偶者よりも多い場合)		・雇用保険被保険者休業開始時賃金月額証明書(育児) ・育児休業給付受給資格確認票・出生時育児休業給付金支給申請書
③産前産後休業期間を変更したとき、または終了したとき	・健康保険・厚生年金保険産前産後休業取得者変更(終了)届(※産前産後休業期間を変更したとき、または産前産後休業終了予定日の前日までに産前産後休業を終了した場合) ・健康保険・厚生年金保険産前産後休業終了時報酬月額変更届(※該当した場合。原則、産前産後休業終了後4か月目)		
④育児休業を開始したとき	・健康保険・厚生年金保険育児休業等取得者申出書(新規)		・雇用保険被保険者休業開始時賃金月額証明書(育児) ・育児休業給付受給資格確認票・(初回)育児休業給付金支給申請書

⑤育児休業中			・育児休業給付金支給申請書(※申請は2か月に1回)
⑥育児休業期間を延長したとき	・健康保険・厚生年金保険育児休業等取得者申出書(延長)		・育児休業給付金支給申請書(※申請は2か月に1回)
⑦育児休業を終了したとき	・健康保険・厚生年金保険育児休業等取得者終了届(※育児休業等期間が予定日前に終了した場合) ・健康保険・厚生年金保険育児休業等終了時報酬月額変更届(※該当した場合。原則、育児休業終了後4か月目)		
		・厚生年金保険養育期間標準報酬月額特例申出書(※該当した場合)	

8-2　従業員やその家族が出産したとき

◆ポイント◆

- ●給付金を受けるには、医師等に子どもが生まれた証明を受ける必要があります。
- ●出産にかかる費用に給付金を充てることができる「直接支払制度」という仕組みがあります。

◇出産により受けることができる給付金◇

　出産の費用精算は健康保険が使えません。医療機関での保険適用というのは、あくまでも治療が目的の場合となります。そのため治療目的でない出産の場合は保険適用外となり、出産に関わる費用は全額自己負担になります。（ただし、子宮外妊娠や帝王切開などの場合には、健康保険が適用されます。）その代わりとして、健康保険から「出産育児一時金」が支給されます。

◇出産育児一時金を受けることができる人◇

　出産育児一時金を受給するには、次の2つの要件を満たしている必要があります。

①従業員本人、あるいはその家族が出産したとき

　女性従業員本人が出産したときはもちろんのこと、被扶養者である家族が出産したときにも支給されます。家族とは妻だけに限りません。子どもや孫であっても従業員の被扶養者として健康保険に加入している家族は対象になります。

②妊娠4か月以上で出産したとき

　妊娠4か月（85日）以後の出産が出産育児一時金給付の対象になります（早産、死産、流産、人工妊娠中絶（経済的理由によるものも含む）も支給対象として含まれます。）。

◇出産育児一時金の支給申請◇

　出産育児一時金は、従業員及び被扶養者である家族が出産した時に「健康保険被保険者（家族）出産育児一時金支給申請書」に出産年月日などを記入し、併せて「医師・助産師による出産証明」または「市区町村長による出生に関して戸籍に記載した事項等の証明」を受けて、協会けんぽまたは健康保険組合に提出します。この手

続きは、会社を通さずに従業員本人が直接申請することができます。

出産育児一時金は、子ども1人につき50万円が支給されます(産科医療補償制度に加入していない医療機関等で出産された場合は48.8万円となります。)。

多胎児を出産したときは、胎児の人数分だけ支給されます(双子の場合：50万円×2人＝100万円)（令和5年4月改正)。

◇ 出産育児一時金の直接支払制度 ◇

出産にかかる費用に出産育児一時金を充てることができるよう、協会けんぽまたは健康保険組合から出産育児一時金を医療機関等に直接支払う仕組みを「直接支払制度」といいます。この制度を利用すると、出産費用としてまとまった金額を事前に用意することなく、出産に臨むことができます。

なお、「直接支払制度」を利用した場合で出産費用が50万円に満たなかった場合は、その差額が支払われます。この場合、出産後約3か月後にあらかじめ申請内容が印字された申請書が協会けんぽより送付されます(健康保険組合の差額支払い方法はご加入の健康保険組合にご確認下さい)。

◀手続きのポイント▶

項目	内容
申請書類	健康保険出産育児一時金支給申請書
添付書類	なし
提出先	協会けんぽまたは健康保険組合
提出期限	出産日の翌日から2年
交付物・控書類	・控書類なし(事業主控が必要な場合はコピーを添付) ・支給決定通知書
その他	出産費用が出産育児一時金の額より少ない場合、その差額が従業員に支給される。申請書に医師・助産師の証明を受ける必要あり。

健康保険 被保険者／家族 出産育児一時金 支給申請書

被保険者記入用　1 2 ページ ─

加入者が出産し、医療機関等で出産育児一時金の直接支払制度を利用していない場合の出産費用の補助を受ける場合にご使用ください。
なお、記入方法および添付書類等については「記入の手引き」をご確認ください。

被保険者証	記号（左づめ）	番号（左づめ）	生年月日
	2 1 8 0 0 0 1 2 6		2 1.昭和 2.平成 3.令和　04 年 04 月 23 日

被保険者（申請者）情報

氏名（カタカナ）	キノシタ　カオリ

姓と名の間は1マス空けてご記入ください。濁点（"）、半濁点（°）は1字としてご記入ください。

氏名	木下　香

※申請者はお勤めされている（いた）被保険者です。
被保険者がお亡くなりになっている場合は、相続人よりご申請ください。

郵便番号（ハイフン除く）	1 3 5 0 0 2 1	電話番号（左づめハイフン除く）	0 3 3 6 5 5 X X X X

住所	東京 都道府県　江東区白河 ○-△-△-508

振込先指定口座

振込先指定口座は、上記申請者氏名と同じ名義の口座をご指定ください。

金融機関名称	○○	銀行 金庫 信組 農協 漁協 その他（　　　）	支店名	○○	本店 支店 代理店 出張所 本店営業部 本所 支所
預金種別	1 普通預金		口座番号（左づめ）	3 4 5 6 7 8 9	

ゆうちょ銀行の口座へお振り込みを希望される場合、支店名は3桁の漢数字を、口座番号は振込専用の口座番号（7桁）をご記入ください。
ゆうちょ銀行口座番号（記号・番号）ではお振込できません。

「被保険者・医師・市区町村長記入用」は2ページ目に続きます。》》》

被保険者証の記号番号が不明の場合は、被保険者のマイナンバーをご記入ください。
（記入した場合は、本人確認書類等の添付が必要となります。）　▶

社会保険労務士の提出代行者名記入欄	

─── 以下は、協会使用欄のため、記入しないでください。 ───

MN確認（被保険者）	1.記入有（添付あり） 2.記入有（添付なし） 3.記入無（添付あり）

添付書類	出産証明書	1.添付 2.不備	合意文書等	1.添付 2.不備
	戸籍（法定代理）	1.添付	口座証明	1.添付

産科医療補償制度	1.該当 2.非該当

受付日付印

6 2 1 1 1 1 0 1	その他	1.その他 （理由）	枚数	

🅥 全国健康保険協会
協会けんぽ

(2022.12)

1 / 2

健康保険 被保険者 家族 出産育児一時金 支給申請書

被保険者・医師・市区町村長記入用

被保険者氏名	木下　香

申請内容

①

①-1 出産者
`1`
1. 被保険者
2. 家族（被扶養者）

①-2 出産者の氏名（カタカナ）
`キ ノ シ タ` `カ オ リ`
姓と名の間は1マス空けてご記入ください。濁点（゛）、半濁点（゜）は1字としてご記入ください。

①-3 出産者の生年月日
`2`
1. 昭和
2. 平成
3. 令和
`0 4` 年 `0 4` 月 `2 3` 日

② 出産年月日
令和 `X X` 年 `0 3` 月 `0 9` 日

③ 出産した国
`1`
1. 日本
2. 海外 ➡ 国名（　　　　　　　　　　）

④
④-1 出生児数 `1` 人
④-2 死産児数 `☐` 人

⑤ 同一の出産について、健康保険組合や国民健康保険等から出産育児一時金を受給していますか。
`2`
1. 受給した
2. 受給していない

※医師・助産師、市区町村長のいずれかより証明を受けてください。

医師・助産師による証明

出産者の氏名（カタカナ）
`キ ノ シ タ` `カ オ リ`
姓と名の間は1マス空けてご記入ください。濁点（゛）、半濁点（゜）は1字としてご記入ください。

出産年月日
令和 `X X` 年 `0 3` 月 `0 9` 日

出生児数 `1` 人
死産児数 `☐` 人
死産の場合の妊娠日数 `☐☐☐` 日

上記のとおり相違ないことを証明します。

医療施設の所在地　東京都江東区森下〇-〇-〇
医療施設の名称　　森下産婦人科病院
医師・助産師の氏名　村山　春子
電話番号

令和 `X X` 年 `0 3` 月 `1 6` 日

市区町村長による証明（生産の場合のみ）

本籍
筆頭者氏名

母の氏名（カタカナ）
姓と名の間は1マス空けてご記入ください。濁点（゛）、半濁点（゜）は1字としてご記入ください。

母の氏名

出生児数 `☐` 人
出生年月日 令和 `☐☐` 年 `☐☐` 月 `☐☐` 日

出生児氏名

上記のとおり相違ないことを証明します。

市区町村長名　　㊞　令和 `☐☐` 年 `☐☐` 月 `☐☐` 日

`6 2 1 2 1 1 0 1`

出産・育児・介護休業

全国健康保険協会
協会けんぽ

従業員が出産のために会社を休んだとき

◆ポイント◆

●給付金を受けるには、医師等に子どもが生まれた証明を受ける必要があります。
●産休・育休中の給料の欠勤控除の計算式を明確に記載することが重要です。

　女性従業員が出産のために休んだ場合には、健康保険から「出産手当金」が支給されます。出産予定日と出産日が前後した場合は、給付金が支給される日数も変わってきますので注意が必要です。

◇ 産前産後の休業中に受けることができる給付金 ◇

　健康保険に加入している女性従業員が、出産のため休む（いわゆる「産前産後休暇（産休）」）場合、その休業期間の所得保障として「出産手当金」が支給されます。

　出産手当金は、出産日より前42日（双子など多胎妊娠の場合は、産前98日）から出産後56日までの間、支給開始日以前の継続した12か月の各月の標準報酬月額を平均した額を30で割った金額の3分の2に相当する金額が1日あたりの給付金として支給されます。

　支給開始日以前に、対象の従業員が健康保険に加入している期間が12か月未満の場合は、「支給開始日の属する月以前の継続した各月の標準報酬月額の平均額」もしくは「30万円（当該年度の前年度9月30日における協会けんぽの全被保険者の同月の標準報酬月額を平均した額）」を比べて少ない額を使用して計算します。

　なお、出産予定日と実際の出産日が前後することも多々あります。この場合は、産前休暇は出産予定日をもとに日数をカウントしますが、産後休暇は実際の出産日をもとに日数をカウントします。出産予定日よりも早く出産した場合は、産前休暇分の支給日数が少なくなり、出産予定日より遅く出産した場合は、産前休暇分の支給日数が多くなります。

◇ 出産手当金を受けることができる人 ◇

　出産手当金は次の要件を全て満たしている場合に支給されます。

a　健康保険に加入している女性従業員の出産であること。
　※被扶養者である従業員の家族の出産は対象外です。
b　妊娠4か月（85日）以上の出産であること。

※早産・死産（流産）・人工妊娠中絶も含まれます。
　c　出産のため仕事を休み、会社から給料の支払いがないこと。
　　※休んだ期間について給料の支払いがあった場合、その給料の日額が、出産手当金の日額より少ない
　　　場合は、出産手当金と給料の差額が支給されます。

◆ 出産手当金の支給申請 ◆

　出産手当金を受けるためには、「健康保険出産手当金支給申請書」に必要事項を記入し、協会けんぽまたは健康保険組合に提出します。添付書類は、原則不要です。

　協会けんぽの「健康保険出産手当金支給申請書」は、次の3つの記入欄から構成されています。

①被保険者（出産した従業員）の記入欄

　氏名や健康保険証の記号番号、振込先指定口座等、被保険者情報を記入します。被保険者証の記号番号を記入した場合、マイナンバーの記載は不要です。

②被保険者・医師・助産師の記入欄

　被保険者の記入欄には、出産予定日や出産日、出産のため仕事を休んだ期間とその日数等を記入します。医師・助産師の記入欄には、出産予定日や出産日と併せて、子どもが生まれたことに対する証明を、担当の医師・助産師から受けてください。

③事業主の記入欄

　出産した従業員が仕事を休んだ期間を含む給料計算期間の勤務状況および給料支払状況等を会社の担当者が記入します。また、給料の支給状況がわかるよう、給与を支払った日と金額も併せて記入します。

　なお、出産手当金は、産前分、産後分など複数回に分けて申請することも可能です。ただし、事業主の証明欄については、毎回証明が必要です。医師または助産師の証明欄については1回目の申請が出産後であり、証明によって出産日等が確認できたときは、2回目以降の申請書への証明は省略できます。

◆ 出生時育児休業給付金について ◆

　子の出生後8週間以内に4週間まで取得することができる産後パパ育休（出生時育児休業）制度が創設されました。

　産後パパ育休を取得した場合に、出生時育児休業給付金が受けられます。

出産・育児・介護休業

支給要件	・休業開始日前2年間に、賃金支払基礎日数が11日以上ある（ない場合は就業している時間数が80時間以上の）完全月が12か月以上あること。 ・休業期間中の就業日数が、最大10日（10日を超える場合は就業している時間数が80時間）[※]以下であること。 ※28日間の休業を取得した場合の日数・時間です。28日間より短い場合は、その日数に比例して短くなります。 （例）14日間の休業→最大5日（5日を超える場合は40時間） 　　　10日間の休業→最大4日（4日を超える場合は28時間） 　　　［10日×10/28＝3.57（端数切り上げ）→4日］
支給額	・休業開始時賃金日額（原則、育児休業開始前6か月間の賃金を180で除した額）×支給日数×67％[※] ※支給された日数は、育児休業給付の支給率67％の上限日数である180日に通算されます。
申請期間	出生日[※]の8週間後の翌日から起算して2か月後の月末まで 【例】出生日が令和4年10月15日→申請期限は令和5年2月末日まで ※出産予定日前に子が出生した場合は、当該出産予定日2回まで分割して取得できますが、1回にまとめての申請となります。

・支給要件となる被保険者期間の確認や、支給額を決定する休業開始時賃金月額の算定は、初めて育児休業を取得する時のみ行います。従って、2回目以降の育休の際は、これらの手続きは不要となります。
・産後パパ育休を取得している場合は、それを初めての休業とします。その後に取得する育児休業についても、これらの手続きは不要です。
・産後パパ育休と育児休業を続けて取得した場合など、短期間に複数の休業を取得した場合は、先に取得した休業から申請が必要となります。

◀手続きのポイント▶

項目	内容
申請書類	健康保険出産手当金支給申請書
添付書類	なし
提出先	協会けんぽまたは健康保険組合
提出期限	出産のため労務に服さなかった日ごとにその翌日から2年
交付物・控書類	・控書類なし（事業主控が必要な場合はコピーを添付） ・支給決定通知書
その他	申請書に医師・助産師の証明を受ける必要あり。また、従業員が支給開始日以前の12か月以内で事業所の変更があった場合は、以前の各事業所の名称、所在地及び各事業所に使用されていた期間がわかる書類を添付する。

◀手続きのポイント▶

項目	内容
申請書類	雇用保険被保険者休業開始時賃金月額証明書 育児休業給付受給資格確認票・出生時育児休業給付金支給申請書
添付書類	・賃金台帳のコピー ・出勤簿またはタイムカード等のコピー ・出産日や育児の事実を確認できる書類のコピー（母子健康手帳など）
提出先	ハローワーク
提出期限	出生日の8週間後の翌日から起算して2か月後の月末まで
交付物・ 控書類	雇用保険被保険者休業開始時賃金月額証明書(事業主控) 出生時育児休業給付金支給決定通知書(被保険者通知用)

出産・育児・
介護休業

◀ 書式 健康保険出産手当金支給申請書（被保険者記入用）▶

健康保険 出産手当金 支給申請書

1 2 3 ページ

被保険者記入用 手

被保険者本人が出産のため会社を休み、その間の給与の支払いを受けられない場合の生活保障として、給付金を受ける場合にご使用ください。なお、記入方法および添付書類等については「記入の手引き」をご確認ください。

被保険者（申請者）情報	被保険者証	記号（左づめ） 2 1 8 0 0 0 1 2 6　　番号（左づめ）　　　生年月日 2.平成 0 4 年 0 4 月 2 3 日

被保険者証　記号（左づめ）　2 1 8 0 0 0 1 2 6　番号（左づめ）　生年月日　1.昭和 2.平成 3.令和 [2] 0 4 年 0 4 月 2 3 日

氏名（カタカナ）　キノシタ　カオリ

姓と名の間は1マス空けてご記入ください。濁点（゛）、半濁点（゜）は1字としてご記入ください。

氏名　木下　香

※申請者はお勤めされている（いた）被保険者です。
被保険者がお亡くなりになっている場合は、相続人よりご申請ください。

郵便番号（ハイフン除く）　1 3 5 0 0 2 1　電話番号（左づめハイフン除く）　0 3 3 6 5 5 X X X X

住所　東京 ㊙道府県　江東区白河〇-△-△-508

振込先指定口座	振込先指定口座は、上記申請者氏名と同じ名義の口座をご指定ください。

金融機関名称　〇〇　銀行 金庫 信組 農協 漁協 その他（ 　）　支店名　〇〇　本店 支店 代理店 出張所 本店営業部 本所 支所

預金種別　1　普通預金　口座番号（左づめ）　3 4 5 6 7 8 9

ゆうちょ銀行の口座へお振り込みを希望される場合、支店名は3桁の漢数字を、口座番号は振込専用の口座番号（7桁）をご記入ください。
ゆうちょ銀行口座番号（記号・番号）ではお振込できません。

「被保険者・医師・助産師記入用」は2ページ目に続きます。》》》

被保険者証の記号番号が不明の場合は、被保険者のマイナンバーをご記入ください。
（記入した場合は、本人確認書類等の添付が必要となります。）　▶

社会保険労務士の
提出代行者名記入欄

──── 以下は、協会使用欄のため、記入しないでください。 ────

MN確認（被保険者）	□	1. 記入有（添付あり） 2. 記入有（添付なし） 3. 記入無（添付あり）				受付日付印
添付書類	職歴 □	1. 添付 2. 不備	戸籍（法定代理）□	1. 添付	口座証明 □ 1. 添付	
6 1 1 1 1 1 0 1			その他 □ 1. その他	（理由）	枚数 □□	(2022.12)

全国健康保険協会
協会けんぽ

1 / 3

204

健康保険 出産手当金 支給申請書

被保険者・医師・助産師記入用

被保険者氏名	木下　香

申請内容

① 申請期間（出産のために休んだ期間）　令和 XX 年 01 月 24 日 から 令和 XX 年 05 月 04 日

② 今回の出産手当金の申請は、出産前の申請ですか、出産後の申請ですか。　2　1. 出産前　2. 出産後

③
③-1 出産予定日　令和 XX 年 03 月 06 日
③-2 出産年月日（出産後の申請の場合はご記入ください。）　令和 XX 年 03 月 09 日

④
④-1 出生児数　1 人　　出産前の申請の場合、予定の出生児数をご記入ください。
④-2 死産児数　□ 人

⑤
⑤-1 申請期間（出産のために休んだ期間）に報酬を受けましたか。　2　1. はい　➡ ⑤-2へ　2. いいえ
⑤-2 受けた報酬は事業主証明欄に記入されている内容のとおりですか。　□　1. はい　2. いいえ　➡ 事業主へご確認のうえ、正しい証明を受けてください。

医師・助産師による証明

出産者氏名（カタカナ）	キ ノ シ タ 　 カ オ リ

姓と名の間は1マス空けてご記入ください。濁点（ ゛）、半濁点（ ゜）は1字としてご記入ください。

出産予定日　令和 XX 年 03 月 06 日

出産年月日　令和 XX 年 03 月 09 日

出生児数　1 人　　出産前の申請の場合、予定の出生児数をご記入ください。

死産児数　□ 人

死産の場合の妊娠日数　□□□ 日

上記のとおり相違ないことを証明します。　令和 XX 年 03 月 16 日

医療施設の所在地　東京都江東区森下○-○-○
医療施設の名称　森下産婦人科病院
医師・助産師の氏名　村山　春子
電話番号　０３（３９３９）××××

「事業主記入用」は3ページ目に続きます。》》》

出産・育児・介護休業

6 1 1 2 1 1 0 1

全国健康保険協会
協会けんぽ

健康保険 出産手当金 支給申請書

1 2 3 ページ

事業主記入用

労務に服さなかった期間を含む賃金計算期間の勤務状況および賃金支払い状況等をご記入ください。

被保険者氏名（カタカナ）	キノシタ　カオリ

姓と名の間は1マス空けてご記入ください。濁点（ﾞ）、半濁点（ﾟ）は1字としてご記入ください。

勤務状況 2ページの申請期間のうち、出勤した日付を【○】で囲んでください。「年」「月」については出勤の有無に関わらずご記入ください。

令和 XX 年 01 月
(1) (2) (3) (4) (5) (6) (7) (8) (9) (10) (11) (12) (13) (14) (15)
(16) (17) (18) (19) (20) (21) (22) (23) (24) (25) (26) (27) (28) (29) (30) (31)

令和 XX 年 02 月
(1) (2) (3) (4) (5) (6) (7) (8) (9) (10) (11) (12) (13) (14) (15)
(16) (17) (18) (19) (20) (21) (22) (23) (24) (25) (26) (27) (28) (29) (30) (31)

令和 XX 年 03 月
(1) (2) (3) (4) (5) (6) (7) (8) (9) (10) (11) (12) (13) (14) (15)
(16) (17) (18) (19) (20) (21) (22) (23) (24) (25) (26) (27) (28) (29) (30) (31)

令和 XX 年 04 月
(1) (2) (3) (4) (5) (6) (7) (8) (9) (10) (11) (12) (13) (14) (15)
(16) (17) (18) (19) (20) (21) (22) (23) (24) (25) (26) (27) (28) (29) (30) (31)

令和 XX 年 05 月
(1) (2) (3) (4) (5) (6) (7) (8) (9) (10) (11) (12) (13) (14) (15)
(16) (17) (18) (19) (20) (21) (22) (23) (24) (25) (26) (27) (28) (29) (30) (31)

2ページの申請期間のうち、出勤していない日（上記【○】で囲む以外の日）に対して、報酬等（※）を支給した日がある場合は、支給した日と金額をご記入ください。
※有給休暇の場合の賃金、出勤等の有無に関わらず支給している手当（扶養手当・住宅手当等）、食事・住居等現物支給しているもの等

事業主が証明するところ

例 令和 05 年 02 月 01 日 から 05 年 02 月 28 日 3 0 0 0 0 0 円

① 令和 年 月 日 から 年 月 日 円
② 令和 年 月 日 から 年 月 日 円
③ 令和 年 月 日 から 年 月 日 円
④ 令和 年 月 日 から 年 月 日 円
⑤ 令和 年 月 日 から 年 月 日 円
⑥ 令和 年 月 日 から 年 月 日 円
⑦ 令和 年 月 日 から 年 月 日 円
⑧ 令和 年 月 日 から 年 月 日 円
⑨ 令和 年 月 日 から 年 月 日 円
⑩ 令和 年 月 日 から 年 月 日 円

上記のとおり相違ないことを証明します。

事業所所在地　東京都千代田区○○2-8-13
事業所名称　株式会社　あかさたな
事業主氏名　代表取締役　田中　洋
電話番号　03（6777）××××

令和 XX 年 05 月 14 日

6 1 1 3 1 1 0 1

全国健康保険協会
協会けんぽ

従業員が育児休業に入ったとき

◆ポイント◆

●育児休業中の休業保障は雇用保険から支給されます。
●「雇用保険被保険者休業開始時賃金月額証明書」の記載方法に注意しましょう。

◇ 育児休業中に受けることができる給付金 ◇

　従業員の育児休業中の生活保障は雇用保険から「育児休業給付金」が支給されます。給付を受けるためには、従業員の賃金月額の証明書や受給資格の確認票などをハローワークに提出し、受給資格の確認を受ける必要があります。

◇ 育児休業給付金を受けることができる人 ◇

育児休業給付金は次の要件を全て満たしている場合に支給されます。
①雇用保険に加入している従業員が1歳またはパパママ育休プラス制度を利用する場合には1歳2か月（支給対象期間の延長に該当する場合は1歳6か月または2歳）未満の子を養育するために育児休業を取得した場合
②育児休業を開始した日から過去2年間で、給料の支払いの元になる日数（賃金支払基礎日数）が11日以上または就業した時間数が80時間以上ある完全月が通算して12か月以上あること
③育児休業を開始した日から1か月に区切った期間（支給対象期間）ごとに、育児休業を開始する前1か月あたりの給料の80％以上の給与が支払われていないこと
④育児休業期間中に、仕事をした日がある場合は、就業している日数が支給対象期間ごとに、10日以下または就業した時間数が80時間以下であること。

※「パパママ育休プラス制度（父母ともに育児休業をする場合の育児休業取得可能期間の延長）」を利用する場合は、育児休業の対象となる子の年齢が原則1歳2か月までとなります。ただし、育児休業が取得できる期間（女性の場合は生年月日以降の産後休業期間を含む）は1年間です。

◇ 育児休業給付金の初回の支給申請 ◇

　会社は、対象の従業員が育児休業を開始したときに、「雇用保険被保険者休業開始時賃金月額証明書」と「育児休業給付受給資格確認票・（初回）育児休業給付金支給申請書」を管轄のハローワークに提出します。その際、添付書類として、「賃金

出産・育児・
介護休業

台帳のコピー」「出勤簿またはタイムカード等のコピー」「出産日や育児の事実を確認できる書類のコピー（母子健康手帳など）」が必要です。提出期限は、育児休業開始日から4か月を経過する日の属する日の末日までです。

　手続きが完了すると、対象従業員の「育児休業給付受給資格確認通知書／育児休業給付金支給決定通知書」と、次回以降の「育児休業給付金支給申請書」が一体になった用紙が発行されます。

　なお、育児休業給付金は、育児休業を開始した日から1か月で区切った期間（「支給対象期間」）ごとに申請します。支給額は、育児休業開始時の賃金月額（「育児休業開始時賃金日額」のひと月（30日）分）の67％（育児休業の開始から6か月経過後は50％）です。

> 育児休業給付金＝育児休業開始時賃金月額×67％
> 　　　　　　（育児休業の開始から6か月経過後は50％）

※休業終了日を含む支給対象期間の支給日数はその期間の実際の日数で計算します。

　ただし、育児休業給付金の支給額には上限があり、毎年8月1日にその上限額が決定されます。算出された金額がこの上限額を超えていると、その分は支給されません。

　また、対象期間内に賃金が支払われた場合の支給金額は次のとおりとなります。

支払われた賃金が休業開始時賃金日額×支給日数の	支給額
13％（30％）以下の場合	休業開始時賃金日額×支給日数×67％（50％）
13％（30％）を超え80％未満の場合	休業開始時賃金日額×支給日数の80％相当額 と 賃金の差額を支給
80％以上の場合	支給されない

◆ 育児休業の分割取得について ◆

　育児・介護休業法の改正により、令和4（2022）年10月から、育児休業の2回までの分割ができるようになります。これに伴い、1歳未満の子の育児休業について、原則2回の育児休業まで、育児休業給付金を受けられるようになります。なお、3回目以降の育児休業については、原則給付金を受けられませんが、以下の例外事由に該当する場合は、この回数制限から除外され、育児休業給付金の受給が可能となります。

【回数制限の除外理由】

a　別の子の産前産後休業、育児休業、別の家族の介護休業が始まったことで育児休業が終了した場合で、新たな休業が対象の子または家族の死亡等で終了した場合

b　育児休業の申し出対象である1歳未満の子の養育を行う配偶者が、死亡、負傷等、婚姻の解消でその子と同居しないこととなった等の理由で、養育することができなくなった場合

c　育児休業の申し出対象である1歳未満の子が、負傷、疾病等により、2週間以上の期間にわたり世話を必要とする状態になった場合

d　育児休業の申し出対象である1歳未満の子について、保育所等での保育利用を希望し、申し込みを行っているが、当面その実施が行われない場合

　また、育児休業の延長事由があり、かつ、夫婦交代で育児休業を取得する場合（延長交代）は、1歳〜1歳6か月と1歳6か月〜2歳の各期間において夫婦それぞれ1回に限り育児休業給付金が受けられます。

◀回数の数え方の例▶

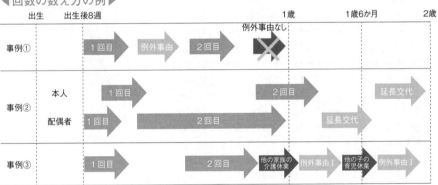

【参照】厚生労働省資料「令和4年10月から育児休業給付制度が変わります」パンフレットより抜粋

◀手続きのポイント▶

項目	内容
申請書類	雇用保険被保険者休業開始時賃金月額証明書 育児休業給付受給資格確認票・（初回）育児休業給付金支給申請書
添付書類	・賃金台帳のコピー ・出勤簿またはタイムカード等のコピー ・出産日や育児の事実を確認できる書類のコピー（母子健康手帳など）
提出先	ハローワーク
提出期限	育児休業開始日から4か月を経過する日の属する日の末日まで
交付物・控書類	雇用保険被保険者休業開始時賃金月額証明書（事業主控） 育児休業給付金支給申請書（次回分）、育児休業給付次回支給申請日指定通知書（事業主通知用）、育児休業給付金支給決定通知書（被保険者通知用）

出産・育児・介護休業

◀書式　雇用保険被保険者休業開始時賃金月額証明書▶

様式第10号の2の2

雇用保険被保険者　**休業開始時賃金月額証明書**（安定所提出用）（介護・育児）
　　　　　　　　　　所定労働時間短縮開始時賃金証明書

① 被保険者番号	5432-123450-0	③ フリガナ	キノシタ カオリ
② 事業所番号	1301-543210-5　休業等を開始した者の氏名		木下 香

④休業等を開始した日　令和　XX年 5月 5日

⑤ 名称　株式会社　あかさたな
事業所所在地　千代田区○○2-8-13
電話番号　03-6777-XXXX

⑥ 休業等を開始した者の住所又は居所　〒135-0021　江東区白河○-△-△-508　電話番号（03）3655-XXXX

この証明書の記載は、事実に相違ないことを証明します。
事業主　住所　千代田区○○2-8-13
　　　　氏名　株式会社　あかさたな　代表取締役　田中 洋

休業等を開始した日前の賃金支払状況等

⑦休業等を開始した日の前日に離職したとみなした場合の被保険者期間算定対象期間　休業等を開始した日 5月5日	⑧⑦の期間における賃金支払基礎日数	⑨賃金支払対象期間	⑩⑨の基礎日数	⑪賃金額 Ⓐ	Ⓑ	計	⑫備考
4月5日～ 休業等を開始した日の前日	0日	4月16日～ 休業等を開始した日の前日	0日				自XX年1月24日至XX年5月4日 101日間 産前産後休業のため賃金の支払なし
1月5日～2月4日	12日	1月16日～2月15日	6日	55,900			
12月5日～1月4日	31日	12月16日～1月15日	31日	233,578			
11月5日～12月4日	30日	11月16日～12月15日	30日	232,800			
10月5日～11月4日	31日	10月16日～11月15日	31日	234,600			
9月5日～10月4日	30日	9月16日～10月15日	30日	232,800			
8月5日～9月4日	31日	8月16日～9月15日	31日	234,600			
7月5日～8月4日	31日	7月16日～8月15日	31日	233,578			
6月5日～7月4日	30日	6月16日～7月15日	30日	233,578			
5月5日～6月4日	31日	5月16日～6月15日	31日	234,600			
4月5日～5月4日	30日	4月16日～5月15日	30日	232,800			
3月5日～4月4日	31日	3月16日～4月15日	31日	233,578			
3月5日～3月4日	28日	2月16日～3月15日	28日	232,800			
1月5日～2月4日	31日	1月16日～2月15日	31日	233,578			
月 日～ 月 日		月 日～ 月 日					
月 日～ 月 日		月 日～ 月 日					

⑬賃金に関する特記事項

休業開始時賃金月額証明書・所定労働時間短縮開始時賃金証明書　受理
令和　年　月　日（受理番号　　　号）

⑭（休業開始時における）雇用期間　イ 定めなし　ロ 定めあり→令和　年　月　日まで（休業開始日を含めて　年　カ月）

※公共職業安定所記載欄

雇用保険法施行規則第14条の　第1項の規定により被保険者の介護又は育児のための休業又は所定労働時間短縮開始時の賃金の届出を行う場合は、当該賃金の支払の状況を明らかにする書類を添えて提出してください。
本手続は電子申請による申請が可能です。
なお、本手続について、社会保険労務士が事業主の委託を受け、電子申請により本届書の提出に関する手続を行う場合には、当該社会保険労務士が当該事業主から委託を受けた者であることを証明するものを本届書の提出と併せて送信することをもって、当該事業主の電子署名に代えることができます。

社会保険労務士記載欄	作成年月日・提出代行者・事務代理者の表示	氏 名	電話番号		※	所長	次長	課長	係長	係

(49) 2021.4

210

■　様式第33号の7（第101条の30関係）（第1面）

育児休業給付受給資格確認票・（初回）育児休業給付金支給申請書
（必ず第2面の注意書きをよく読んでから記入してください。）

帳票種別　`1 3 4 0 5`

1. 被保険者番号　`5 4 3 2 - 1 2 3 4 5 0 - 0`

2. 資格取得年月日　`4 - X X X X X`（元号／年／月／日）

3. 被保険者氏名　`木下　香`　フリガナ（カタカナ）　`キノシタ　カオリ`

4. 事業所番号　`1 3 0 1 - 5 4 3 2 1 0 - 0`

5. 育児休業開始年月日　`5 - X X 0 5 0 5`（元号／年／月／日）

6. 出産年月日　`5 - X X 0 3 0 9`（元号／年／月／日）
（3 昭和　4 平成　5 令和）

7. 個人番号　`1 2 3 4 5 6 7 8 9 0 1 2`

8. 被保険者の住所（郵便番号）　`1 3 5 - 0 0 2 1`

9. 被保険者の住所（漢字）※市・区・郡及び町村名
`江 東 区 白 河`

被保険者の住所（漢字）※丁目・番地
`○ - △ - △ - 5 0 8`

被保険者の住所（漢字）※アパート、マンション名等

10. 被保険者の電話番号（項目ごとにそれぞれ左詰めで記入してください。）
市外局番 `0 3` ー 市内局番 `3 6 5 5` ー 番号 `X X X X`

11. 支給単位期間その1（初日）　`5 - X X 0 5 0 5`（末日）`- 0 6 0 4`　（4 平成　5 令和）

12. 就業日数　`0`

13. 就業時間　`0`

14. 支払われた賃金額　`0` 円

15. 支給単位期間その2（初日）　`5 - X X 0 6 0 5`（末日）`- 0 7 0 4`　（4 平成　5 令和）

16. 就業日数　`0`

17. 就業時間　`0`

18. 支払われた賃金額　`0` 円

19. 最終支給単位期間（初日）　（末日）　（4 平成　5 令和）

20. 就業日数

21. 就業時間

22. 支払われた賃金額　円

23. 職場復帰年月日

24. 支給対象となる期間の延長事由ー期間

1 保育所等における保育の実施を希望し、申込みを行っているが、当面その実施が行われないこと
2 常態として当該育児休業に係る子の養育を行っている配偶者であって、当該育児休業に係る子が1歳に達する日後の期間について常態として当該子の養育を行う予定であった者が死亡したこと等
3 の状況が生じたこと

25. 配偶者育休取得

26. 配偶者の被保険者番号

27. 期間雇用者の継続雇用の見込み

28. 休業事由の消滅年月日

※公共職業安定所記載欄

29. 延長等否認

30. 産後休業表示（賃金がある場合に「1」を記入）

31. 賃金月額（区分ー日額又は総額）（1 日額／2 総額）

32. 当初の育児休業開始年月日

33. 受給資格確認年月日　（4 平成　5 令和）

34. 受給資格否認（受給資格なしと判断した場合に「1」を記入）

35. 支給対象数（1 奇数月／2 偶数月）

36. 次回支給申請年月日

37. 支区分

38. 金融機関・店舗コード　口座番号

39. 未支給区分（空欄 未支給／1 未支給以外）

上記被保険者が育児休業を取得し、上記の記載事実に誤りがないことを証明します。
令和　`XX`年　7月　9日　事業主名　事業所名（所在地・電話番号）　株式会社　あかさたな　東京都千代田区○○2-8-13　03-6777-XXXX　代表取締役　田中　洋

雇用保険法施行規則第101条の30の規定により、上記のとおり育児休業給付金の支給を申請します。
令和　`XX`年　7月　9日　`飯田橋`公共職業安定所長　殿　申請者氏名　フリガナ　キノシタ　カオリ　木下　香

払渡希望金融機関指定届	40. 払渡希望金融機関	フリガナ	マルマルギンコウ	マルマル	金融機関コード	店舗コード
		名称	○○銀行	○○	総 `1 8 A B`	`0 1 8`
		銀行等（ゆうちょ銀行以外）	口座番号（普通）`3 4 5 6 7 8 9`			
		ゆうちょ銀行	記号番号（総合） ー			

備考　賃金締切日　毎月（15）日　賃金支払日　（当月）・翌月　25日　通勤手当　（有）毎月・3か月・6か月・　）・無

※処理欄　資格確認の可否　可　・　否　資格確認年月日　令和　　年　　月　　日　通知年月日　令和　　年　　月　　日

社会保険労務士記載欄　作成年月日・提出代行者・事務代理者の表示　氏名　電話番号

※　所長　次長　課長　係長　係　操作者

2021. 9

211

産前産後休業中・育児休業中の社会保険料の免除

◆ポイント◆

●産前休業・育児休業に入ったら、すぐに届出をすることが重要です。
●当初予定していた産前産後休業・育児休業よりも前に職場復帰をするときは「終了届」の提出が必要です。

　産前産後休業中および育児休業中は退職せずに継続して働いていることになるため、社会保険にも継続して加入していることになります。本来なら社会保険料を支払う必要がありますが、社会保険料が免除される制度があります。

◇ 産前産後休業に伴う社会保険料の免除手続き ◇

　産前産後休業期間について会社の申出により社会保険料を免除する制度があります。

　「健康保険・厚生年金保険産前産後休業取得者申出書」を日本年金機構または健康保険組合へ提出します。この届出により、産前産後休業開始月から終了予定日の翌日の月の前月（産前産後休業終了日が月の末日の場合は産前産後休業終了月）（例：産前産後休業終了予定日が7月25日の場合は6月。産前産後休業終了日が7月31日の場合は7月）までの期間の保険料が免除されます。産前産後休業期間中における給料が、有給・無給であるかは要件に該当しませんので、産前産後休業中に有給休暇を使用していても、保険料は免除されます。

　産前産後休業とは、出産日（出産日が出産予定日より後の場合は出産予定日）以前42日（双子など多胎妊娠の場合は、産前98日）から出産の日後56日目までの間で、妊娠または出産のために仕事をしなかった期間をいいます。なお、妊娠4か月（85日）以後の分娩を「出産」といい、早産、死産、流産、人工妊娠中絶も含まれます。

　この届出は、被保険者である従業員が産前産後休業を取得する度に、かつ、産前産後休業開始年月日から産前産後休業終了後1か月以内に、会社が手続きを行う必要があります。提出期間中に届出をしなかった場合は、保険料が免除されませんので、手続き漏れのないように注意が必要です。

　なお、この「健康保険・厚生年金保険産前産後休業取得者申出書」を出産予定日より前に提出した場合で、実際の出産日が予定日と異なった場合は、あらためて、「健康保険・厚生年金保険産前産後休業取得者変更届」の提出が必要です。休業期間の基準日である出産年月日がずれることで、開始・終了年月日が変更になるため、保険料の免除開始月にも注意しなければなりません。

◇ 育児休業に伴う社会保険料の免除手続き ◇

　育児休業中も、産前産後休業中と同様に、育児休業期間の保険料を免除する制度があります。「健康保険・厚生年金保険育児休業等取得者申出書」を日本年金機構または健康保険組合へ提出します。

　この届出により、育児休業開始月から終了予定月の前月（育児休業終了予定日が月の末日の場合は育児休業終了予定月）（例：育児休業終了予定日が9月25日の場合は8月。育児休業終了予定日が9月30日の場合は9月）までの期間の保険料が免除されます。

　この届出は、被保険者である従業員が以下のaの新規取得、bからdの延長申請を行う都度、かつ、育児休業等開始年月日から育児休業等終了後1か月以内に、会社が手続きを行う必要があります。提出期間中に届出をしなかった場合は、保険料が免除されませんので、手続き漏れのないように注意が必要です。

a　1歳に満たない子を養育するための育児休業 ※ 出生時育児休業含む(新規)
b　1歳から1歳6か月に達するまでの子を養育するための育児休業(延長)
c　1歳6か月から2歳に達するまでの子を養育するための育児休業(延長)
d　1歳(上記bの場合は1歳6か月、上記cの場合は2歳)から3歳に達するまでの子を養育するための育児休業の制度に準ずる措置による休業(延長)

◇ 育児休業期間中の保険料免除の要件 ◇

　育児休業期間中の保険料が免除されるためには、下記のいずれかの要件を満たす必要があります。
　①その月の末日が育児休業期間中である場合
　②令和4 (2022)年10月以降は①に加えて、同一月内で育児休業を取得(開始・終了)し、その日数が14日以上の場合
　ただし、賞与に係る保険料の免除は、連続して1か月を超える育児休業を取得した場合に限ります。

◇ 育児休業を取らずに職場復帰する場合 ◇

　労働基準法の母性保護規定により、産前6週間(双子など多胎妊娠の場合は14週間)、産後8週間は、対象の女性を働かせることはできません。しかしながら、産前については、本人が請求した場合に限り、就業させてはならない期間となっており、産後については、6週間は強制的に休みを取らせ、6週間を経過した後は本人が希望し、医師が支障ないと認めた業務であれば、働かせることが認められています。

そのため、対象の従業員が産前産後休業終了後、育児休業を取得せずに、「健康保険・厚生年金保険産前産後休業取得者申出書」の提出時に記載した「産前産後休業終了予定日」よりも前に職場復帰をする場合は、「健康保険・厚生年金保険産前産後休業取得者終了届」を日本年金機構または健康保険組合に提出します。

手続きが完了すると、「産前産後休業終了日」に記載した日の翌日が属する月（＝職場復帰した月）から社会保険料の徴収が再開されます。（例：産前産後休業終了日が6月25日の場合は6月。産前産後休業終了日が6月30日の場合は7月。）

なお、「健康保険・厚生年金保険産前産後休業取得者申出書」に記載した産前産後休業終了予定日に変更がない場合は、この手続きは不要です。「産前産後休業終了予定日」に記載した日＝「産前産後休業終了日」とみなされ、その日の翌日が属する月から自動的に社会保険料の徴収が再開されます。

◀手続きのポイント▶

項目	産前産後休業開始時・変更時	産前産後休業終了時	育児休業開始時・延長時	育児休業終了時
申請書類	健康保険・厚生年金保険産前産後休業取得者申出書／変更届	健康保険・厚生年金保険産前産後休業取得者終了届	健康保険・厚生年金保険育児休業等取得者申出書（新規・延長）	健康保険・厚生年金保険育児休業等取得者終了届
添付書類	なし	なし	なし	なし
提出先	日本年金機構または健康保険組合	日本年金機構または健康保険組合	日本年金機構または健康保険組合	日本年金機構または健康保険組合
提出期限	産前産後休業開始年月日から産前産後休業終了後1か月以内	すみやかに	育児休業等開始年月日から育児休業等終了後1か月以内	すみやかに
交付物・控書類	健康保険・厚生年金保険産前産後休業取得者確認通知書	健康保険・厚生年金保険産前産後休業取得者終了確認通知書	健康保険・厚生年金保険育児休業等取得者確認通知書	健康保険・厚生年金保険育児休業等取得者終了確認通知書

様式コード		
2	2	3

健康保険
厚生年金保険

**産前産後休業取得者
申出書／変更（終了）届**

令和 XX 年 3 月 16 日提出

提出者記入欄

事業所整理記号	┊ 0 3 － ア ニ ム ┊

届書記入の個人番号に誤りがないことを確認しました。

事業所所在地	〒 100－00XX 東京都千代田区○○2-8-13
事業所名称	株式会社　あかさたな
事業主氏名	代表取締役　田中　洋
電話番号	03（ 6777 ）XXXX

受付印

社会保険労務士記載欄
氏　名　等

新規申出の場合は共通記載欄に必要項目を記入してください。

変更・終了の場合は、共通記載欄に産前産後休業取得時に提出いただいた内容を記入のうえ、A.変更・B.終了の必要項目を記入してください。

共通記載欄（取得申出）

① 被保険者整理番号	6	② 個人番号[基礎年金番号]	1 2 3 4 5 6 7 8 9 9 9 9

③ 被保険者氏名	（フリガナ）キノ シタ （氏）木下	カオリ（名）香	④ 被保険者生年月日	5.昭和 7.平成 9.令和	年 月 日 0 4 0 4 2 3

⑤ 出産予定年月日	9.令和	年 月 日 X X 0 3 0 6	⑥ 出産種別	0. 単胎　1.多胎	※出産予定の子の人数が2人（双子）以上の場合に「1.多胎」を○で囲んでください。

⑦ 産前産後休業開始年月日	9.令和	年 月 日 X X 0 1 2 4	⑧ 産前産後休業終了予定年月日	9.令和	年 月 日 X X 0 5 0 1

⑨は、この申出書を出産後に提出する場合のみ記入してください。

⑨ 出産年月日	9.令和	年 月 日 X X 0 3 0 9	

⑩ 備考	

出産（予定）日・産前産後休業終了（予定）日を変更する場合　※必ず共通記載欄も記入してください。

A.変更

⑪ 変更後の出産（予定）年月日	9.令和	年 月 日 X X 0 3 0 9	⑫ 変更後の出産種別	0. 単胎　1.多胎	※出産予定の子の人数が2人（双子）以上の場合に「1.多胎」を○で囲んでください。

⑬ 産前産後休業開始年月日	9.令和	年 月 日 X X 0 1 2 4	⑭ 産前産後休業終了予定年月日	9.令和	年 月 日 X X 0 5 0 4

予定より早く産前産後休業を終了した場合　※必ず共通記載欄も記入してください。

B.終了

⑮ 産前産後休業終了年月日	9.令和	年 月 日

○ 産前産後休業期間とは、出産日以前42日（多胎妊娠の場合は98日）～出産日後56日の間に、
　妊娠または出産を理由として労務に従事しない期間のことです。

○ この申出書を出産予定日より前に提出された場合で、実際の出産日が予定日と異なった場合は、
　再度『産前産後休業取得者変更届』（当届書の「共通記載欄」と「A.変更」欄に記入）を提出してください。
　休業期間の基準日である出産年月日がずれることで、開始・終了年月日が変更になります。

○ 産前産後休業取得申出時に記載した終了予定年月日より早く産休を終了した場合は、
　『産前産後休業終了届』（当届書の「共通記載欄」と「B.終了」欄に記入）を提出してください。

○ 保険料が免除となるのは、産前産後休業開始日の属する月分から、終了日翌日の属する月の前月分までとなります。

出産・育児・介護休業

◀書式　健康保険・厚生年金保険育児休業等取得者申出書(新規・延長)／終了届▶

様式コード	
2 2 6 3	

健康保険
厚生年金保険

**育児休業等取得者
申出書(新規・延長)/終了届**

|||||||||||||||||||||

令和 XX 年 5 月 20日提出

提出者記入欄

	事業所整理記号	03-アニム
	事業所所在地	届書記入の個人番号に誤りがないことを確認しました。 〒 100-00XX 東京都千代田区○○2-8-13
	事業所名称	株式会社　あかさたな
	事業主氏名	代表取締役　田中　洋
	電話番号	03（6777）XXXX

受付印

社会保険労務士記載欄

氏　名　等

新規申出の場合は共通記載欄に必要項目を記入してください。

延長・終了の場合は、共通記載欄に育児休業取得時に提出いただいた内容を記入のうえ、A.延長　B.終了の必要項目を記入してください。

≪「⑩育児休業等開始年月日」と「⑪育児休業等終了(予定)年月日の翌日」が同月内の場合≫

・共通記載欄の⑫育児休業等取得日数欄と⑬就業予定日数欄を必ず記入してください。
・同月内に複数回の育児休業を取得した場合は、⑩育児休業等開始年月日欄に、初回の育児休業等開始年月日を、
　⑪育児休業等終了予定年月日欄に最終回の育児休業等終了予定年月日を記入のうえ、C.育休等取得内訳を記入してください。

共通記載欄（新規申出）

① 被保険者整理番号	6	② 個人番号[基礎年金番号]	1 2 3 4 5 6 7 8 9 9 9 9

③ 被保険者氏名	(フリガナ) キノ シタ (氏)　木下	(名) カオリ　香	④ 被保険者生年月日	5.昭和 7.平成 9.令和	年 04 月 04 日 23	⑤ 被保険者性別	1. 男 ②.女

⑥ 養育する子の氏名	(フリガナ) キノ シタ (氏)　木下	(名) モエ　萌	⑦ 養育する子の生年月日	9.令和	年 XX 月 03 日 09

⑧ 区分	①.実子 2.その他	※「2.その他」の場合は、⑨養育開始年月日も記入してください。 （実子以外）	⑨ 養育開始年月日(実子以外)	9.令和	年　月　日

⑩ 育児休業等開始年月日	9.令和	年 XX 月 05 日 05	⑪ 育児休業等終了(予定)年月日	9.令和	年 00 月 03 日 08

⑫ 育児休業等取得日数	⑬ 就業予定日数	⑭ パパママ育休プラス該当区分	□ 該当	⑮ 備考

A.延長　終了予定日を延長する場合　※必ず共通記載欄も記入してください。

⑯ 育児休業等終了(予定)年月日(変更後)	9.令和	年　月　日

※延長後の⑯育児休業等終了(予定)年月日の翌日が⑩育児休業等開始年月日と同月内の場合は、⑰変更後の育児休業等取得日数欄も記入してください。

⑰ 変更後の育児休業等取得日数

B.終了　予定より早く育児休業を終了した場合　※必ず共通記載欄も記入してください。

⑱ 育児休業等終了年月日	9.令和	年　月　日

※「⑱育児休業等終了年月日の翌日」が⑩育児休業等開始年月日と同月内の場合は、⑲変更後の育児休業等取得日数欄も記入してください。

⑲ 変更後の育児休業等取得日数

C.育休等取得内訳　「育児休業等開始年月日」と「育児休業等終了(予定)年月日の翌日」が同月内、かつ複数回育児休業等を取得する場合　※必ず共通記載欄も記入してください。

		⑳育児休業等開始年月日		㉑育児休業等終了(予定)年月日		㉒育児休業等取得日数	㉓就業予定日数
1	育児休業等開始年月日	9.令和	年　月　日	育児休業等終了(予定)年月日 9.令和	年　月　日	育児休業等取得日数	就業予定日数
2	育児休業等開始年月日	9.令和	年　月　日	育児休業等終了(予定)年月日 9.令和	年　月　日	育児休業等取得日数	就業予定日数
3	育児休業等開始年月日	9.令和	年　月　日	育児休業等終了(予定)年月日 9.令和	年　月　日	育児休業等取得日数	就業予定日数
4	育児休業等開始年月日	9.令和	年　月　日	育児休業等終了(予定)年月日 9.令和	年　月　日	育児休業等取得日数	就業予定日数

従業員が育児休業中に行う手続き

◆ポイント◆

●育児休業中に給付金を受けるには、原則２か月に１回支給申請を行う必要があります。
●支給決定後約１週間で、従業員の金融機関の口座に給付金が振り込まれます。

◇ 育児休業中に行う手続き ◇

　育児休業給付金の支給を受けるためには、「8－4 従業員が育児休業に入ったとき」の手続き後、原則２か月に１回支給申請を行う必要があります（従業員本人が希望する場合は、１か月に１回支給申請を行うことも可能です）。

　なお、女性従業員の場合、育児をしている子についての産後休業８週間については、育児休業期間には含まれませんので育児休業給付金は支給されません。

◇ 育児休業給付金の２回目以降の支給申請 ◇

　２回目以降の支給申請については、ハローワークから指定された期間に行う必要があります。申請期限は、ハローワークから交付される「育児休業給付次回支給申請日指定通知書」に印字されているので、期限が過ぎないように、毎回確認が必要です。

　支給申請日が到来したら、「育児休業給付金支給申請書」に、支給対象期間の就業日数や支払われた賃金額等を記載し、育児休業をしている対象の従業員が記名のうえ、賃金台帳や出勤簿など、支給申請書の記載内容を確認できる書類を添付して、管轄のハローワークに提出します。ただし、育児休業中に賃金の支払いがなく、賃金台帳や出勤簿を作成していない場合には、その旨を申し出ることで提出を省略することができます。

　手続きが完了すると、対象従業員の「育児休業給付金支給決定通知書」と、次回以降の「育児休業給付金支給申請書」が発行されます。「育児休業給付金決定通知書」は、従業員本人に渡します。申請内容に問題がなければ、支給決定後約１週間で、従業員が指定した金融機関の口座に給付金が振り込まれます。

出産・育児・介護休業

◇ 育児休業を延長した場合の手続き ◇

　保育所等における保育の実施が行われない（いわゆる「待機児童に該当」）などの理由により、子どもが1歳になっても職場復帰ができず、育児休業を継続する場合は、その子が1歳6か月に達する日前までの期間、さらに2歳に達する日前までの期間、育児休業給付金の支給が延長されます。

　ここでいう「保育所等」とは、児童福祉法第39条に規定する保育所等をいい、いわゆる「無認可保育施設」は対象外です。また、1歳に達する日または1歳6か月に達する日の翌日には保育所等に入所できるように、あらかじめ申込みを行っていない場合は、育児休業給付金の受給延長には該当しません。入所の申込み時期、入所できる日については、市区町村によって異なりますので、事前に確認するよう、対象の従業員に伝えることが必要です。

　支給対象期間の延長を受けるためには、子が1歳に達する日後の延長、1歳6か月に達する日後の延長について、それぞれ手続きが必要です。

　「育児休業給付金支給申請書」に必要事項を記載し、市区町村が発行した保育所等の入所保留の通知書など、当面保育所等において保育が行われない事実を証明することができる書類等、延長事由に該当することを確認することができる書類を添えて提出します。

◀手続きのポイント▶

項目	内容
申請書類	育児休業給付金支給申請書
添付書類	・賃金台帳のコピー ・出勤簿またはタイムカードのコピー ※ただし、休業期間中に賃金の支払いがなく、上記書類を作成していない場合は省略可能
提出先	ハローワーク
提出期限	ハローワークが指定する支給申請期間の支給申請日
交付物・控書類	育児休業給付金支給申請書（次回分）、育児休業給付次回支給申請日指定通知書（事業主通知用）、育児休業給付金支給決定通知書（被保険者通知用）

◀書式　育児休業給付金支給申請書▶

様式第33号の8（第101条の30関係）（第1面）

育児休業給付金支給申請書

（必ず第2面の注意書きをよく読んでから記入してください。）

帳票種別 `1 2 4 0 6`

支給申請期間

氏名 キノシタカオリ

1. 被保険者番号 `5432-123450-0`

2. 資格取得年月日 `4-XXXX`

3. 育児休業開始年月日 `5-XXX0505`

支給単位期間その1（初日～末日） `XX0705-XX0874`

支給単位期間その2（初日～末日） `XX0805-XX0904`

事業所番号 `1301-543210-5`

管轄区分 `1`

支給終了年月日 `XX0308`

出産年月日 `XX0309`

前回処理年月日

4. 被保険者氏名 木下香

フリガナ（カタカナ） キノシタ　カオリ

5. 支給単位期間その1（初日） `5 - XX 0705` **（末日）** `- 0804` （4 平成 / 5 令和）
6. 就業日数 `0`　**7. 就業時間** `0` 時間　**8. 支払われた賃金額** `0` 円

9. 支給単位期間その2（初日） `5 - XX 0805` **（末日）** `- 0904` （4 平成 / 5 令和）
10. 就業日数 `0`　**11. 就業時間** `0` 時間　**12. 支払われた賃金額** `0` 円

13. 最終支給単位期間（初日） `-` **（末日）** `-` （4 平成 / 5 令和）
14. 就業日数　**15. 就業時間** 時間　**16. 支払われた賃金額** 円

17. 職場復帰年月日 元号　年　月　日

18. 支給対象となる期間の延長事由－期間 事由　元号　年　月　日

19. 育休取得 配偶者　**20. 配偶者の被保険者番号** `- -`

※ 21. 次回支給申請年月日 元号　年　月　日

22. 否認 延長等

23. 未支給区分 空欄 未支給以外 / 1 未支給

上記の記載事実に誤りがないことを証明します。
令和XX年 9 月 18 日

事業所（所在地・電話番号）　株式会社あかさたな　代表取締役
事業主氏名　千代田区○○2-8-13　田中 洋
03-6777-0000

雇用保険法施行規則第101条の30の規定により、上記のとおり育児休業給付金の支給を申請します。
令和XX年 9 月 18 日

飯田橋 公共職業安定所長 殿　申請者氏名　木下香

育児休業給付次回支給申請日指定通知書（事業主通知用）

個人番号登録あり

事業所番号	1301-543210-5	事業所名略称	株式会社あかさたな	資格取得年月日	5-XXXXXX
被保険者番号	5332-1234560-0	氏名	キノシタ　カオリ		
次回支給単位期間その1	XX0705-XX0804	次回支給申請期間	次回支給申請年月日	休業開始年月日	
次回支給単位期間その2	XX0805-XX0904	XX0905-XX1130		5-XX0505	

管轄公共職業安定所
の所在地・電話番号
交付 令和　年　月　日

公共職業安定所長 印

2021. 9

出産・育児・介護休業

219

8−7 従業員が育児休業を終了するとき

◆ポイント◆

●育児休業の終了予定日よりも前に職場復帰をする場合に届出が必要です。
●育児休業期間の終了後、社会保険料の支払いが再開します。

◇ 社会保険料の支払再開 ◇

　育児休業中の社会保険料の免除を受けている従業員が、「健康保険・厚生年金保険育児休業等取得者申出書」の提出時に記載した「育児休業等終了予定日」よりも前に職場復帰をする場合は、会社が「健康保険・厚生年金保険育児休業等取得者終了届」を、日本年金機構または健康保険組合に提出します。

　手続きが完了すると、「育児休業等終了日」に記載した日の翌日が属する月（＝職場復帰した月）から社会保険料の徴収が再開されます（例：育児休業終了日が8月25日の場合は8月。育児休業終了日が8月31日の場合は9月。）。

　なお、「健康保険・厚生年金保険育児休業等取得者申出書」に記載した育児休業等終了予定日に変更がない場合は、この手続きは不要です。「育児休業等終了予定日」に記載した日＝「育児休業等終了日」とみなされ、その日の翌日が属する月から自動的に社会保険料の徴収が再開されます。

◇ 育児休業給付金の最終申請時 ◇

　育児休業給付金の支給を受けている従業員が「育児休業給付金支給決定通知書」に記載されている「支給期間」の末日よりも前に育児休業を終了することとなった場合、「育児休業給付金支給申請書」の「職場復帰年月日」欄に職場復帰日を記載します。

　手続きが完了すると、対象従業員の「育児休業給付金支給決定通知書」が発行され、職場復帰日の前日までの給付金が振り込まれます。

　なお、「育児休業給付金支給決定通知書」に記載されている「支給期間」の末日（延長手続き後の期間も含む）以降も引き続き育児休業を継続する場合は、職場復帰日の記載は不要です。支給期間末日までの給付金の支給が最終となります。

◀手続きのポイント▶

項目	内容
申請書類	健康保険・厚生年金保険育児休業等取得者終了届 ※ただし当初からの育児休業終了日に変更がない場合は提出不要
添付書類	なし
提出先	日本年金機構または健康保険組合
提出期限	すみやかに
交付物・ 控書類	健康保険・厚生年金保険育児休業等取得者終了確認通知書

出産・育児・
介護休業

8-8 子育てのため、給料に変更があったとき

◆ポイント◆

●職場復帰後、標準報酬月額が1等級でも変更があった場合は、標準報酬月額の改定ができます。
●子育て期間中の給与額の低下が将来の年金額に影響しないようにするための措置があります。

◇ 社会保険料減額の手続きの時期と方法 ◇

　従業員が産前産後休業または育児休業を終了後、職場復帰した際に、子育てのため労働時間を短縮しての勤務や所定外労働をしないことなどで、給料の額が休業前と比べて下がることがあります。こうした場合、固定的賃金の変更がないために標準報酬月額の随時改定による見直しが行えず、次の定時改定が行われるまでの間、実際の給料額に見合わない割高な社会保険料を支払い続けることとなります。

　こうしたケースの救済措置として、被保険者である従業員本人の申し出により、以下の要件を満たす場合には、固定的賃金の変動がなくとも標準報酬月額が改定され、社会保険料が変更される「産前産後休業終了時改定」または「育児休業等終了時改定」があります。

a　休業開始前の標準報酬月額と改定後の標準報酬月額に1等級以上の差が生じること。
b　休業終了日の翌日の属する月以後3か月のうち、報酬の支払の基礎となる日数が17日以上の月が少なくとも1か月あること。

　以上の要件を満たす場合、産前産後休業終了日または育児休業等終了日の翌日の属する月以後3か月間の給与の平均額に基づき、4か月目（例：休業終了日の翌日の属する月が4月である場合は7月）の標準報酬月額から改定されます。ただし、報酬の支払い基礎日数に17日未満の月がある場合は、その月は除いて算出します。

　なお、産前産後休業終了日の翌日に引き続いて育児休業等を開始した場合には、「産前産後休業終了時報酬月額変更届」は提出できません。また、育児休業終了日の翌日に引き続いて産前産後休業を開始した場合は「育児休業等終了時報酬月額変更届」は提出できません。

◆ 将来受給できる年金額への影響 ◆

子育てのため労働時間を短縮しての勤務や所定外労働をしないことなどで給与が下がった場合、養育期間中の標準報酬月額の低下が将来の年金額に影響しないようにするための措置があります。

被保険者である従業員の申し出に基づき、子どもが生まれる前の標準報酬月額を養育期間中の標準報酬月額とみなして年金額を計算する仕組みです。

養育期間中の各月の標準報酬月額が、養育開始月の前月の標準報酬月額を下回る、3歳未満の子を養育する被保険者である従業員から申し出があった場合、会社は「厚生年金保険養育期間標準報酬月額特例申出書」を日本年金機構に提出します。

申出が必要となるタイミングは以下のとおりです。

a	申し出に係る子を、実際に養育し始めたとき
b	3歳未満の子を養育する人が、新たに被保険者資格を取得したとき（転職したとき）
c	3歳未満の子を養育する被保険者が、育児休業等を終了したとき
d	3歳未満の子を養育する被保険者が、産前産後休業を終了したとき
e	申出に係る子以外の子について適用されていた養育特例措置が終了したとき

みなし措置の特例が受けられる対象期間は、3歳未満の子の養育開始月から養育する子の3歳の誕生日の月の前月までです。なお、申出日よりも前の期間については、申出日の前月までの2年間についてみなし措置が認められます。

なお、養親となる者が養子となる者を監護することとされた期間に監護されている子（＝監護期間中の子）、里親である労働者に委託されている児童（＝要保護児童）以下の子についても「養育する子」の対象となります。

みなし措置の特例を受けるためには、「厚生年金保険養育期間標準報酬月額特例申出書」提出の際に以下の書類を添付します。

a	戸籍謄(抄)本または戸籍記載事項証明書の原本 ※申出者と子の身分関係および子の生年月日を証明するため
b	住民票の写しの原本(提出日から遡って90日以内に発行されたもの) ※申出者と子が養育特例の要件に該当した日に同居していることを確認するため ※令和3（2021）年10月より、従業員および養育する子供のマイナンバーの両方が申出書に記載されている場合は、「b．住民票の写しの原本」の添付は不要

なお、監護期間中の子については、aの代わりに家庭裁判所が発行した事件係属証明書と住民票、要保護児童については、a、bの代わりに児童相談所が発行した措置通知書が必要です。

出産・育児・介護休業

◀手続きのポイント▶

項目	産前産後休業終了時	育児休業等終了時	
申請書類	健康保険・厚生年金保険産前産後休業終了時報酬月額変更届	健康保険・厚生年金保険育児休業等終了時報酬月額変更届	厚生年金保険養育期間標準報酬月額特例申出書
添付書類	なし	なし	・戸籍謄(抄)本または戸籍記載事項証明書の原本 ・住民票の写しの原本（提出日から遡って90日以内に発行されたもの） ※ただし、従業員および養育する子供のマイナンバーの記載がある場合は添付不要
提出先	日本年金機構または健康保険組合	日本年金機構または健康保険組合	日本年金機構
提出期限	すみやかに	すみやかに	被保険者から申出を受けたときにすみやかに
交付物・控書類	健康保険・厚生年金保険産前産後休業終了時報酬月額改定通知書	健康保険・厚生年金保険育児休業等終了時報酬月額改定通知書	厚生年金保険養育期間標準報酬月額特例申出受理通知書

◀書式　健康保険・厚生年金保険産前産後休業終了時報酬月額変更届▶

様式コード
2 2 2 3

健康保険
厚生年金保険　**産前産後休業終了時報酬月額変更届**
厚生年金保険　70歳以上被用者産前産後休業終了時報酬月額相当額変更届

令和 ○○ 年　　月　　日提出

提出者記入欄

事業所整理記号	**03－アニム**

届書記入の個人番号に誤りがないことを確認しました。

事業所所在地　〒 100-00XX
東京都千代田区○○2-8-13

事業所名称　**株式会社　あかさたな**

事業主氏名　**代表取締役　田中　洋**

電話番号　**03（6777）XXXX**

受付印

社会保険労務士記載欄
氏名等

申出者欄

☑ 産前産後休業を終了した際の標準報酬月額の改定について申出します。
（健康保険法施行規則第38条の3及び厚生年金保険法施行規則第10条の2）
※必ず□に✔を付してください。

令和 ○○ 年 △ 月 X 日

日本年金機構理事長あて

住所　**東京都練馬区○○町 1-2-3**

氏名　**田中　洋子**　　　　　電話　**03（5937）XXXX**

被保険者欄

① 被保険者整理番号	**11**	② 個人番号[基礎年金番号]	**9999XXXXXXXX**		

③ 被保険者氏名	（フリガナ）タナカ ヨウコ (氏)**田中** (名)**洋子**	④ 被保険者生年月日	5.昭和 7.平成 9.令和	**600625**

子の氏名	（フリガナ）タナカ コウジ (氏)**田中** (名)**幸治**	⑥ 子の生年月日	9.令和 **XX0201**	⑦ 産前産後休業終了年月日 9.令和 **XX0329**

⑧ 給与支給月及び報酬月額

支給月	給与計算の基礎日数	⑦ 通貨	④ 現物	⑦ 合計		
3月	**0**日	**0**円	**0**円	**0**円	⑨総計	**252000**円
4月	**11**日	**132,000**円	**0**円	**132,000**円	⑩平均額	**252000**円
5月	**30**日	**252,000**円	**0**円	**252,000**円	⑪修正平均額	

⑫ 従前標準報酬月額	健 **280**千円 厚 **280**千円	⑬ 昇給降給	1. 昇給　2. 降給	⑭ 遡及支払額 週及支払額 月 円	改定年月	○○年 **6**月

⑯ 給与締切日・支払日	締切日 **15**日 支払日 **25**日 翌月	⑰ 備考	該当する項目を○で囲んでください。 1. 70歳以上被用者　2. 二以上勤務被保険者　3. 短時間労働者　4. パート　5. その他（　　） （特定適用事業所等）

⑱ 月変該当の確認	産前産後休業を終了した日の翌日に引き続いて、育児休業等を開始していませんか。 該当する場合はチェックしてください ☑ 開始していません	※ 産前産後休業を終了した日の翌日に引き続いて育児休業等を開始した場合は、この申出はできません。

○ 産前産後休業終了時報酬月額変更届とは
　産前産後休業終了日に当該産前産後休業に係る子を養育している被保険者は、一定の条件を満たす場合、随時改定に該当しなくても、産前産後休業終了日の翌日が属する月以後3カ月間に受けた報酬の平均額に基づき、4カ月目の標準報酬月額から改定することができます。
　ただし、産前産後休業を終了した日の翌日に引き続いて育児休業等を開始した場合は、この申出はできません。

○ 変更後の標準報酬月額が以前より下がった方へ
　3歳未満の子を養育する被保険者または被保険者であった者で、養育期間中の各月の標準報酬月額が、養育開始月の前月の標準報酬月額を下回る場合、「養育期間の従前標準報酬月額みなし措置」という制度をご利用いただけます。この申出をいただきますと、将来の年金額の計算時には養育期間以前の従前標準報酬月額を用いることができますので、『産前産後休業終了時報酬月額変更届』とあわせて、『養育期間標準報酬月額特例申出書』を提出してください。

出産・育児・介護休業

225

◀書式　健康保険・厚生年金保険育児休業等終了時報酬月額変更届▶

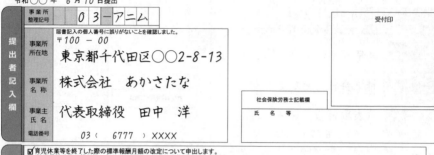

様式コード
2 2 2

健康保険
厚生年金保険　**育児休業等終了時報酬月額変更届**
厚生年金保険　70歳以上被用者育児休業等終了時報酬月額相当額変更届

令和○○ 年　6 月 10 日提出

提出者記入欄

事業所整理記号	0 3 - ア ニ ム

届書記入の個人番号に誤りがないことを確認しました。

事業所所在地	〒100 - 00 東京都千代田区○○2-8-13
事業所名称	株式会社　あかさたな
事業主氏名	代表取締役　田中　洋
電話番号	03（ 6777 ）XXXX

受付印

社会保険労務士記載欄　　氏　名　等

☑育児休業等を終了した際の標準報酬月額の改定について申出します。
（健康保険法施行規則第38条の2及び厚生年金保険法施行規則第10条）
※必ず口に✓を付してください。

令和○○ 年　6 月 5 日

申出者欄

日本年金機構理事長あて

住所　東京都江東区白河○-△-△-508
氏名　木下　香　　　　　　　　電話　03（ 3655 ）XXXX

被保険者欄

① 被保険者整理番号	6	② 個人番号[基礎年金番号]	1 2 3 4 5 6 7 8 9 9 9 9		
③ 被保険者氏名	(フリガナ)キノシタ (氏) 木下　(名) カオリ 香	④ 被保険者生年月日	5.昭和 7.平成 9.令和	年 月 日 04 04 23	
⑤ 子の氏名	(フリガナ)キノシタ (氏) 木下　(名) モエ 萌	⑥ 子の生年月日	7.平成 9.令和	年 月 日 XX 03 09	⑦育児休業等終了年月日 9.令和 年 月 日 00 03 08

⑧	支給月	給与計算の基礎日数	⑦ 通貨	⑦ 現物	⑦ 合計	⑨		
給与支給月及び報酬月額	3 月	5 日	46,650円	0 円	46,650円	総計	3 2 6 8 0 0 円	
	4 月	31 日	163,400円	0 円	163,400円	平均額	1 6 3 4 0 0 円	
	5 月	30 日	163,400円	0 円	163,400円	修正平均額	円	

⑫ 従前標準報酬月額	健 厚 240 千円 240 千円	⑬ 昇給降給	1. 昇給　2. 降給　月	⑭ 週及支払額	遡及支払額 月 円	⑮ 改定年月	○○ 年　6 月	

⑯ 給与締切日・支払日	締切日 15 日 支払日 翌月25日	⑰ 備考	該当する項目を○で囲んでください。 1. 70歳以上被用者　2. 二以上勤務被保険者　3. 短時間労働者（特定適用事業所等）　4. パート　5. その他（　）					

⑱ 月変該当の確認	育児休業等を終了した日の翌日に引き続いて、産前産後休業を開始していませんか。	該当する場合はチェックしてください ☑ 開始していません	※ 育児休業等を終了した日の翌日に引き続いて産前産後休業を開始した場合は、この申出はできません。

○ **育児休業等終了時報酬月額変更届とは**
「育児休業、介護休業等育児又は家族介護を行う労働者の福祉に関する法律」による満3歳未満の子を養育するための育児休業等（育児休業及び育児休業に準ずる休業）終了日に3歳未満の子を養育している被保険者は、一定の条件を満たす場合、随時改定に該当しなくても、育児休業終了日の翌日が属する月以後3カ月間に受けた報酬の平均額に基づき、4カ月目の標準報酬月額から改定することができます。
ただし、育児休業等を終了した日の翌日に引き続いて産前産後休業を開始した場合は、この申出はできません。

○ **変更後の標準報酬月額が以前より下がった方へ**
3歳未満の子を養育する被保険者または被保険者であった者で、養育期間中の各月の標準報酬月額が、養育開始月の前月の標準報酬月額を下回る場合、「養育期間の従前標準報酬月額みなし措置」という制度をご利用いただけます。この申出をいただきますと、将来の年金の計算時には養育期間以前の従前標準報酬月額を用いることができますので、『育児休業等終了時報酬月額変更届』とあわせて、『養育期間標準報酬月額特例申出書』を提出してください。

◀書式　厚生年金保険養育期間標準報酬月額特例申出書・終了届▶

厚生年金保険　**養育期間標準報酬月額特例**
申出書・終了届

様式コード			
2	2	6	7

令和○○年 3 月 25 日提出

提出者記入欄

事業所整理記号	0 3 － ア ニ ム

届書記入の個人番号に誤りがないことを確認しました。

事業所所在地　〒100 － 00XX
東京都千代田区○○2-8-13

事業所名称　株式会社　あかさたな

事業主氏名　代表取締役　田中　洋

電話番号　03（ 6777 ）XXXX

受付印

社会保険労務士記載欄
氏名等

申出者欄

この申出書(届書)記載のとおり申出(届出)します。　日本年金機構理事長あて　　令和○○年 3 月 25 日

住所　東京都江東区白河○-△-△-508

氏名　木下　香

電話　03（ 3655 ）XXXX

共通記載欄に加え、申出の場合は A.申出 、終了の場合は B.終了 の欄にも必要事項を記入してください。
また、上部の申出者欄に記入してください。

共通記載欄

① 被保険者整理番号	6	② 被保険者個人番号[基礎年金番号]	1 2 3 4 5 6 7 8 9 9 9 9

③ 被保険者氏名	(フリガナ) キノシタ (氏) 木下	(名) カオリ 香	④ 被保険者生年月日	5.昭和 7.平成 9.令和	0 4 0 4 2 3	⑤ 被保険者性別	1. 男 ②.女

⑥ 養育する子の氏名	(フリガナ) キノシタ (氏) 木下	(名) モエ 萌	⑦ 養育する子の生年月日	7.平成 9.令和	X X 0 3 0 9		

⑧ 養育する子の個人番号	

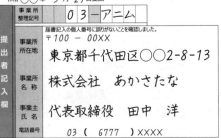

出産・育児・介護休業

養育特例の申出をする場合

A.申出

⑨ 過去の申出の確認	⑥の子について、初めて養育特例の申出をしますか。	①.はい　2.いいえ	事業所の確認	現在勤務されている事業所と、⑥の子を養育し始めた月の前月に勤務していた事業所は同じ事業所ですか。	①.はい　2.いいえ

⑪ 該当月に勤務していた事業所	⑨で 2.いいえ を選択された方 ⑥の子を養育し始めた月の前月に勤務していた事業所を記入してください。(勤務していなかった場合は、過去1年以内の直近の月に勤務していた事業所を記入してください)	事業所所在地 (船舶所有者住所)	〒	
		事業所名称 (船舶所有者氏名)		

⑫ 養育開始年月日	7.平成 9.令和	X X 0 3 0 9	養育特例開始年月日	7.平成 9.令和	○ ○ 0 3 0 9	⑭ 備考

養育特例を終了する場合

B.終了

⑮ 養育特例開始年月日	7.平成 9.令和		養育特例終了年月日	7.平成 9.令和		⑰ 備考

○　養育期間標準報酬月額特例とは

次世代育成支援の拡充を目的とし、子どもが3歳までの間、勤務時間短縮等の措置を受けて働き、それに伴って標準報酬月額が低下した場合、子どもが生まれる前の標準報酬月額に基づく年金額を受け取ることができる仕組みが設けられたものです。被保険者の申出に基づき、より高い従前の標準報酬月額をその期間の標準報酬月額とみなして年金額を計算します。養育期間中の報酬の低下が将来の年金額に影響しないようにするための措置です。従前の標準報酬月額とは養育開始月の前月の標準報酬月額を指しますが、養育開始月の前月に厚生年金保険の被保険者でない場合には、その月前1年以内の直近の被保険者であった月の標準報酬月額が従前の報酬月額とみなされます。その月前1年以内に被保険者期間がない場合は、みなし措置は受けられません。

（対象期間 ： 3歳未満の子の養育開始月 ～ 養育する子の3歳誕生日のある月の前月）

※ 特例措置の申出は、勤務している事業所ごとに提出してください。
また、既に退職している場合は事業所の確認を受けずに、本人から直接提出することができます。

227

従業員が介護休業をしたとき

◆ポイント◆

●介護休業中の休業補償は雇用保険から支給されます。
●給付の対象となる介護休業や家族の範囲に注意が必要です。

　従業員が介護休業を取得したときの休業補償として、「介護休業給付金」が支給されます。対象となる介護休業に要件がありますので、確認のうえ、支給手続きを行います。

◇ 介護休業中に受けることができる給付金 ◇

　「育児介護休業法」では、要介護状態にある対象家族を介護する従業員から会社に申出があった場合は、男女を問わずに介護休業を取らせることを義務付けています。

　介護休業給付金は、雇用保険に加入している従業員が、介護を必要とする家族を介護するための休業に対し、支給対象となる同じ家族について93日を限度に3回までに限り支給されます。

◇ 介護休業給付の対象となる介護休業 ◇

　介護休業給付の対象となる介護休業とは、次のとおりです。

①雇用保険に加入している従業員が、負傷、疾病又は身体上もしくは精神上の障害により、2週間以上にわたり常時介護(歩行、排泄、食事等の日常生活に必要な便宜を供与すること)を必要とする状態にある家族(配偶者(内縁関係含む)、父母(養父母を含む)、子(養子を含む)、配偶者の父母(養父母を含む)、および祖父母、兄弟姉妹、孫)を介護するための休業。

②雇用保険に加入している従業員が、休業期間の初日および末日とする日を明らかにして会社に休業の申し出を行い、従業員が家族を介護するために実際に取得した休業。

◇ 介護休業給付金を受けることができる人

　対象の従業員が次の要件を満たしている場合に、介護休業給付金が支給されます。

①雇用保険に加入している従業員が、家族を介護するために、介護休業を取得し

たこと

②介護休業を開始した日前の2年間に、賃金支払基礎日数が11日以上または就業した時間数が80時間以上ある完全月が12か月以上あること

③介護休業期間中の各1か月（支給対象期間）ごとに、介護休業を開始する前1か月あたりの給与の80%以上の給料が支払われていないこと

④介護休業期間中に、仕事をした日がある場合は、就業している日数が支給対象期間ごとに、10日以下であること。

◆ 介護休業給付金の支給申請 ◆

　会社は、対象の従業員が介護休業を開始したときに、「雇用保険被保険者休業開始時賃金月額証明書」と「介護休業給付金支給申請書」を管轄のハローワークに提出します。その際に添付が必要な書類は以下のとおりです。

①「雇用保険被保険者休業開始時賃金月額証明書」の記載内容の確認ができる書類（賃金台帳や出勤簿等）

②対象の従業員が会社に提出した介護休業申出書

③介護対象家族の氏名、従業員本人との続柄、性別、生年月日等が確認できる書類（住民票記載事項証明書等）

※ただし、従業員と介護対象家族が同一世帯にあり、申請時に従業員と介護対象家族のマイナンバーを届け出た場合は、従業員と介護対象家族の続柄を確認できる書類は省略できます。

④介護休業の開始日・終了日、介護休業期間中の休業日数の実績が確認できる書類（出勤簿・タイムカード等）

⑤介護休業期間中に介護休業期間を対象として支払われた賃金が確認できる書類（賃金台帳等）

　提出期限は、各介護休業終了日（介護休業が3か月を経過したときは介護休業開始日から3か月が経過した日）の翌日から起算して2か月を経過する日の属する月の末日までです。

　手続きが完了すると、「介護休業給付金支給決定通知書」と、次回以降の「介護休業給付金支給申請書」が一体になった用紙が発行されます。

　なお、介護休業給付金の支給額は、介護休業開始時の賃金日額に支給日数を乗じた額の67%です。

> 介護休業給付金＝休業開始時賃金日額×支給日数×67%

　ただし、介護休業給付金の支給額には上限があり、毎年8月1日にその上限額が決定されます。算出された金額がこの上限額を超えていると、その分は支給されません。

　また、対象期間内に賃金が支払われた場合の支給金額は次のとおりとなります。

支払われた賃金が 休業開始時賃金日額×支給日数の	支給額
13％以下の場合	休業開始時賃金日額×支給日数×67％
13％を超え80％未満の場合	休業開始時賃金日額×支給日数の80％相当額 と 賃金の差額を支給
80％以上の場合	支給されない

◇ 社会保険料の免除や標準報酬月額のみなし措置 ◇

　産前産後休業期間中や育児休業期間中については社会保険料が免除になったり、職場復帰後の養育期間中に給料が下がった場合は、将来の年金額に考慮して養育開始前の標準報酬月額をその期間の標準報酬月額とみなして年金額の計算に用いられたりしますが、介護休業期間については、残念ながらいずれの措置も認められていません。

◀手続きのポイント▶

項目	内容
申請書類	雇用保険被保険者休業開始時賃金月額証明書 介護休業給付金支給申請書
添付書類	・賃金台帳のコピー ・出勤簿またはタイムカード等のコピー ・従業員が会社に提出した介護休業申出書 ・介護対象家族の氏名、従業員本人との続柄、性別、生年月日等が確認できる書類（住民票記載事項証明書等） ※ただし、従業員と介護対象家族が同一世帯にあり、申請時に従業員と介護対象家族のマイナンバーを届け出た場合は、従業員と介護対象家族の続柄を確認できる書類は省略可能。
提出先	ハローワーク
提出期限	各介護休業終了日（介護休業が3か月を経過したときは介護休業開始日から3か月が経過した日）の翌日から起算して2か月を経過する日の属する月の末日まで
交付物・控書類	介護休業給付金支給申請書（次回分）、介護休業給付次回支給申請日指定通知書（事業主通知用）、介護休業給付金支給決定通知書（被保険者通知用）

◀書式　雇用保険被保険者休業開始時賃金月額証明書▶

様式第10号の２の２

雇用保険被保険者 休業開始時賃金月額証明書／所定労働時間短縮開始時賃金証明書（安定所提出用）（介護・育児）

① 被保険者番号	5112－345678－0	③ フリガナ	スズキ　イチロウ	④休業等を開始した日の年月日	令和 XX 年 2 月 16 日
② 事業所番号	1301－543210－5	休業等を開始した者の氏名	鈴木　一郎		
⑤ 名称	株式会社　あかさたな	⑥休業等を開始した者の住所又は居所	〒135-0091		
事業所所在地	千代田区○○2-8-13		港区台場△-X-△-1107		
電話番号	03-6777-XXXX		電話番号（03）8833－XXXX		

この証明書の記載は、事実に相違ないことを証明します。

事業主　住所　千代田区○○2-8-13
　　　　氏名　株式会社　あかさたな
　　　　　　　代表取締役　田中　洋

休業等を開始した日前の賃金支払状況等

⑦休業等を開始した日の前日に離職したとみなした場合の被保険者期間算定対象期間（休業等を開始した日 2月16日）	⑧⑦の期間における賃金支払基礎日数	⑨賃金支払対象期間	⑩⑨の基礎日数	⑪賃金額 Ⓐ	Ⓑ	計	⑫備考
1月16日～休業等を開始した日の前日	31日	1月16日～休業等を開始した日の前日	31日	356,800			
12月16日～1月15日	31日	12月16日～1月15日	31日	356,800			
11月16日～12月15日	30日	11月16日～12月15日	30日	356,800			
10月16日～11月15日	31日	10月16日～11月15日	31日	356,800			
9月16日～10月15日	30日	9月16日～10月15日	30日	356,800			
8月16日～9月15日	31日	8月16日～9月15日	31日	356,800			
7月16日～8月15日	31日	7月16日～8月15日	31日	356,800			
6月16日～7月15日	30日	6月16日～7月15日	30日	356,800			
5月16日～6月15日	31日	5月16日～6月15日	31日	356,800			
4月16日～5月15日	30日	4月16日～5月15日	30日	356,800			
3月16日～4月15日	31日	3月16日～4月15日	31日	356,800			
2月16日～3月15日	28日	2月16日～3月15日	28日	356,800			
月　日～　月　日	日	月　日～　月　日	日				
月　日～　月　日	日	月　日～　月　日	日				
月　日～　月　日	日	月　日～　月　日	日				
月　日～　月　日	日	月　日～　月　日	日				

⑬賃金に関する特記事項	休業開始時賃金月額証明書／所定労働時間短縮開始時賃金証明書 受理　令和　年　月　日（受理番号　号）
⑭（休業開始時における）雇用期間	（イ）定めなし　ロ 定めあり → 令和　年　月　日まで（休業開始日を含めて　年　カ月）
※公共職業安定所記載欄	

雇用保険法施行規則第14条の　第１項の規定により被保険者の介護又は育児のための休業又は所定労働時間短縮開始時の賃金の届出を行う場合は、当該賃金の支払の状況を明らかにする書類を添えてください。

本手続は電子申請による申請が可能です。

なお、本手続について、社会保険労務士が事業主の委託を受け、電子申請により本届書の提出に関する手続を行う場合には、当該社会保険労務士が当該事業主から委託を受けた者であることを証明するものを本届書の提出と併せて送信することをもって、当該事業主の電子署名に代えることができます。

社会保険労務士記載欄	作成年月日・提出代行者・事務代理者の表示	氏名	電話番号

※ 所長	次長	課長	係長	係

（49）2021.4

出産・育児・介護休業

■　様式第33号の6（第101条の19関係）（第1面）

介護休業給付金支給申請書

（必ず第2面の注意書きをよく読んでから記入してください。）

帳票種別 `1 6 6 0 1`　1. 介護休業被保険者の個人番号 `1 8 3 2 1 2 3 4 5 6 7 2`

2. 被保険者番号 `5 1 7 2 - 3 4 5 6 7 8 - 0`　3. 資格取得年月日 `5 - X X X X X`（3 昭和　4 平成　5 令和）元号 年 月 日

4. 被保険者氏名 `鈴木　一郎`　フリガナ（カタカナ）`ス ス゛ キ イ チ ロ ウ`

5. 事業所番号 `1 3 0 1 - 5 4 3 2 1 0 - 5`　6. 姓（漢字）`鈴 木`　7. 名（漢字）`一 郎`

8. 介護休業開始年月日 `5 - X X 0 2 1 6`　9. 介護対象家族の個人番号 `1 1 2 3 3 4 4 5 5 6 6`

10. 介護対象家族の姓（カタカナ）`ス ス゛ キ`　11. 介護対象家族の名（カタカナ）`ハ ル コ`　12. 介護対象家族の性別 `2`（1 男女 2 女）　13. 介護対象家族との続柄 `2`（1 配偶者 2 父母 3 子 4 配偶者の父母 5 祖父母 6 兄弟姉妹 7 孫）

14. 介護対象家族の姓（漢字）`鈴 木`　15. 介護対象家族の名（漢字）`晴 子`　16. 介護対象家族の生年月日 `3 - 1 9 0 2 0 8`（1 明治 4 平成 2 大正 5 令和 3 昭和）

17. 支給対象期間その1（初日）`5 - X X 0 2 1 6`（末日）`0 3 1 5`　18. 全日休業日数 `2 8`　19. 支払われた賃金額 `0`円

20. 支給対象期間その2（初日）`5 - X X 0 3 1 6`（末日）`0 4 1 5`　21. 全日休業日数 `3 1`　22. 支払われた賃金額 `0`円

23. 支給対象期間その3（初日）`5 - X X 0 4 1 6`（末日）`0 5 1 5`　24. 全日休業日数 `3 0`　25. 支払われた賃金額 `0`円

26. 介護休業終了年月日 `5 -`（介護休業期間が93日未満のとき記入）元号 年 月 日　27. 終了事由（1 職場復帰 2 休業事由の消滅）

※公共職業安定所記載欄

28. 賃金月額（区分一日額又は総額）`-`（1 日額 2 総額）　29. 同一対象家族に係る介護休業開始年月日 `4 -`元号 年 月 日　30. 期間雇用者の継続雇用の見込み

31. 支払区分　32. 金融機関・店舗コード　口座番号 元号

33. 未支給区分（空欄 未支給以外 1 未支給）　34. 処理区分（空欄 一括処理 1 否認（期間）2 否認（対象家族）3 資格確認のみ 4 支給のみ 5 否認（93日超）6 否認（取得回数））　35. 特殊事項（1 チェック不要 2 再開（他の休業の終了）3 再開（被保険者資格再取得））

上記被保険者が介護休業を取得し、上記の記載事実に誤りがないことを証明します。
事業所名（所在地・電話番号）株式会社 あかさたな　千代田区○○2-8-13　代表取締役
令和XX年 5月25日　事業主氏名 03-6777-XXXX　田中 洋

雇用保険法施行規則第101条の19の規定により、上記のとおり介護休業給付金の支給を申請します。
令和XX年 5月25日　公共職業安定所長 殿　住所 港区台場△-X-△-1107　フリガナ スズキ イチロウ　申請者氏名 鈴木 一郎

払渡希望金融機関指定欄	36. 払渡希望金融機関	フリガナ	マルマルマルギンコウ　マルマルマル		金融機関コード	店舗コード
		名称	○○○銀行　○○○	本店支店	`1 9 3 2`	`0 1 1`
	金融機関	銀行等（ゆうちょ銀行以外）口座番号	（普通）`1 2 3 4 5 6 7`			
		ゆうちょ銀行 記号番号	（総合）-			

備考	賃金締切日 15日	通勤手当 （有）無 （毎月・3か月・6か月・ ）	※処理欄	支給決定年月日	令和 年 月 日
	賃金支払日 （当月）・翌月 25日			支給決定額 円	
				不支給理由	
				通知年月日 令和 年 月 日	

社会保険労務士記載欄	作成年月日・提出代行者・事務代理者の表示	氏名	電話番号	※所長 次長 課長 係長 係 操作者

（この用紙は、このまま機械で処理しますので、汚さないようにしてください。）

2021. 9

第**9**章

退職したときの手続き

◆ポイント◆

●従業員が退職した場合、一定の年齢に達した場合、社会保険の被保険者資格を喪失させるための届出を会社が行います。
●契約内容の変更によって基準を満たさなくなった従業員も該当します。
●資格喪失の理由によって喪失日が異なります。退職の場合は、退職日の翌日が資格喪失日です。

◇ 従業員に返却してもらう書類 ◇

　従業員から「健康保険証」を返却してもらい、会社が「健康保険・厚生年金保険資格喪失届」に添付して返納します。退職日の翌日以降は、健康保険証は使うことができません。扶養家族の分も含めて速やかに返却してもらいます。

　70歳以上の場合は「健康保険高齢受給者証」、また「健康保険特定疾病療養受給者証」「健康保険限度額適用・標準負担額減額認定証」が交付されている場合には、これらも返却してもらいます。健康保険証を紛失してしまって回収できない場合は、健康保険証の代わりに「健康保険被保険者証回収不能届」を添付します。従業員が健康保険証を返却してくれない場合にも、この書類に督促の状況を記載して提出します。

　なお、在職中の従業員が70歳になったため厚生年金保険の資格を喪失する場合は、引き続き健康保険には加入するため、健康保険証を返納する必要はありません。

◇ 社会保険の資格喪失日 ◇

　社会保険の資格喪失日は資格喪失の理由によって異なります。

資格喪失事由	喪失日
退職したとき、加入基準に該当しなくなったとき	退職日等の翌日
死亡したとき	死亡日の翌日
70歳になったとき（厚生年金保険の資格喪失）	70歳の誕生日の前日
75歳になったとき（健康保険の資格喪失）	75歳の誕生日当日

　厚生年金保険に加入できるのは70歳までとなっています。従業員が70歳になったときには、厚生年金保険から脱退する手続きを行います。健康保険については引き続き75歳まで加入できます。

75歳になると、後期高齢者医療制度に加入するため、健康保険から脱退する手続きを行います。

　65歳になると、介護保険の第2号被保険者から第1号被保険者となり、保険料の徴収方法が変わります。会社が行う手続きは特にありませんが、会社に対する介護保険料の徴収は65歳到達日の前月分までで終了します。給与から誤って保険料を控除しないように注意が必要です。

*65歳到達日とは65歳の誕生日の前日です。例えば4月1日生まれの人の場合、65歳到達日は3月31日、保険料の控除は2月分までです。

*従業員が65歳になると公的年金の1階部分である国民年金の被保険者ではなくなります。被扶養配偶者が60歳未満の場合には、国民年金の第3号被保険者から第1号被保険者へ種別変更となり、保険料も納付することになります。配偶者自身で居住する市町村にて手続きを行います。

◆ 資格喪失届 ◆

　「健康保険・厚生年金保険被保険者資格喪失届」に回収した健康保険証等を添付して、日本年金機構または健康保険組合に、資格喪失日から5日以内に会社が提出します。

　なお、次の(1)及び(2)の両方の要件に該当する人が、在職中に70歳に到達した場合は、日本年金機構において、厚生年金保険の資格喪失処理及び70歳以上被用者該当処理を行うため、会社からの70歳到達届の提出が不要(届出省略)となります。

(1)　70歳到達日以前から適用事業所に使用されており、70歳到達日以降も引き続き同一の適用事業所に使用される被保険者。
(2)　70歳到達日時点の標準報酬月額相当額(※)が、70歳到達日の前日における標準報酬月額と同額である被保険者。

※　70歳到達日時点において、70歳以上被用者に支払われる報酬月額(通貨・現物によるものの合計額)を、標準報酬月額に相当する金額に当てはめた額

　したがって、上記(1)及び(2)に該当しない70歳到達日時点の標準報酬月額相当額が、70歳到達日の前日における標準報酬月額と異なる被保険者については、「厚生年金保険資格喪失届(70歳到達届)／厚生年金保険70歳以上被用者該当届」の提出が必要です。

　また、60歳以上の従業員が、退職後1日の間もなく再雇用された場合、資格喪失届と同時に同日付の資格取得届を提出します(85ページ参照)。

　75歳になると、後期高齢者医療制度に加入することになるため、健康保険から脱退する手続きを行います。被保険者あるいは被扶養者が75歳となり資格を喪失する場合、通常は、前もって日本年金機構から会社に所要事項が印字された「健康保険被保険者資格喪失届」、「健康保険被扶養者(異動)届」の用紙が送られてきます。内容を確認し、健康保険証、高齢受給者証を添付して、日本年金機構に返送します。なお、後期高齢者医療制度への加入は自動的に行われ、被保険者証等が本人宛に送

退職

られてきます。

また、被保険者である従業員が75歳となり健康保険の資格を喪失すると、扶養家族も健康保険の被扶養者ではなくなります。後期高齢者医療制度には「扶養」の仕組みがありませんので、75歳未満の扶養家族については、市区町村の国民健康保険に加入するか、同居する他の家族の被扶養者としてその人の加入する健康保険に加入します。国民健康保険に加入する場合、健康保険の資格を喪失したことを証明する書類が必要なため、「健康保険資格喪失等確認請求書」にて、日本年金機構に申請します。

◆ 資格喪失時の社会保険料 ◆

社会保険の保険料は「資格を喪失した月の前月」分まで納付する必要があります。退職によって資格を喪失する場合、退職日の翌日が資格喪失日です。

月の途中で退職する場合、退職日と喪失日が同じ月内になり、退職日の前月分までの保険料を納付します。

一方、月末日に退職した場合は、翌月1日が資格喪失日となります。退職日の翌月が「資格を喪失した月」となり、退職日の当月分までの保険料を納めることになりますので、注意が必要です。

例えば、4月20日に退職した場合、喪失日は4月21日となり、保険料の納付は3月分までとなり、4月分の保険料は徴収されません。一方で、例えば4月30日に退職した場合、喪失日は5月1日となり、4月分の保険料も納付する必要があります。

従業員が退職するまでに、社会保険料の徴収がいつまで必要なのかを確認しておくことが大切です。

◆ 手続き終了後の留意点 ◆

手続きが完了すると、日本年金機構から「健康保険・厚生年金保険資格喪失等確認通知書」が交付されますので、会社で保管しておきます。

従業員は退職によって健康保険から脱退するため、退職後は何らかの医療保険に加入しなければなりません。加入する医療保険にはいくつか種類があり、どの保険に加入するかは退職後の本人の状況によって異なります（256ページ参照）。あわせて、国民年金への切り替え手続きも必要になります。

従業員が外国人で、退職後に帰国するなどして年金制度への加入期間が10年に満たない場合、年金保険料が掛け捨てになってしまいます。このような掛け捨てになってしまう年金保険料を精算する「脱退一時金」の制度があり、一定の支給要件を満たした場合に請求することができます。「脱退一時金」は、保険加入期間が6

か月以上で、日本国籍を持たず、年金の受給権を満たさない場合に、帰国後2年以内に請求できます(国民年金の被保険者、日本国内居住者、障害厚生年金等の年金受給者を除く)。

　また、住民税を特別徴収している場合、退職時に当年度の残っている住民税額を一括して徴収して会社が納付します。なお、普通徴収の場合や翌年度の住民税については、本人がまとめて納付するか納税管理人を届け出る必要があります。

◀手続きのポイント▶

項目	内容
申請書類	健康保険・厚生年金保険被保険者資格喪失届 ※または、「厚生年金保険被保険者資格喪失届／厚生年金保険70歳以上被用者該当届」 　(70歳到達届)
添付書類	健康保険証 ※または健康保険被保険者証回収不能届 ※70歳以上の場合は健康保険高齢受給者証 ※交付されている場合は、健康保険特定疾病療養受給者証、健康保険限度額適用・標準 　負担額減額認定証
提出先	日本年金機構または健康保険組合
提出期限	資格喪失日から5日以内
交付物・控書類	健康保険・厚生年金保険資格喪失等確認通知書(⇒会社が保管する)

様式コード	
2 2 0 1	

健康保険
厚生年金保険

被保険者資格喪失届
厚生年金保険　70歳以上被用者不該当届

令和 XX 年 12 月 ○○ 日提出

提出者記入欄

事業所整理記号	03 － アニム	事業所番号	1 2 3 4 5

届書記入の個人番号に誤りがないことを確認しました。

事業所所在地
〒 100 - 00XX
東京都千代田区 ○○ 2-8-13
株式会社　あかさたな

事業所名称

事業主氏名
代表取締役　田中　洋

電話番号　03 （ 6777 ） XXXX

在職中に70歳に到達された方の
厚生年金保険被保険者喪失届
は、この用紙ではなく『70歳到達
届』を提出してください。

受付印

社会保険労務士記載欄
氏名等

被保険者1

① 被保険者整理番号	10	② 氏名	(フリガナ) サトウ (氏) 佐藤	キョウコ (名) 京子	③ 生年月日	5. 昭和 7. 平成 9. 令和	6 0 1 1 1 1 年 月 日

④ 個人番号(基礎年金番号)	1 2 3 4 0 1 0 2 3 4 5 6	⑤ 喪失年月日	9. 令和 XX1201	⑥ 喪失(不該当)原因	4. 退職等 (令和 XX 年 11 月 30 日退職等) 5. 死亡 (令和　年　月　日死亡) 7. 75歳到達(健康保険のみ喪失) 9. 障害認定(健康保険のみ喪失) 11. 社会保障協定

⑦ 備考	該当する項目を○で囲んでください。 1. 二以上事業所勤務者の喪失　　3. その他 2. 退職後の継続再雇用者の喪失 〔　　　　〕	保険証回収 添付 1 枚 返不能 ___ 枚	⑧ 70歳不該当	□ 70歳以上被用者不該当 (退職日または死亡日を記入してください) 不該当年月日 9.令和　年　月　日

被保険者2

① 被保険者整理番号		② 氏名	(フリガナ) (氏)	(名)	③ 生年月日	5. 昭和 7. 平成 9. 令和	年 月 日

④ 個人番号(基礎年金番号)		⑤ 喪失年月日	9. 令和	⑥ 喪失(不該当)原因	4. 退職等 (令和　年　月　日退職等) 5. 死亡 (令和　年　月　日死亡) 7. 75歳到達(健康保険のみ喪失) 9. 障害認定(健康保険のみ喪失) 11. 社会保障協定

⑦ 備考	該当する項目を○で囲んでください。 1. 二以上事業所勤務者の喪失　　3. その他 2. 退職後の継続再雇用者の喪失 〔　　　　〕	保険証回収 添付 ___ 枚 返不能 ___ 枚	⑧ 70歳不該当	□ 70歳以上被用者不該当 (退職日または死亡日を記入してください) 不該当年月日 9.令和　年　月　日

被保険者3

① 被保険者整理番号		② 氏名	(フリガナ) (氏)	(名)	③ 生年月日	5. 昭和 7. 平成 9. 令和	年 月 日

④ 個人番号(基礎年金番号)		⑤ 喪失年月日	令和	⑥ 喪失(不該当)原因	4. 退職等 (令和　年　月　日退職等) 5. 死亡 (令和　年　月　日死亡) 7. 75歳到達(健康保険のみ喪失) 9. 障害認定(健康保険のみ喪失) 11. 社会保障協定

⑦ 備考	該当する項目を○で囲んでください。 1. 二以上事業所勤務者の喪失　　3. その他 2. 退職後の継続再雇用者の喪失 〔　　　　〕	保険証回収 添付 ___ 枚 返不能 ___ 枚	⑧ 70歳不該当	□ 70歳以上被用者不該当 (退職日または死亡日を記入してください) 不該当年月日 9.令和　年　月　日

被保険者4

① 被保険者整理番号		② 氏名	(フリガナ) (氏)	(名)	③ 生年月日	5. 昭和 7. 平成 9. 令和	年 月 日

④ 個人番号(基礎年金番号)		⑤ 喪失年月日	令和	⑥ 喪失(不該当)原因	4. 退職等 (令和　年　月　日退職等) 5. 死亡 (令和　年　月　日死亡) 7. 75歳到達(健康保険のみ喪失) 9. 障害認定(健康保険のみ喪失) 11. 社会保障協定

⑦ 備考	該当する項目を○で囲んでください。 1. 二以上事業所勤務者の喪失　　3. その他 2. 退職後の継続再雇用者の喪失 〔　　　　〕	保険証回収 添付 ___ 枚 返不能 ___ 枚	⑧ 70歳不該当	□ 70歳以上被用者不該当 (退職日または死亡日を記入してください) 不該当年月日 9.令和　年　月　日

238

様式コード		
2 2 6 9	**70歳到達届**	厚生年金保険

厚生年金保険 　被保険者資格喪失届
厚生年金保険 　70歳以上被用者該当届

令和　　年 **6** 月 **1** 日提出

提出者記入欄

事業所整理記号	0 3　アニム	事業所番号	1 2 3 4 5

届書記入の個人番号に誤りがないことを確認しました。

事業所所在地　〒 **100 - 00XX**
東京都千代田区 ○○ 2-8-13
株式会社　あかさたな

事業所名称

事業主氏名　**代表取締役　田中　洋**

電話番号　**03（ 6777 ）XXXX**

退職等により厚生年金保険・健康保険の被保険者でなくなる場合は『被保険者資格喪失届・70歳以上被用者不該当届』を提出してください。

社会保険労務士記載欄

氏名等

受付印

この届書は、在職中に70歳に到達した以降も引き続き同一の事業所に勤務され、70歳到達日の標準報酬月額（相当額）が従前額と異なる場合に提出していただくものです。

被保険者欄

① 被保険者整理番号	**6**	② 氏名	**大山　進**	③ 生年月日	年 月 日
					△△ 0 5 2 5

④ 個人番号[基礎年金番号]　**3 1 2 5 6 7 8 9 0 0 1 2**

⑤ 該当する項目を○で囲んでください。
1. 二以上事業所勤務者
2. 短時間労働者（特定適用事業所等）
3. その他 [　　　　　　　]

資格喪失欄

⑥ 喪失年月日	7.令和	年 ○○	月 0 5	日 2 4	⑦ 喪失原因	⑥.70歳到達　（厚生年金保険のみ喪失）

被用者該当欄

⑧ 該当年月日	7.令和	年 ○○	月 0 5	日 2 4	⑨ 報酬月額	⑦(通貨) 125,000 円	⑦(現物) 0 円	②(合計 ⑦+⑦) 1 2 5 0 0 0 円

退職

239

9-2 雇用保険の資格喪失手続き

◆ポイント◆

- ●従業員が退職した場合、雇用保険の被保険者資格を喪失させるための届出を会社が行います。
- ●契約内容の変更によって基準を満たさなくなった従業員も該当します。
- ●「喪失原因」は、従業員の基本手当の受給や会社が申請する助成金の受給要件にも影響するため、間違いがないよう注意が必要です。
- ●労災保険の手続は会社単位で行うため、従業員の退職時個々人についての手続きはありません。

◇ 離職票が不要な場合 ◇

　離職票の交付を希望しない場合には、喪失届だけで手続きを行います。離職票交付の要否によって必要な提出書類が異なりますので、手続きの際には従業員の意向を確認します。

　ただし、退職時に59歳以上の従業員のときには、本人が希望しない場合であっても、必ず離職票の交付を行います。

◇ 資格喪失届 ◇

　「雇用保険被保険者資格喪失届」を退職した日の翌日から10日以内に、所轄のハローワークに、会社が提出します。転職のために退職する場合、すでに再就職先が決まっており、離職票の交付を希望しない場合には、この「雇用保険被保険者資格喪失届」だけを提出します。

　手続には、原則として、入社時に交付された「雇用保険被保険者資格取得等確認通知書(事業主通知用)」を使います。この書類は上段が「雇用保険被保険者資格喪失届」となっており、氏名や雇用保険被保険者番号などはすでに印字されているため、退職日や退職理由などを記入して提出します。なお、平成27年12月以前の用紙には個人番号(マイナンバー)記入欄がありませんので、「個人番号登録届出書」を添付して提出します。また、何も印字されていない「雇用保険被保険者資格喪失届」の様式を使って手続きを行うことも可能です。

◆ 資格喪失原因の記入 ◆

「喪失原因」欄には、次の3つの退職理由のうち1つを選択して記入します。退職の理由は、従業員の基本手当の受給や会社が申請する助成金の受給要件にも影響するため、間違いがないように注意します。「離職等年月日」欄には、退職した日をそのまま記入します。

番号	喪失原因	具体例
1	離職以外の理由	・従業員が死亡したとき ・在籍出向したとき ・出向元へ復帰したとき
2	3以外の離職	・本人の都合による退職 ・重責解雇 ・契約期間満了による退職 ・60歳以上定年（継続雇用制度あり）による退職 ・週所定労働時間が20時間未満となった場合 ・移籍出向したとき ・取締役への就任　等
3	事業主の都合による離職	・会社都合解雇 ・勧奨による任意退職 ・60歳定年（継続雇用制度なし）による退職　等

◆ 手続き終了後の注意点 ◆

手続きが完了すると、ハローワークから会社宛に「雇用保険被保険者資格喪失確認通知書（被保険者通知用）」、「雇用保険被保険者資格喪失確認通知書（事業主通知用）」が交付されます。雇用保険から脱退したことを証明する書類のため、従業員用の通知書は速やかに退職した従業員に郵送します。なお、会社用の通知書は保管しておきます。

◀手続きのポイント▶

項目	内容
申請書類	雇用保険被保険者資格喪失届
添付書類	なし
提出先	ハローワーク
提出期限	退職等の翌日から10日以内
交付物・控書類	・雇用保険被保険者資格喪失確認通知書（被保険者通知用）（⇒従業員に渡す） ・雇用保険被保険者資格喪失確認通知書（事業主通知用）（⇒会社が保管する）

退職

◀ **書式　雇用保険被保険者資格喪失届** ▶

様式第4号（第7条関係）（第1面）（移行処理用）

雇用保険被保険者資格喪失届

標準字体 `0 1 2 3 4 5 6 7 8 9`
（必ず第2面の注意事項を読んでから記載してください。）

この用紙は、このまま機械で処理しますので、汚さないようにしてください。

帳票種別 `1 7 1 9 1`

1.個人番号 `1 2 3 4 0 1 0 2 3 4 5 6`

2.被保険者番号 `5 4 3 2 - 9 8 7 6 5 4 - 1`

3.事業所番号 `1 3 0 1 - 5 4 3 2 1 0 - 5`

4.資格取得年月日 `4 - 3 0 X X X X`
（3昭和 / 4平成 / 5令和）
元号　年　　月　　日

5.離職等年月日 `5 - X X 1 1 3 0`
元号　年　　月　　日

6.喪失原因 `2`
（1 離職以外の理由 / 2 3以外の離職 / 3 事業主の都合による離職）

7.離職票交付希望 `2` （1有 / 2無）

8.1週間の所定労働時間 `4 0 0 0` 時間　　分

9.補充採用予定の有無 ☐（空白の 1 有）

10.新氏名 ☐　フリガナ（カタカナ）☐☐☐☐☐☐☐☐☐☐☐☐☐☐☐☐☐☐

※公共職業安定所記載欄　**11.喪失時被保険者種類** ☐（3季節）　**12.国籍・地域コード** ☐☐☐（18欄に対応するコードを記入）　**13.在留資格コード** ☐☐（19欄に対応するコードを記入）

― 14欄から19欄までは、被保険者が外国人の場合のみ記入してください。―

14.被保険者氏名（ローマ字）又は新氏名（ローマ字）（アルファベット大文字で記入してください。） ☐☐☐☐☐☐☐☐☐☐☐☐☐☐☐☐☐☐

被保険者氏名（ローマ字）又は新氏名（ローマ字）（続き）☐☐☐☐☐☐☐☐☐☐　**15.在留カードの番号**（在留カードの右上に記載されている12桁の英数字）☐☐☐☐☐☐☐☐☐☐☐☐

16.在留期間 ☐☐☐☐☐☐☐まで　西暦　年　月　日　**17.派遣・請負就労区分** ☐（1 派遣・請負労働者として主として当該事業所以外で就労していた場合 / 2 1に該当しない場合）

18.国籍・地域 （　　　　　　　）　**19.在留資格** （　　　　　　　）

20. 被保険者氏名	（フリガナ） サトウ　キョウコ 佐藤　京子	21.性別 男・⦿女	22. 生 年 月 日 （大正 昭和 平成 令和） 60 年 11 月 11 日
23. 被保険者の住所又は居所	品川区小山台〇-X-〇-204		
24. 事業所名称	株式会社　あかさたな	25. 氏名変更年月日	令和　　年　　月　　日
26. 被保険者でなくなったことの原因	転職による自己都合退職		

雇用保険法施行規則第7条第1項の規定により、上記のとおり届けます。

令和XX年12月00日

事業主
住　　所　千代田区〇〇2-8-13
氏　　名　株式会社　あかさたな
　　　　　代表取締役　田中　洋
電話番号　03-6777-XXXX

飯田橋 公共職業安定所長　殿

社会保険労務士記載欄	作成年月日・提出代行者・事務代理者の表示	氏　名	電話番号	安定所 備考欄

※	所長	次長	課長	係長	係	操作者	確認通知年月日 令和　年　月　日

2021.9

242

雇用保険の資格喪失手続き（離職票が必要な場合）

◆ポイント◆

- ●退職した従業員が、「基本手当」を申請するために必要な「離職票」を発行してもらうための手続きです。
- ●離職証明書に記載する退職の理由は、退職した従業員本人だけでなく、会社へも影響がありますので、間違いがないように注意が必要です。
- ●退職理由によって、手続きに必要な添付書類が異なります。

◇ 離職票が必要な場合 ◇

　「雇用保険被保険者資格喪失届」に「雇用保険被保険者離職証明書」を添えて管轄のハローワークに提出します。「雇用保険被保険者離職証明書」は、本人から離職票の交付の希望があった場合は、在職期間の長短や失業給付の受給資格の有無にかかわらず、作成しなければなりません。

　また、すでに資格喪失手続き済みの場合でも、後日、本人から請求があった場合、速やかに「雇用保険被保険者離職証明書」を提出しなければなりません。この場合は喪失届の手続完了時に交付された「雇用保険被保険者資格喪失確認通知書（事業主通知用）」もあわせて提出します。

◇「雇用保険被保険者離職証明書」に添付する書類 ◇

　「雇用保険被保険者離職証明書」には、記入された退職理由を確認するための書類を添付する必要があります。どのような書類が必要か、あらかじめ管轄のハローワークに確認しておきます。

①離職の日以前の賃金支払状況等を確認する資料

・「賃金台帳」、「労働者名簿」、「出勤簿（タイムカード）」等

②離職理由を確認する資料（退職理由によって必要な書類が異なります）

・自己都合による退職の場合：退職願（届）

・解雇・退職勧奨の場合：解雇予告通知書、就業規則等

・懲戒解雇の場合：就業規則、解雇予告除外認定申請書の写等

・定年退職の場合：就業規則、継続雇用基準についての労使協定等

・契約期間満了の場合：労働契約書等

・週20時間未満になり資格喪失したとき：1週20時間未満に変更した際の労働契約書等

退職

「雇用保険離職証明書/離職票」の用紙は3枚1組の複写式で、1枚目が事業主 (会社)控、2枚目はハローワーク提出用、3枚目が「離職票−2」となっており、3枚ともハローワークに提出します。

⑧(被保険者期間算定対象期間)・⑨(⑧の期間における賃金支払基礎日数)
・基本手当の受給資格をみるための、被保険者期間(賃金支払の基礎となった日数が11日以上ある月、または賃金支払の基礎となった労働時間数が80時間以上ある月)を確認する欄です。 ・「離職日の翌日」欄には④(離職年月日)欄の翌日を記入し、下の各欄には離職日より1か月ずつさかのぼり順次記入します。 ・有給取得日、休業手当の対象日は日数に含めます。欠勤控除の日は除きます。
⑩(賃金支払対象期間)・⑪(⑩の基礎日数)⑫(賃金額)
・最上段には離職日の直前の賃金締切日の翌日から離職日までの期間を記入し、以下順次さかのぼって賃金締切日の翌日から賃金締切日までの期間を記載します。 ・基本手当の給付基礎日額を計算するための欄です。 ・通勤手当を含めて記入します。
⑬(備考)
月給制の場合で欠勤による減額がある場合や賃金形態・賃金締切日の変更がある場合など、⑧〜⑫欄の参考になる内容を記入します。
⑦(離職理由欄)
・該当する離職理由を選び、□の中に○印を記入します。 ・離職理由によっては基本手当の給付制限がかかり、所定給付日数も異なりますので間違いがないよう注意します。
⑮⑯(離職者の署名)
帰郷等やむを得ない理由で本人の署名が得られないときには、事業主の署名をする必要があります。

◆ 手続き終了後の注意点 ◆

手続きが完了すると、ハローワークから会社宛に、「雇用保険被保険者資格喪失確認通知書(事業主通知用)」、「雇用保険被保険者離職証明書(事業主控)」(1枚目)が交付されるので、保管しておきます。また、従業員用に「雇用保険被保険者離職票−1資格喪失確認通知書(被保険者通知用)」と「雇用保険被保険者離職票−2」(3枚目)が交付されるので、退職した従業員に渡します。退職した従業員は、この「離職票−1」、「離職票−2」を自分の住所地のハローワークに提出します。離職票は失業給付を受ける手続きをする際に必要な書類のため、交付後速やかに郵送します。

◀手続きのポイント▶

項目	内容
申請書類	雇用保険被保険者資格喪失届 雇用保険被保険者離職証明書
添付書類	①離職の日以前の賃金支払状況等を確認する資料： 　「賃金台帳」、「労働者名簿」、「出勤簿(タイムカード)」等 ②離職理由を確認する資料： 　「退職願(届)」「解雇予告通知書」「就業規則」「解雇予告除外認定申請書」「継続雇用基準についての労使協定」「労働契約書」 ※退職理由によって必要な書類が異なります
提出先	ハローワーク
提出期限	退職日等の翌日から10日以内
交付物・控書類	・「雇用保険被保険者離職票－1資格喪失確認通知書(被保険者通知用)」、「雇用保険被保険者離職票－2」(3枚目)(⇒従業員に渡す) ・「雇用保険被保険者資格喪失確認通知書(事業主通知用)」、「雇用保険被保険者離職証明書(事業主控)」(1枚目)(⇒会社が保管する)

退職

◀書式　雇用保険被保険者離職証明書（安定所提出用）▶

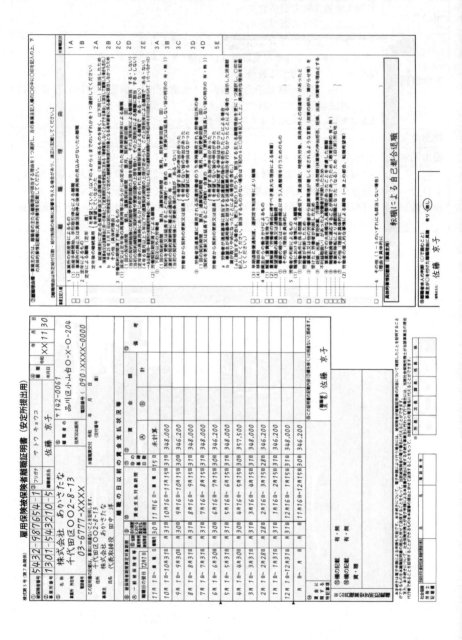

246

9-4 雇用保険の基本手当

◇ 雇用保険の「基本手当」 ◇

基本手当は、失業中の生活を心配せずに新しい仕事を探すことができるよう、生活保障のために支給される保険給付で、一般に「失業手当」といわれるものです。

基本手当は日当で、支給される日数は、離職日の年齢や雇用保険の加入期間、離職の理由などによって、90～360日の間で決定されます。手当の金額は、退職前6ヵ月間の給料をもとに平均して1日あたりの賃金額を決定し、その45～80%の額が基本手当として支給されます。

◇ 基本手当を受けるための要件と手続き ◇

基本手当を受けるためには、まず、自分の住所地を管轄するハローワークに「離職票」を提出し求職の申込みをします。基本手当の受給資格を満たしているか認定を受け、受給資格が認められると「受給資格者証」が交付されます。

基本手当の受給資格が認められるためには、離職日からさかのぼって過去2年間に、賃金支払の基礎となった日数が11日以上ある月、または、賃金支払の基礎となった労働時間数が80時間以上ある月が通算して12か月以上あることが必要です。なお、倒産や解雇等による離職（「特定受給資格者」）、期間の定めのある労働契約が更新されなかったことその他やむを得ない理由による離職（「特定理由離職者」）の場合には、過去1年間に通算6か月以上あれば受給資格が得られます。

また、基本手当は、「失業」（就業しようとする意思と能力があり、努力しているにもかかわらず、職業に就くことができない状態）している状態であると認定された日について支給されます。求職の申込みをすると、この「失業」状態であることの認定を受ける日が指定されるため、原則として4週に1度ハローワークに出向き、直前の28日について失業の認定を受ける必要があります。失業認定日に、ハローワークに「失業認定申告書」を提出し、職業の紹介を受けたうえで「失業」と

退職

認定された日数分の基本手当が支給されます。

　なお、65歳以上の従業員の失業の場合は、「基本手当」ではなく「高年齢求職者給付金」が一時金で支給されます。受給資格は、賃金支払の基礎となった日数が11日以上ある月、または、賃金支払の基礎となった労働時間数が80時間以上ある月が、離職以前1年間に通算6か月以上あることが必要です。

◆ 退職理由による違い ◆

　退職した理由が「自己都合退職」なのか「会社都合退職」なのかによって、支給される基本手当の給付日数が違います。自己都合退職の場合は、基本手当を受けられるようになるまで待期期間7日間の後、さらに3か月（ただし、5年間のうち2回までは2か月）待たなければなりません。会社都合退職の場合には、待期期間7日後、すぐに支給が開始されます。

　なお、「自己都合退職」であっても、その退職がやむを得ないと判断される「正当な理由のある自己都合退職」であると認められたときは、給付制限を受けることなく、給付を受けられる場合もあります。

　会社都合により従業員を解雇した場合や、一定割合以上「特定受給資格者」を発生させた場合には、助成金が支給されません。また、離職理由について虚偽の記載を行った場合には、不正行為をしたものとして罰せられる可能性もありますので、本来の退職理由と異なる理由での離職票の作成は行わないでください。

◆ 特定受給資格者 ◆

　倒産や会社都合の解雇等により、再就職の準備をするための時間的余裕なく離職を余儀なくされた人を「特定受給資格者」といいます。基本手当の受給資格を得るには、通常、離職日以前2年間に、賃金支払の基礎となった日数が11日以上ある月、または、賃金支払の基礎となった労働時間数が80時間以上ある月が12か月以上必要ですが、特定受給資格者の場合は離職日以前1年間に6か月以上あれば受給資格が得られます。

　会社の都合で突然離職することになると、従業員は路頭に迷ってしまいます。また、転職の準備もできていませんので、自分の都合で退職した人と比べても、就職活動が長引くことが予想されます。したがって、自己都合で退職した人より、基本手当が支給される日数が長く設定されています。

　また、自己都合により離職した場合には、待期期間7日後、さらに最長3か月給付が制限されますが、特定受給資格者の場合は、この最長3か月の給付制限が行われず、すぐに基本手当の支給が始まります。

◆ 特定理由離職者 ◆

　自己都合退職ではあるものの、やむを得ない理由がある場合、「特定受給資格者」以外の人で、次のいずれかに該当する人を「特定理由離職者」といいます。受給資格は、賃金支払の基礎となった日数が11日以上ある月、または、賃金支払の基礎となった労働時間数が80時間以上ある月が離職日以前1年間に6か月以上あれば得られます。また、給付制限は行われず、すぐに基本手当が支給されます。

> I．有期労働契約の期間が満了し、かつ、更新がなされないことにより離職した者
> 　（「特定受給資格者の範囲」のⅡ⑧⑨に該当する場合を除く）
> Ⅱ．正当な理由のある自己都合により離職した者

　なお、「Ⅰ　有期労働契約の期間が満了し、かつ更新がなされないことにより離職した者」に該当する場合、令和7（2025）年3月31日までの間は所定給付日数が「特定受給資格者」と同様になります。

◆ 新型コロナウイルス感染症に伴う特例等について ◆

　新型コロナウイルスの影響によりシフトが減少したことにより離職した人に対し、労働契約に具体的な就労日数等の定めがあるシフト制労働者（勤務日数や時間がシフトにより決定される労働者）で、例えば、次に該当する人は「特定理由離職者」または「特定受給資格者」として認められる場合があります。

> a　具体的な就労日数が労働条件として明示されている一方で、シフトを減らされた場合
> b　契約更新時に従前の労働条件からシフトを減らした労働条件を提示されたため、更新を希望せずに離職した場合

　また、上記以外で、令和3（2021）年3月31日以降にシフト制労働者のうち、新型コロナウイルス感染症の影響により、シフトが減少し（労働者が希望して減少した場合は除く）概ね1か月以上の期間、労働時間が週20時間を下回った、または下回ることが明らかになったことにより離職した場合は、「特定理由離職者」として、給付制限なく基本手当をうけることが可能です。

◆ 事業開始後の受給期間の特例について ◆

　雇用保険の基本手当は、原則、離職日の翌日から1年以内の「受給期間」の失業している日について、一定の日数分支給されます。ただし、2022（令和4）年7月1日より、特例により、離職後に事業を開始した方については、下記の要件を満たした場合に、雇用保険の受給期間の特例申請が可能となりました。これに伴い、最大3年間受給期間が参入されないことになり、万が一事業を休廃業した場合であっ

ても、その後の再就職活動にあたり、失業給付の受給が可能となります。

【特例申請の要件】
　次のすべての要件を満たす事業である必要があります。
① 事業の実施期間が30日以上であること
② 「事業を開始した日」「事業に専念し始めた日」「事業の準備に専念し始めた日」のいずれかから起算して30日を経過する日が受給期間の末日以前であること
③ 当該事業について、就業手当または再就職手当の支給を受けていないこと
④ 当該事業について、自立することができないと認められる事業ではないこと
※次のいずれかの場合は④に該当します。
・雇用保険被保険者資格を取得するものを雇い入れ、雇用保険適用事業所の事業主となること
・登記事項証明書・開業届の写し・事業許可証等の客観的資料で、事業の開始、事業内容と事業所の実在が確認できること
⑤ 離職日の翌日以後に開始した事業であること
※離職日以前に当該事業を開始し、離職日の翌日以降に当該事業に専念する場合を含みます。

◀特定受給資格者の範囲▶

Ⅰ 「倒産」等により離職した者

① 倒産（倒産、民事再生、会社更生等の各倒産手続の申立て又は手形取引の停止等）に伴い離職した者
② 事業所において大量雇用変動の場合（1か月に30人以上の離職を予定）の届出がされたため離職した者及び当該事業主に雇用される被保険者の3分の1を超える者が離職したため離職した者
③ 事業所の廃止（事業活動停止後再開の見込みのない場合を含む。）に伴い離職した者
④ 事業所の移転により、通勤することが困難となったため離職した者

Ⅱ 「解雇」等により離職した者

① 解雇（自己の責めに帰すべき重大な理由による解雇を除く。）により離職した者
② 労働契約の締結に際し明示された労働条件が事実と著しく相違したことにより離職した者
③ 賃金（退職手当を除く。）の額の3分の1を超える額が支払期日までに支払われなかったことにより離職した者
④ 賃金が、当該労働者に支払われていた賃金に比べて85％未満に低下した（又は低下することとなった）ため離職した者（当該労働者が低下の事実について予見し得なかった場合に限る。）
⑤ 離職の日の属する月の前6か月間のうち(1)いずれか連続する3か月で45時間、(2)いずれか1か月で100時間又は(3)いずれか連続する2か月以上の期間の時間外労働を平均して月80時間を超える時間外労働が行われたため離職した者。事業主が危険若しくは健康障害の生ずるおそれがある旨を行政機関から指摘されたにもかかわらず、事業所において当該危険若しくは健康障害を防止するために必要な措置を講じなかったため離職した者

⑥ 事業主が法令に違反し、妊娠中若しくは出産後の労働者又は子の養育若しくは家族の介護を行う労働者を就業させ、若しくはそれらの者の雇用の継続等を図るための制度の利用を不当に制限したこと又は妊娠したこと、出産したこと若しくはそれらの制度の利用の申出をし、若しくは利用をしたこと等を理由として不利益な取扱いをしたため離職した者

⑦ 事業主が労働者の職種転換等に際して、当該労働者の職業生活の継続のために必要な配慮を行っていないため離職した者

⑧ 期間の定めのある労働契約の更新により3年以上引き続き雇用されるに至った場合において当該労働契約が更新されないこととなったことにより離職した者

⑨ 期間の定めのある労働契約の締結に際し当該労働契約が更新されることが明示された場合において当該労働契約が更新されないこととなったことにより離職した者(上記⑧に該当する者を除く。)

⑩ 上司、同僚等からの故意の排斥又は著しい冷遇若しくは嫌がらせを受けたことによって離職した者、事業主が職場におけるセクシュアルハラスメントの事実を把握していながら、雇用管理上の必要な措置を講じなかったことにより離職した者及び事業主が職場における妊娠、出産、育児休業、介護休業等に関する言動により労働者の就業環境が害されている事実を把握していながら、雇用管理上の必要な措置を講じなかったことにより離職した者

⑪ 事業主から直接若しくは間接に退職するよう勧奨を受けたことにより離職した者(従来から恒常的に設けられている「早期退職優遇制度」等に応募して離職した場合は該当しない。)

⑫ 事業所において使用者の責めに帰すべき事由により行われた休業が引き続き3か月以上となったことにより離職した者

⑬ 事業所の業務が法令に違反したため離職した者

退職

Ⅰ　有期労働契約の期間が満了し、かつ、更新がなされないことにより離職した者
※　更新を希望したにもかかわらず、更新についての合意が成立するに至らなかった場合に限る。
※　「特定受給資格者の範囲」のⅡの⑧、⑨に該当する場合を除く。
※　労働契約の契約更新条項が「契約を更新する場合がある」とされている場合など、契約の更新について明示はあるが契約更新の確約まではない場合。
Ⅱ　正当な理由のある自己都合により離職した者
①　体力の不足、心身の障害、疾病、負傷、視力の減退、聴力の減退、触覚の減退等により離職した者
②　妊娠、出産、育児等により離職し、雇用保険法第20条第1項の受給期間延長措置を受けた者
③　父若しくは母の死亡、疾病、負傷等のため、父若しくは母を扶養するために離職を余儀なくされた場合又は常時本人の看護を必要とする親族の疾病、負傷等のために離職を余儀なくされた場合のように家庭の事情が急変したことにより離職した者
④　配偶者又は扶養すべき親族と別居生活を続けることが困難となったことにより離職した者
⑤　次の理由により、通勤不可能又は困難となったことにより離職した者
ⅰ）結婚に伴う住所の変更
ⅱ）育児に伴う保育所その他これに準ずる施設の利用又は親族等への保育の依頼
ⅲ）事業所の通勤困難な地への移転
ⅳ）自己の意思に反しての住所又は居所の移転を余儀なくされたこと
ⅴ）鉄道、軌道、バスその他運輸機関の廃止又は運行時間の変更等
ⅵ）事業主の命による転勤又は出向に伴う別居の回避
ⅶ）配偶者の事業主の命による転勤若しくは出向又は配偶者の再就職に伴う別居の回避
⑥　その他、「特定受給資格者の範囲」のⅡの⑪に該当しない企業整備による人員整理等で希望退職者の募集に応じて離職した者等
※　給付制限を行う場合の「正当な理由」に係る認定基準と同様に判断されます。

◀所定給付日数▶

①自己都合退職や定年退職、特定理由離職者のうち「Ⅱ　正当な理由のある自己都合により離職した者」の給付日数（一般）※③を除く

区分 \ 被保険者であった期間	1年未満	1年以上10年未満	10年以上20年未満	20年以上
全年齢	—	90日	120日	150日

②特定受給資格者と特定理由離職者のうち「Ⅰ　有期労働契約の期間が満了し、かつ更新がなされないことにより離職した者」の給付日数 ※③を除く

区分 \ 被保険者であった期間	1年未満	1年以上5年未満	5年以上10年未満	10年以上20年未満	20年以上
30歳未満	90日	90日	120日	180日	—
30歳以上35歳未満	90日	120日	180日	210日	240日
35歳以上45歳未満	90日	150日	180日	240日	270日
45歳以上60歳未満	90日	180日	240日	270日	330日
60歳以上65歳未満	90日	150日	180日	210日	240日

③就職が困難な者（障害者等）の場合の給付日数

区分 \ 被保険者であった期間	1年未満	1年以上
45歳未満	150日	300日
45歳以上65歳未満	150日	360日

対象者	受給資格	給付制限	所定給付日数
特定受給資格者	離職以前1年間に賃金支払11日以上の月、または賃金支払の基礎となった労働時間数が80時間以上ある月が6か月以上	なし	特定受給資格者
特定理由離職者Ⅰ	離職以前1年間に賃金支払11日以上の月、または賃金支払の基礎となった労働時間数が80時間以上ある月が6か月以上	なし	特定受給資格者（令和7（2025）年3月31日まで）
特定理由離職者Ⅱ	離職以前1年間に賃金支払11日以上の月、または賃金支払の基礎となった労働時間数が80時間以上ある月が6か月以上	なし	一般
一般	離職以前2年間に賃金支払11日以上の月、または賃金支払の基礎となった労働時間数が80時間以上ある月が12か月以上	制限	一般

退職

◆ 再就職手当とは ◆

　再就職手当は、雇用保険の基本手当の支給残日数が3分の1以上残っている人が、安定した職業に就いた場合、一定の要件に該当するときに支給される保険給付です。

　次の場合に、支給対象となります。

1. 就職日の前日までの失業の認定を受けた後の基本手当の支給残日数が、所定給付日数の3分の1以上あること。
2. 1年を超えて勤務することが確実であると認められること
3. 待期満了後の就職又は事業開始であること
4. 離職理由による給付制限を受けた場合は、待期満了後1か月間については、ハローワークまたは許可・届け出のある職業紹介事業者の紹介により就職したものであること
5. 離職前の事業主に再び雇用されたものでないこと(資本・資金・人事・取引等の状況からみて、離職前の事業主と密接な関係にある事業主も含みます。)
6. 就職日前3年以内の就職について、再就職手当または常用就職支度手当の支給を受けていないこと
7. 受給資格決定(求職申し込み)前から採用が内定していた事業主に雇用されたものでないこと
8. 原則、雇用保険の被保険者資格を取得する要件を満たす条件での雇用であること

◆ 再就職手当を受けるための手続き ◆

　再就職手当を受けるには、就職した日の翌日から1か月以内に再就職手当支給申請書を管轄のハローワークに提出します。再就職手当の支給額は、「基本手当日額×支給残日数×10分の6　(支給残日数が3分の2以上の「早期再就職者」の場合は10分の7)」です。ただし、基本手当日額には年齢区分によって上限額が設定されています。

　なお、再就職手当が支給されると、「再就職手当額 ÷ 基本手当日額」で計算した日数の基本手当を支給したものとみなされます。

◆ 就業促進定着手当 ◆

　再就職手当を受けた人は、再就職後の賃金が離職前の賃金より低い場合には、さらに「就業促進定着手当」が受けられる場合があります。支給額は、「基本手当日額×支給残日数×10分の4　(「早期再就職者」の場合は10分の3)」を上限に、

「(離職前の賃金日額 − 再就職後6か月間の賃金の1日分の額) × 再就職後6か月間の賃金の支払いの基礎となった日数」という計算式で計算します。

　再就職手当を受ける際、支給決定通知書と一緒に就業促進定着手当支給申請書が交付されます。就業促進定着手当を受けるためには、この申請書を、再就職した日から6か月経過した日の翌日から2か月以内に、再就職手当の支給申請を行ったハローワークに提出します。

Q&A 退職後に従業員が行う手続き

Q 退職後に加入する医療保険の種類とは？

A 従業員は退職により、会社の健康保険の被保険者資格を失います。そのため退職後は個人で何らかの医療保険に加入しなければなりません。加入する医療保険にはいくつか種類があり、どの保険に加入するかは退職後の本人の状況によって異なります。なお、20歳以上60歳未満の人は、医療保険の加入とあわせて、国民年金への切り替え手続きも必要になります。

◀退職後の医療保険の種類▶

	退職後の状況	医療保険の種類	要件
①	引き続き個人で健康保険に加入する場合	健康保険 （任意継続被保険者）	・退職日までに被保険者期間が継続して2か月以上あること ・退職日の翌日から20日以内に申し出ること
②	健康保険に加入している家族の扶養に入る場合	健康保険 （被扶養者）	・家族が加入している健康保険の扶養家族になるための要件を満たしていること※1)
③	上記①②のいずれにも該当しない場合	国民健康保険 （被保険者）	

※1）家族の健康保険に加入する場合の要件については第5章（5-5・112ページ）を参照してください。
※2）上記以外にも、定年などで退職した人が加入できる「特例退職被保険者制度」のある健康保険組合の場合、要件を満たすと「特例退職被保険者」になれる場合があります。

①の健康保険の任意継続の制度は、退職や労働契約の変更などで健康保険の被保険者の資格を喪失したときに、要件を満たしていれば、それまで加入していた健康保険に引き続き個人で加できる制度です。最大2年間加入できますが、令和4（2022）年1月より2年の間で本人が辞めたいときに脱退することが可能になりました。

③の国民健康保険（国保）は、個人事業主やその従業員、職場の健康保険に加入していない人などが加入する医療保険で、都道府県及び市区町村が運営する地域保険です。後期高齢者医療制度に移行する75歳になるまで加入できます。

②の健康保険に加入している家族の扶養家族となり健康保険に被扶養者として加入する場合、保険料を負担することなく健康保険の給付を受けることができます。ただし、収入などの一定の要件を満たしていないと加入できません。

①の健康保険の任意継続と③の国民健康保険のどちらを選択するか判断するときには、負担する保険料の金額が判断材料となります。以前は医療保険の給付内容も比較検討の判断材料となりましたが、現在はどちらの医療保険も自己負担割合は2割〜3割であり、他の給付内容についても差がありません。

在職中は保険料を会社と折半して負担していましたが、健康保険の任意継続被保険者は従業員自身で全額負担し納付します。保険料は資格喪失時の標準報酬月額によって決

定され原則として変わりません。ただし、上限が設けられており、資格喪失時の標準報酬月額と上限の標準月額とのどちらか少ない額とされます。なお、令和4（2022）年1月より健康保険組合においては、規約で定めた場合は、上限額を設けず資格喪失時の標準報酬月額により決定することが可能となったため健康保険組合へ加入している場合はご加入の健康保険組合へご確認下さい。

　国民健康保険の保険料は前年の所得などに応じて決まり、市区町村によって異なります。国民健康保険には扶養の制度がありませんので、扶養家族がいる場合、国民健康保険の被保険者の世帯人員数に応じて保険料が決定されます。なお、国民健康保険には保険料の減免制度があります。

　また、健康保険の任意継続被保険者となるためは、退職日の翌日から20日以内に申請する必要がありますので、任意継続被保険者を希望する方には早めの検討をおすすめします。

退職

第10章

60歳・70歳・75歳
になったときの手続き

10−1 従業員が60歳になり給料額が下がったとき

◆ポイント◆

- ●60歳等で定年になり給料が一定額下がって65歳まで再雇用される場合には高年齢雇用継続給付の手続きが必要です。
- ●高年齢雇用継続給付には「高年齢雇用継続基本給付金」と「高年齢再就職給付金」の２種類あります。
- ●この手続きを行わないと、60歳等以降に給料額が下がって働く際に支給される雇用保険の給付金が受けられません。

◇ 高年齢雇用継続給付の概要 ◇

　60歳等で定年になり65歳まで再雇用される場合、給料額が大幅に下がるケースがあります。このような場合で下記の支給要件を満たした場合は、雇用保険から「高年齢雇用継続給付」が支給されます。

　高年齢雇用継続給付には２種類あり、60歳以降も引き続き同じ会社で働く場合に支給される「高年齢雇用継続基本給付金」と、会社を退職後に基本手当を受給し60歳以降に再就職した場合に支給される「高年齢再就職給付金」に分かれます。

　高年齢雇用継続給付は、雇用保険の加入期間（被保険者期間）が５年以上あり、60歳時の給料額に比べて75％未満に低下した状態で働き続ける場合に支給されます。なお、高年齢雇用継続基本給付金と高年齢再就職給付金とで若干支給要件が異なります。

	高年齢雇用継続基本給付金	高年齢再就職給付金
支給要件	・60歳以上65歳未満で雇用保険の加入期間が５年以上あること ・60歳以降に雇用保険の失業給付を受給していないこと ・60歳到達時の給料に比べ75％未満の給料で働いていること	・再就職した日の前日における基本手当の支給残日数が100日以上であること ・基本手当の算定基礎期間が５年以上であること ・「高年齢再就職給付金にかかる賃金月額」に比べ75％未満の給料で働いていること ・１年を超えて引き続き雇用されることが確実であると認められた仕事に再就職したこと ・同一の就職について再就職手当を受給していないこと

支給期間	・最大で65歳に達する日の属する月まで	・基本手当の支給残日数が100日以上200日未満の場合は1年間、支給残日数が200日以上の場合は2年間（ただし65歳に達する日の属する月までが限度）

◆ 高年齢雇用継続給付の手続き ◆

　「雇用保険被保険者60歳到達時等賃金証明書」と「高年齢雇用継続給付受給資格確認票」をセットで提出します。添付書類として「賃金台帳のコピー」「出勤簿（タイムカード）のコピー」「年齢の確認できる書類（運転免許証のコピーやパスポート、あるいは住民票記載事項証明書など）」が必要です。

　なお、令和3（2021）年8月1日以降は、マイナンバーを届け出ている場合は「年齢の確認できる書類（運転免許証のコピーやパスポート、あるいは住民票記載事項証明書など）」の添付が不要です。

　手続きが完了すると、対象従業員の「受給資格確認通知書」と「高年齢雇用継続給付支給申請書」が発行されます。

◆ 支給額 ◆

　高年齢雇用継続給付の支給額は、支給対象月の給料額が60歳到達時賃金月額の61％以下に低下した場合は、支給対象月の15％相当額が支給されます。また、60歳到達時賃金月額の61％超75％未満の場合は、低下率に応じて15％相当額未満となります。

> 低下率＝支給対象月の給料額／60歳到達時賃金月額×100

低下率	支給額
61％以下の場合	支給対象月の給料額×15％
61％超75％未満の場合	低下率に応じて支給対象月の給料額×15％相当未満の率（支給額＝－183／280×支給対象月の給料額 ×137.25／280×60歳到達時賃金月額）

70歳60歳・75歳

　ただし、高年齢雇用継続給付には上限額があるため、支給対象月の給料額が上限額を超えている場合は、高年齢雇用継続給付は支給されません。

◆ 高年齢雇用継続給付の見直しについて ◆

　高年齢雇用継続給付は、令和7（2025）年度から新たに60歳となる労働者への同給

付の給付率を10％に縮小する予定です（令和7（2025）年4月1日施行）。

　その理由としては、「高年齢者雇用安定法」の改正により、65歳までの就労を認める会社が増えており、また、「同一労働同一賃金」が法制化されたことにより、高年齢者も含めて公正な待遇の確保が期待できる体制が整ったため、高年齢雇用継続給付金の役割は終了したという判断によるためです。

◀手続きのポイント▶

項目	内容
申請書類	雇用保険被保険者六十歳到達時等賃金証明書 高年齢雇用継続給付受給資格確認票 高年齢雇用継続給付支給申請書（2回目以降）
添付書類	・賃金台帳のコピー ・出勤簿またはタイムカード等のコピー ・年齢の確認できる書類のコピー 　例）運転免許証、パスポート、住民票記載事項証明書など 　（ただしマイナンバーの届け出がある場合は添付不要）
提出先	ハローワーク
提出期限	最初に支給を受けようとする支給対象月の初日から起算して4か月以内（初回） ハローワークが指定する支給申請日の期間内（2回目以降）
交付物・控書類	雇用保険被保険者六十歳到達時等賃金証明書（事業主控） 受給資格確認通知書 高年齢雇用継続給付支給申請書（2回目以降用）

雇用保険被保険者六十歳到達時等賃金証明書（安定所提出用）

① 被保険者番号	5053-226790-1	③ フリガナ	ヤマダ　タロウ
② 事業所番号	1301-543210-5	60歳に達した者の氏名	山田　太郎

④ 事業所	名称	株式会社　あかさたな	⑤ 60歳に達した者の	〒182-0017
	所在地	千代田区〇〇2-8-13	住所又は居所	調布市深大寺元町〇-〇-〇
	電話番号	03-6777-XXXX		電話番号（042）567-XXXX

⑥ 60歳に達した日等の年月日	平成 令和 XX 年 11 月 30 日	⑦ 60歳に達した者の生年月日	昭和 平成 △△ 年 12 月 1 日

この証明書の記載は、事実に相違ないことを証明します。
住所　千代田区〇〇2-8-13
事業主
氏名　株式会社　あかさたな
代表取締役　田中　洋　　㊞

60歳に達した者の自筆による署名又は60歳に達した者の確認印

60歳に達した日等以前の賃金支払状況等

⑧ 60歳に達した日等に離職したとみなした場合の被保険者期間算定対象期間 60歳に達した日等の翌日 12月1日	⑨ ⑧の期間における賃金支払基礎日数	⑩ 賃金支払対象期間	⑪ ⑩の基礎日数	⑫ 賃　金　額			⑬ 備　考
				Ⓐ	Ⓑ	計	
11月1日～60歳に達した日等	30日	11月16日～60歳に達した日等	15日	未計算			
10月1日～10月31日	31日	10月16日～11月15日	31日	426,200			
9月1日～9月30日	30日	9月16日～10月15日	30日	422,800			
8月1日～8月31日	31日	8月16日～9月15日	31日	355,766			
7月1日～7月31日	31日	7月16日～8月15日	31日	356,297			
6月1日～6月30日	30日	6月16日～7月15日	31日	356,297			
5月1日～5月31日	31日	5月16日～6月15日	31日	355,766			
月 日～ 月 日	日	月 日～ 月 日	日				
月 日～ 月 日	日	月 日～ 月 日	日				
月 日～ 月 日	日	月 日～ 月 日	日				
月 日～ 月 日	日	月 日～ 月 日	日				
月 日～ 月 日	日	月 日～ 月 日	日				

⑭ 賃金に関する特記事項	六十歳到達時等賃金証明書受理 令和　年　月　日 （受理番号　　　　番）
※ 公共職業安定所記載欄	

70歳 60歳・75歳

(注)
　本手続は電子申請による申請が可能です。
　なお、本手続について、社会保険労務士が事業主の委託を受け、電子申請により本申請書の提出に関する手続を行う場合には、当該社会保険労務士が当該事業主から委託を受けた者であることを証明するものを本申請書の提出と併せて送信することをもって、本申請書に係る当該事業主の電子署名に代えることができます。
　また、本手続について、事業主が本申請書の提出に関する手続を行う場合には、当該事業主が被保険者から、当該被保険者が六十歳到達時等賃金証明書の内容について確認したことを証明するものを提出させ、保存しておくことができます。この場合の60歳に達した者の確認印又は自筆による署名欄には、60歳に達した者の確認印又は自筆による署名に代えて「申請について同意済み」と記載してください。

社会保険労務士記載欄	作成年月日・提出代行者・事務代理者の表示	氏　　　名	電話番号	※	所長	次長	課長	係長	係

(46) 2020.4

様式第33号の3（第101条の5、第101条の7関係）（第1面）

高年齢雇用継続給付受給資格確認票・(初回) 高年齢雇用継続給付支給申請書

（必ず第2面の注意書きをよく読んでから記入してください。）

帳票種別 `15300`

1.個人番号 `1 1 2 2 3 3 4 4 5 6 7 0`

2.被保険者番号 `5 0 5 3 - 2 2 6 7 9 0 - 1`

3.資格取得年月日 `4 - X X X X X`（3 昭和　4 平成／5 令和）元号 年 月 日

4.被保険者氏名 山田　太郎　　フリガナ（カタカナ）`ヤマダ　タロウ`

5.事業所番号 `1 3 0 7 - 5 4 3 2 1 0 - 5`

6.給付金の種類 `1`（1 基本給付金／2 再就職給付金）

＜賃金支払状況＞

7. 支給対象年月その1 `5 - X X 0 1` 元号 年 月

8.7欄の支給対象年月に支払われた賃金額 `2 2 5 0 0 0` 円

9.賃金の減額のあった日数 `0` 日

10.みなし賃金額 円

11.支給対象年月その2 `5 - X X 0 2` 元号 年 月

12.11欄の支給対象年月に支払われた賃金額 `2 2 5 0 0 0` 円

13.賃金の減額のあった日数 `0` 日

14.みなし賃金額 円

15.支給対象年月その3 `5 -` 元号 年 月

16.15欄の支給対象年月に支払われた賃金額 円

17.賃金の減額のあった日数 日

18.みなし賃金額 円

※公共職業安定所記載欄

高年齢雇用継続給付受給資格確認票項目記載欄

60歳到達時等賃金登録欄

19.賃金月額（区分ー日額又は総額） - 円（1 日額／2 総額）

20.登録区分

21.基本手当の受給資格

22.定年等修正賃金登録年月日 `5 -`

23.受給資格確認年月日 `5 -` 元号 年 月 日

24.支給申請月（1 奇数月／2 偶数月）

25.次回（初回）支給申請年月日 `5 -` 元号 年 月 日

26.支払区分

27. 金融機関・店舗コード 口座番号 -

28. 未支給区分（空欄 未支給以外／1 未支給）

その他賃金に関する特記事項

29.	30.	31.

上記の記載事実に誤りのないことを証明します。

令和XX年3月10日

事業所名（所在地・電話番号）　株式会社　あかさたな　千代田区〇〇2-8-13　03-6777-XXXX

事業主氏名　代表取締役　田中　洋　印

上記のとおり高年齢雇用継続給付の受給資格の確認を申請します。
雇用保険法施行規則第101条の5及び第101条の7の規定により、上記のとおり高年齢雇用継続給付の支給を申請します。

令和XX年3月10日　飯田橋 公共職業安定所長 殿

住　所　調布市深大寺元町〇-〇-〇
申請者氏名（フリガナ ヤマダ タロウ）山田　太郎

払渡希望金融機関指定届 | 32.払渡希望金融機関 | フリガナ マルマル ギンコウ バツバツ 名称 〇〇 銀行 XX | 本店（支店）シテン | 金融機関コード `1 1 3 2` 店舗コード `0 2 1` |

銀行等（ゆうちょ銀行以外）口座番号（普通）`7 1 2 3 4 5 6`

ゆうちょ銀行 記号番号（総合）-

備考：賃金締切日 15日｜賃金支払日（当月・翌月）25日｜賃金形態（月給・日給・時間給）
所定労働日数：7欄 21日｜11欄 21日｜15欄
通勤手当（毎月・3か月・6か月）・無

※処理欄：資格確認の可否 可・否　年齢確認書類 住・免・（　）　資格確認年月日 令和　年　月　日　通知年月日 令和　年　月　日

社会保険労務士記載欄：作成年月日・提出代行者・事務代理者の表示　氏名　電話番号

※ 所長　次長　課長　係長　係　操作者

2021.9

264

10−2 高年齢雇用継続給付の申請

◆ポイント◆

●2か月に1回の申請タイミングに注意が必要です。
●支給申請期限を過ぎると支給が受けられなくなります。
●必ず支給期限内に手続きを行う必要があります。

◇ 高年齢雇用継続給付の支給申請手続き ◇

　「高年齢雇用継続基本給付金」と「高年齢再就職給付金」の申請は、「高年齢雇用継続給付支給申請書」に必要事項を記入し、原則として2か月に1回のタイミングでハローワークへ提出します。添付書類として、支給申請期間にかかる「賃金台帳のコピー」と「出勤簿またはタイムカードのコピー」を添付します。

　なお、支給申請期間が決まっているので、提出期限を過ぎないように注意が必要です。申請に問題がなければ指定の銀行口座に約1週間から10日の間に給付金が振り込まれます。支給申請書を提出すると支給決定額が印字された決定通知書と、次回の支給申請書が発行されます。決定通知書は従業員本人に渡します。

70歳・75歳 60歳

10−3 老齢年金の受給

◆ポイント◆

- 老齢年金の支給開始年齢は原則65歳です。
- 生年月日等一定の要件を満たしている場合は特例として「特別支給の老齢厚生年金」が65歳前に支給されます。
- 在職しながら年金を受給する場合、在職老齢年金のしくみにより一部または全部の年金額が支給停止します。
- 年金は自動的に支給されませんので、原則本人が支給申請手続きを行います。

◇ 老齢年金の概要 ◇

　老齢年金には「老齢厚生年金」と「老齢基礎年金」があり、それぞれ次の要件を満たした場合に原則として65歳から支給されます。ただし、生年月日等一定の要件を満たしている場合は65歳になるまで「特別支給の老齢厚生年金」が支給されます。

　「老齢基礎年金」の金額は、20歳から60歳になるまでの40年間の保険料をすべて納めると、満額の老齢基礎年金（令和6 (2024)年度金額　年額816,000円）を受け取ることができます（令和6年4月改定）。

　65歳からの「老齢厚生年金」は、「老齢基礎年金」に上乗せされる形で支給されます。なお、支給金額は後述の「特別支給の老齢厚生年金」の報酬比例部分と同じ計算式です（267ページ参照）。その他一定の要件を満たした場合は「老齢基礎年金」「老齢厚生年金」のほかに、「加給年金」「経過的加算」が支給されます。

　なお、老齢年金の手続きは自動的に行われるわけではないため、原則本人が支給申請手続きを行います。

	老齢厚生年金	老齢基礎年金
支給要件	厚生年金の被保険者期間が1か月以上あり、老齢基礎年金の受給要件を満たしている場合、65歳になったときに老齢基礎年金に上乗せして老齢厚生年金が支給。 ※ただし、生年月日等一定の要件を満たしている場合は65歳前に「特別支給の老齢厚生年金」が支給されます。	保険料納付済期間と保険料免除期間の合計が10年以上である場合、65歳になったときに支給。 ※なお、保険料納付済期間と保険料免除期間の合計が10年に満たない場合でも、保険料納付済期間、保険料免除期間および合算対象期間を合算した期間が10年以上である場合には、老齢基礎年金が支給されます。
支給金額	【平均標準報酬月額×9.5/1000〜7.125/1000（生年月日に応じた率）×平成15（2003）年3月までの被保険者期間の月数】+【平均標準報酬額×7.308/1000〜5.481/1000（生年月日に応じた率）×平成15（2003）年4月以後の被保険者期間の月数】 ※一定の要件を満たした場合は「加給年金」「経過的加算」が支給されます。	年金額（満額）＝ 年額816,000円（月額68,000円）※令和6（2024）年度の金額 ※ただし、国民年金の保険料免除期間がある場合は別の計算式で算出された金額となります。

※ただし、生年月日等一定の要件を満たしている場合は65歳前に「特別支給の老齢厚生年金」が支給。

◆ 特別支給の老齢厚生年金の概要 ◆

　老齢厚生年金は過去に支給開始年齢が60歳から65歳に引き上げられた経緯があるため、経過措置として「特別支給の老齢厚生年金」が65歳前に支給されます。なお、「特別支給の老齢厚生年金」は下記の要件を満たしている必要があります。

a　男性の場合、昭和36年4月1日以前に生まれたこと。
b　女性の場合、昭和41年4月1日以前に生まれたこと。
c　老齢基礎年金の受給資格期間(10年)があること。
d　厚生年金保険等に1年以上加入していたこと。
e　60歳以上であること。

　また、「特別支給の老齢厚生年金」には、「報酬比例部分」と「定額部分」の2つがあり、生年月日と性別により、支給開始年齢が異なります。

◀厚生年金の支給開始年齢▶

■昭和16年（女性は昭和21年）4月2日以後に生まれた方は、60歳から65歳になるまでの間、生年月日に応じて、支給開始年齢が引き上げられます。

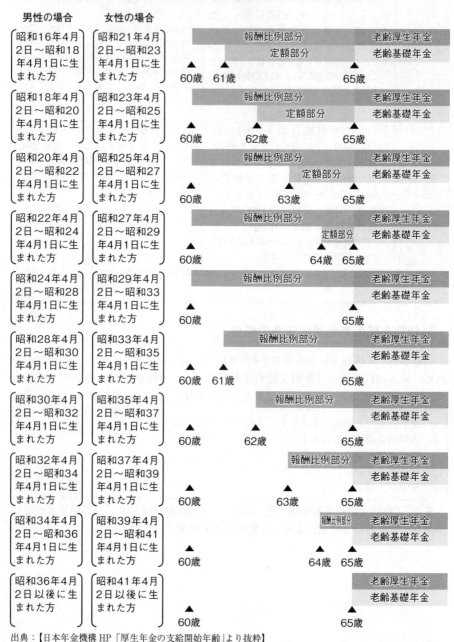

出典：【日本年金機構 HP「厚生年金の支給開始年齢」より抜粋】

この特別支給の老齢厚生年金のうち定額部分の支給は平成13（2001）年度から平成25（2013）年度にかけて、報酬比例部分の支給は平成25（2013）年度から令和7（2025）年度にかけて、段階的に65歳に引き上げられます。なお、女性は5年遅れのスケジュールです。

◆◇ 特別支給の老齢厚生年金の金額 ◇◆

　特別支給の老齢厚生年金の額は、「定額部分」と「報酬比例部分」に「加給年金」を加えた金額となります。

> 特別支給の老齢厚生年金 ＝【定額部分】＋【報酬比例部分】＋【加給年金額】

【定額部分】

> 1,621円×生年月日に応じた率×被保険者期間の月数

【報酬比例部分】

$$\text{平均標準報酬月額} \times \underset{\text{(生年月日に応じた率)}}{\frac{9.5}{1,000} \sim \frac{7.125}{1,000}} \times \text{平成15年3月までの被保険者期間の月数} + \text{平均標準報酬額} \times \underset{\text{(生年月日に応じた率)}}{\frac{7.308}{1,000} \sim \frac{5.481}{1,000}} \times \text{平成15年4月以後の被保険者期間の月数}$$

　なお、上記の式によって算出した額が下記の式によって算出した額を下回る場合は、下記の式によって算出した額が報酬比例部分の年金額になります。

$$\left(\text{平均標準報酬月額} \times \underset{\text{(生年月日に応じた率)}}{\frac{10}{1,000} \sim \frac{7.5}{1,000}} \times \text{平成15年3月までの被保険者期間の月数} + \text{平均標準報酬額} \times \underset{\text{(生年月日に応じた率)}}{\frac{7.692}{1,000} \sim \frac{5.769}{1,000}} \times \text{平成15年4月以後の被保険者期間の月数} \right)$$
$$\times 0.999 \text{（ただし昭和13年4月2日以降に生まれた人は0.997）}$$

【加給年金額】

　厚生年金保険の被保険者期間が20年以上ある場合、65歳到達時点（または定額部分支給開始年齢に到達した時点）で、生計を維持されている次表の配偶者または子がいるときに加算されます。

70歳・75歳 60歳

対象者	加給年金額	年齢制限
配偶者	234,800円	65歳未満であること（大正15年４月１日以前に生まれた配偶者には年齢制限はありません）
１人目・２人目の子	各234,800円	18歳到達年度の末日までの間の子または１級・２級の障害の状態にある20歳未満の子
３人目以降の子	各78,300円	18歳到達年度の末日までの間の子または１級・２級の障害の状態にある20歳未満の子

※１　老齢厚生年金を受けている方の生年月日に応じて、配偶者の加給年金額に34,700円〜173,300円が特別加算されます。

※２　令和6（2024）年度の金額です。

◇ 特別支給の老齢厚生年金の手続き ◇

　特別支給の老齢厚生年金が受けられる場合、支給開始年齢に到達する３か月前に、基礎年金番号、氏名、生年月日、性別、住所および年金加入記録が印字された「年金請求書（事前送付用）」及び年金の請求手続きの案内が、日本年金機構より従業員の自宅へ送付されます。支給開始年齢に到達してから「年金請求書（事前送付用）」に必要事項を記載し、添付書類として生年月日が確認できる「戸籍謄本（または戸籍抄本、戸籍の記載事項証明、住民票、住民票の記載事項証明書のいずれか１つ）」「本人名義の受取先金融機関の通帳」を添付して年金事務所または「街角の年金相談センター」へ提出します。ただし、単身者で日本年金機構にマイナンバーが登録されている場合、または年金請求書にマイナンバーを記入する場合は、戸籍謄本等の添付は原則不要です。

　なお、会社が従業員の代理で申請手続きをする場合など、本人以外が手続きをする場合は、委任状と代理人自身の本人確認できる運転免許証などの身分証明書が必要になります。

◇ 60歳以上65歳未満の在職老齢年金について ◇

　60歳以上65歳未満で会社に勤務しており、厚生年金保険に加入しながら老齢厚生年金を受給する場合は、基本月額（年金額を12で割った額）と総報酬月額相当額（毎月の賃金（標準報酬月額）＋１年間の賞与（標準賞与額）を12で割った額）に応じ、年金額が全部または一部支給停止される場合があります。

　「年金制度の機能強化のための国民年金法等の一部を改正する法律」が成立し、令和4（2022）年４月１日から、60歳以上65歳未満の在職老齢年金について、改正されました。これに伴い年金の支給が停止される基準が、改正前の賃金と年金月額

の合計額28万円から47万円に緩和されました。その後、賃金と年金月額の合計額が令和5（2023）年度は48万円、令和6（2024）年度は50万円までの方は年金額の支給停止がされなくなります。65歳以上の在職老齢年金制度についての基準は、令和6年度は50万円です（令和6年4月改定）。

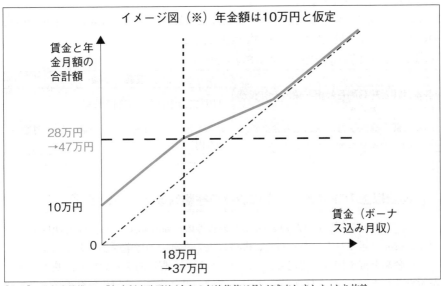

イメージ図（※）年金額は10万円と仮定

賃金と年金月額の合計額

28万円
→47万円

10万円

0

18万円
→37万円

賃金（ボーナス込み月収）

【出典】日本年金機構HP「年金制度改正法（令和2年法律第40号）が成立しました」より抜粋

◀60歳以上65歳未満の在職老齢年金▶（令和6年4月〜）

	支給停止額
基本月額と総報酬月額相当額の合計額が50万円以下のとき	0円（支給停止なしで満額支給）
基本月額と総報酬月額相当額の合計額が50万円を超えるとき	基本月額－（基本月額＋総報酬月額相当額－50万円）×1／2

70歳・60歳・75歳

◆ 65歳以上の在職老齢年金について ◆

　65歳以上で厚生年金保険に加入しながら老齢厚生年金を受給する場合（70歳以上の場合も含む）も、在職老齢年金の仕組みによって、年金額が全部または一部支給停止される場合があります。

　なお、65歳以上の在職老齢年金の支給停止の対象となるのは老齢厚生年金のため、老齢基礎年金は支給停止されず、全額支給されます。

◀65歳以上の在職老齢年金▶（令和6年4月〜）

	支給停止額
基本月額と総報酬月額相当額の合計額が50万円以下のとき	0円（支給停止なしで満額支給）
基本月額と総報酬月額相当額の合計額が50万円を超えるとき	基本月額 −（総報酬月額相当額 + 基本月額 − 50万円）× 1 ／ 2

◆ 65歳以上の在職老齢年金における在職時改定について ◆

　「年金制度の機能強化のための国民年金法等の一部を改正する法律」が成立し、令和4（2022）年4月1日から新たに65歳以上の在職中の老齢厚生年金受給者について、年金額を毎年10月に改定し、それまでに納めた保険料を年金額に反映する制度が新設されました（在職時改定）。これまでは、退職等により厚生年金被保険者の資格を喪失するまでは、老齢厚生年金の額は改定されませんでしたが、在職定時改定の導入により、継続勤務により厚生年金保険料を納付したことの効果を退職を待たずに早期に年金額に反映することで、年金を受給しながら働く従業員の経済基盤の充実が図られることになります。

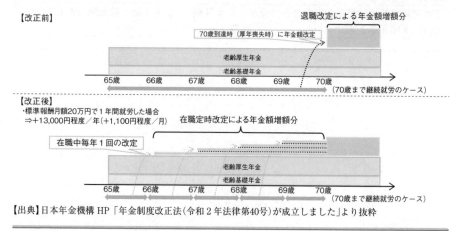

【出典】日本年金機構 HP「年金制度改正法（令和2年法律第40号）が成立しました」より抜粋

◀ 書式　年金請求書(国民年金・厚生年金保険老齢給付) ▶

様式第101号

年金請求書(国民年金・厚生年金保険老齢給付)

- ●年金を受ける方が記入する箇所は ▭ (黄色)の部分です。
- ●黒インクのボールペンで記入してください。鉛筆や、摩擦に伴う温度変化等により消色するインクを用いたペン
  またはボールペンは、使用しないでください。
- ●代理人の方が提出する場合は、年金を受ける方が13ページにある
  委任状をご記入ください。

二次元コード

届書コード			届書
7	1	1	

❽

市区町村　受付年月日

実施機関等　受付年月日

1．ご本人(年金を受ける方)について、太枠内をご記入ください。

㉓ 郵便番号	1 0 2 - 0 0 0 7 3			
フリガナ	チヨダ　ク	クダンキタ△-X-X		ユウヒマンション903
㉔ 住所	千代田 市区 町村	九段北△-X-X		夕陽マンション903 建物名
フリガナ	キ　ムラ	タ　ロウ	性別	
㉑ 氏名	(氏) 木村	(名) 太郎	①. 男 2. 女	

社会保険労務士の提出代行者欄

❶ 個人番号※ (または基礎年金番号)	7 3 2 4 0 1 0 2 3 4 7 6	❷ 生年月日	大正 昭和	△△年 6 月 7 日
電話番号1	03 ― 4258 ―XXXX	電話番号2	―	―

※個人番号(マイナンバー)については、14ページをご確認ください。
※基礎年金番号(10桁)で届出する場合は左詰めでご記入ください。

＊日中に連絡が取れる電話番号(携帯も可)をご記入ください。
＊予備の電話番号(携帯も可)があればご記入ください。

2．年金の受取口座をご記入ください。　貯蓄預金口座または貯蓄貯金口座への振込みはできません。

㉕ 受取機関	フリガナ	キ　ムラ	タ　ロウ
①. 金融機関 　(ゆうちょ銀行を除く) 2. ゆうちょ銀行(郵便局)	口座名義人 氏名	(氏) 木村	(名) 太郎

70歳60歳・75歳

		㉖ 金融機関コード	㉗ 支店コード	(フリガナ) サンカク △△	銀行 金庫 信組 農協 信連 信漁連 漁協	(フリガナ) サンカク △△	本店 支店 出張所 本所 支所	㉙ 預金 種別	㉚ 口座番号(左詰めで記入)
年金送金先	金融機関							①普通 2当座	1 2 3 4 5 6 7
	ゆうちょ銀行	㉚ 貯金通帳の口座番号							金融機関またはゆうちょ銀行の証明欄 ※
		記号(左詰めで記入)		番号(右詰めで記入)					1ページの氏名フリガナと、口座名義人の氏名フリガナが同じであることをご確認ください。
		→ ㉗ 支払局コード	0 1 0 1 6 0	―					

※通帳等の写し(金融機関名、支店名、口座名義人氏名フリガナ、口座番号の面)を添付する場合、証明は不要です。

273

10-4 従業員が70歳になったとき

◆ポイント◆

●厚生年金保険は70歳になったとき、被保険者資格を喪失します。
●健康保険は75歳まで引き続き加入します。
●ただし、「70歳以上被用者」に該当する場合、老齢厚生年金については、在職老齢年金のしくみにより全部または一部が支給停止する場合があります（老齢基礎年金は支給停止の対象外のため全額支給されます）。

◇ 厚生年金保険の資格喪失手続き ◇

　従業員が70歳になった場合は厚生年金保険の被保険者資格を喪失します。ただし、70歳以上であっても引き続き継続して雇用される場合は「70歳以上被用者」に該当するため、老齢厚生年金については在職老齢年金のしくみにより全部または一部が支給停止される場合があります（老齢基礎年金は支給停止の対象外のため全額支給）。

　厚生年金保険の資格喪失手続きは、次の(1)及び(2)の両方の要件に該当する人が、在職中に70歳に到達した場合は、日本年金機構において、厚生年金保険の資格喪失処理及び70歳以上被用者該当処理を行うため、会社からの70歳到達届の提出が不要（届出省略）となります。

(1)　70歳到達日以前から適用事業所に使用されており、70歳到達日以降も引き続き同一の適用事業所に使用される被保険者。
(2)　70歳到達日時点の標準報酬月額相当額（※）が、70歳到達日の前日における標準報酬月額と同額である被保険者。

※　70歳到達日時点において、70歳以上被用者に支払われる報酬月額（通貨・現物によるものの合計額）を、標準報酬月額に相当する金額に当てはめた額

　したがって、上記(1)及び(2)に該当しない70歳到達日時点の標準報酬月額相当額が、70歳到達日の前日における標準報酬月額と異なる被保険者については、「厚生年金保険資格喪失届（70歳到達届）／厚生年金保険70歳以上被用者該当届」の提出が必要です。なお、健康保険は75歳まで引き続き加入するため、資格喪失手続きは不要です。

◆ 70歳以上被用者に関する届出 ◆

　「70歳以上被用者」とは、厚生年金保険の適用事業所に新たに使用される人、又は70歳到達後も継続して使用される場合で次の要件に該当する人を指します。

【対象要件】
① 70歳以上の人
② 過去に厚生年金保険の被保険者期間を有する人
③ 厚生年金保険の適用除外に該当しないこと（厚生年金の被保険者と同様の所定労働時間及び所定労働日数で働いていること）

　なお、70歳以上の従業員を採用または従業員が70歳になったときには、次表の手続きが必要になります。

ケース	届出
70歳未満の厚生年金保険の被保険者が70歳到達後も勤務し続けるとき（※ただし、70歳到達日時点と標準報酬月額相当額が70歳到達日の前日における標準報酬月額と異なる場合に限る）又は70歳以上の人を新たに雇用したときの手続き	厚生年金保険70歳以上被用者該当届
上記の人が退職・死亡等したときの手続き	厚生年金保険70歳以上被用者不該当届
70歳以上の被用者について、定時決定を行うときの手続き	厚生年金保険70歳以上被用者算定基礎届
70歳以上の被用者について、随時改定に該当したときの手続き	厚生年金保険70歳以上被用者月額変更届
70歳以上の被用者について、賞与を支払ったときの手続き	厚生年金保険70歳以上被用者賞与支払届
育児休業終了日に3歳未満の子を養育している70歳以上被用者の3か月間の報酬月額相当額を届出し、大幅な変更がなくても標準報酬月額相当額を改定するための手続き	厚生年金保険70歳以上被用者育児休業等終了時報酬月額相当額変更届
産前産後休業終了日に当該産前産後休業に係る子を養育している70歳以上被用者の3か月間の報酬月額相当額を届出し、大幅な変更がなくても標準報酬月額相当額を改定するための手続き	厚生年金保険70歳以上被用者産前産後休業終了時報酬月額相当額変更届

70歳
・60歳
・75歳

10-5 従業員が75歳になったとき

　従業員が75歳になった場合は、後期高齢者医療制度の被保険者になるため、健康保険の被保険者資格を喪失します。「健康保険被保険者資格喪失届」に健康保険証と健康保険高齢受給者証を添付の上、日本年金機構へ提出します。

　なお、従業員が健康保険の資格を喪失すると、同時に家族の被扶養者資格も喪失します。このため、改めて家族の健康保険への加入手続きが必要です。新たに国民健康保険の被保険者となるか、他の家族の被扶養者になる手続きを行ってください。

Q 定年退職者への対応と手続きは具体的にどのように進めればよいでしょうか?

A 会社は「高年齢者雇用安定法」にて65歳までは、必ず「定年年齢の引上げ」「継続雇用制度の導入(再雇用制度または継続勤務制度)」「定年の定めの廃止」のうち何らかの雇用確保措置をとらなければなりません。実務的には、労働条件の見直しが行いやすいため、「再雇用制度の導入」を行っている会社が多く、会社は再雇用を機に定年退職後の従業員と新しい労働契約を締結することになります。

再雇用後の給料については、定年前よりも「下がる」ケースが多くなりますが、60歳からは一定の要件を満たした場合に「年金(在職老齢年金)」と「雇用保険の高年齢雇用継続給付」という公的給付が受給できるため、再雇用後の給料は以下の4つのパターンが考えられます。

【パターン1】「給料」のみ

【パターン2】「給料」＋「年金(在職老齢年金)」

【パターン3】「給料」＋「年金(在職老齢年金)」＋「高年齢雇用継続給付」

【パターン4】「給料」＋「高年齢雇用継続給付」

会社としては、会社から支払う給料額は定年前より少なくしつつ、従業員本人が受給できる公的給付を活かした【パターン2】、【パターン3】および【パターン4】で、再雇用後の新しい給料を決定するのがベストです。ただし、現在は同一労働同一賃金の問題もあるため、定年前と再雇用後の役職、職種、仕事内容、勤務日数や勤務時間、残業の有無などの労働条件など総合的に判断した上で、給料額を決定する必要があります。

定年退職後に再雇用等で継続して働く場合であって、加入要件を満たしている場合は、社会保険と労働保険にも引き続き加入します。なお、社会保険料の変更のタイミングは、給料や給料体系が変更になった月から4か月目に随時改定を行うことが原則です。したがって、定年を境に給料額が大幅に下がると、4か月にわたり、給料額に見合わない保険料が徴収されることになります。また、年金の受給額にも影響があり、従業員にとって不利益となります。このような理由から、60歳以上で、退職後継続して再雇用される人は、会社との雇用関係がいったん中断したものとみなします。そして「健康保険・厚生年金保険被保険者資格喪失届」および「健康保険・厚生年金保険被保険者資格取得届」を同時に提出し、再雇用された月から再雇用後の給料に応じて標準報酬月額を決定することが例外として認められています。これにより、通常の4か月目の改定ではなく、該当した当月から社会保険料を見直す手続を行うことが可能な取扱いになっています。

雇用保険については、高年齢雇用継続給付の受給手続きを行う必要があります(265ページ参照)。また、原則として年金の受給手続きは、従業員本人が行います(266ページ参照)。

第11章

教育を受けたとき
の手続き

◆ポイント◆

●現在、会社で働いている従業員はもちろん、退職後、再就職に向けて自己啓発のために勉強中の人も給付を受けることができます。

●「一般教育訓練給付金」「特定一般教育訓練給付金」「専門実践教育訓練給付金」があり、対象となる訓練内容はもちろんのこと、雇用保険の支給要件期間や給付される額に違いがありますので、各人に合った教育訓練講座を選択することが大事です。

◆ 教育訓練給付の概要 ◆

　教育訓練給付とは、働く人の主体的な能力開発の取組み、または中長期的なキャリア形成を支援し、雇用の安定と再就職の促進を図ることを目的とした雇用保険の給付制度です。

　一定の要件を満たす雇用保険の被保険者が、厚生労働大臣の指定を受けた教育訓練を受講し修了した場合、実際に教育訓練機関に支払った入学金や受講料の一部が給付金として支給されます。現在、会社で働いている従業員はもちろん、退職後、再就職に向けて自己啓発のために勉強中の人も利用することができます。

◆ 教育訓練給付金の種類 ◆

　教育訓練給付金の支給対象となる訓練には、「一般教育訓練」「特定一般教育訓練」「専門実践教育訓練」があります。各訓練の指定講座の内容は、『厚生労働大臣指定教育訓練講座一覧』にまとめられていますので、最寄りのハローワークで閲覧ができます。また、厚生労働省のホームページ「厚生労働大臣教育訓練講座検索システム」でも検索することができます。

◀教育訓練の種類と概要一覧▶

教育訓練の種類	給付率	対象講座の例
【一般教育訓練】その他の雇用の安定・就職の促進に資する教育訓練	受講費用の20％（上限10万円）が訓練修了後に支給	①資格の取得を目標とする講座 ・英語検定、簿記検定、IT パスポート など ②大学院などの課程 ・修士・博士の学位などの取得を目標とする課程

【特定一般教育訓練】特に労働者の速やかな再就職及び早期のキャリア形成に資する教育訓練	受講費用の40％（上限20万円）が訓練修了後に支給	①業務独占資格などの取得を目標とする講座 ・介護職員初任者研修、大型自動車第一種・第二種免許、税理士 など ②デジタル関係の講座 ・ITSS レベル 2 以上の IT 関係資格取得講座 など
【専門実践教育訓練】特に労働者の中長期的キャリア形成に資する教育訓練	最大で、受講費用の70％（年間上限56万円・最長4年）が訓練受講中及び訓練終了後に支給	①業務独占資格などの取得を目標とする講座 ・介護福祉士、社会福祉士、看護師、美容師、歯科衛生士、保育士、調理師 など ①デジタル関係の講座 ・ITSS レベル 3 以上の IT 関係資格取得講座 ・第四次産業革命スキル習得講座（経済産業大臣認定） ②大学院・大学などの課程 ・専門職大学院の課程（MBA、法科大学院、教職大学院 など） ・職業実践力育成プログラム（文部科学大臣認定）など ③専門学校の課程 ・職業実践専門課程（文部科学大臣認定） ・キャリア形成促進プログラム（文部科学大臣認定）

輸送・機械運転関係の資格や講座

B　大型自動車第一種・第二種免許
中型自動車第一種・第二種免許
大型特殊自動車免許
準中型自動車第一種免許
普通自動車第二種免許、けん引免許
玉掛け・フォークリフト運転・高所作業車運転・
小型移動式クレーン運転・床上操作式クレーン運転・
車両系建設機械運転技能講習
移動式クレーン運転士免許
クレーン・デリック運転士免許

情報関係の資格や講座

A　Web クリエイター能力認定試験
Microsoft Office Specialist2010、2013、2016
CAD利用技術者試験、建築CAD検定
Photoshop クリエイター能力認定試験
Illustrator クリエーター能力認定試験
VBAエキスパート
Oracle認定資格・LPICなどでITSSレベル1の資格
B　Oracle認定資格・LPICなどでITSSレベル2の資格
C　シスコ技術者認定などでITSSレベル3以上の資格
第四次産業革命スキル習得講座
（新技術・システム（クラウド、IoT、AI、データサイエンス）、
高度技術（ネットワーク、セキュリティ）など）

専門的サービス関係の資格や講座

A　中小企業診断士、司書・司書補
B　社会保険労務士、税理士
行政書士、司法書士、弁理士、通関士
ファイナンシャルプランニング技能検定
C　キャリアコンサルタント

事務関係の資格や講座

A　実用英語技能検定、TOEIC、TOEFL
中国語検定試験、HSK漢語水平考試
日本語教育能力検定試験
建設業経理検定
簿記検定試験（日商簿記）

医療・社会福祉・保健衛生関係の資格や講座

A　同行援護従事者研修
B　介護職員初任者研修
介護支援専門員実務研修等
特定行為研修、喀痰吸引等研修
福祉用具専門相談員、登録販売者試験
C　看護師、准看護師、助産師、保健師
介護福祉士（実務者養成研修含む）
美容師、理容師、保育士、栄養士
歯科衛生士、歯科技工士、社会福祉士
柔道整復師、精神保健福祉士
はり師、あん摩マッサージ指圧師
臨床工学技士、言語聴覚士
理学療法士、作業療法士、視能訓練士

営業・販売関係の資格や講座

A　インテリアコーディネーター
B　宅地建物取引士資格試験
C　調理師

製造関係の資格や講座

C　製菓衛生師

技術・農業関係の資格や講座

A　土木施工管理技士、管工事施工管理技士
建築施工管理技術検定
B　自動車整備士、電気主任技術者試験
C　測量士補

その他、大学・専門学校等の講座

A　修士・博士、科目等履修
履修証明プログラム
C　職業実践専門課程（商業実務、文化、工業、動物、情報、デザイン、自動車整備、土木・建築、スポーツ、旅行、服飾・家政、医療、経理・簿記、電気・電子、ビジネス、社会科学、農業など）
専門職学位課程（ビジネス・MOT、教職大学院、法科大学院など）
職業実践力育成プログラム（保健、社会科学、工学・工業など）

Aの資格や講座
費用**20**%
（上限年間10万円）支援

Bの資格や講座
費用**40**%
（上限年間20万円）支援

Cの資格や講座
費用最大**70**%
（最大224万円）支援

出典：厚生労働省 HP「教育訓練給付制度」より抜粋

◈ 一般教育訓練給付金の概要 ◈

　一般教育訓練給付は、働く人の主体的な能力開発の取組を支援し、雇用の安定と再就職の促進を図ることを目的とした訓練に対する給付です。

◈ 一般教育訓練給付金の支給対象者 ◈

　一般教育訓練給付金は、次の①または②のいずれかに該当する人で、厚生労働大臣が指定する一般教育訓練を修了した人に支給されます。

①雇用保険の被保険者（在職者）

　一般教育訓練の受講を開始した日に、雇用保険に加入している従業員で、雇用保険に加入した期間が３年以上ある人。

②雇用保険の被保険者ではない人（離職者等）

　一般教育訓練の受講を開始した日に、会社を辞めている等、雇用保険の被保険者ではない人で、被保険者資格を喪失した日以降、受講開始日までが１年以内（ただし、妊娠、出産、育児、疾病・負傷等の理由により適用対象期間の延長が行われた場合は最大20年以内）であり、かつ、雇用保険に加入した期間が３年以上ある人。

　ただし、①②ともに、当分の間、初めて教育訓練給付を受ける人については、雇用保険に加入した期間が１年以上あれば、支給申請が可能です。

◈ 一般教育訓練給付金の支給額 ◈

　「一般教育訓練給付金」の支給額は、受講者本人が教育訓練施設に支払った費用の20％で、支給される上限額は10万円までです。ただし、支払った費用の20％にあたる額が４千円以下の場合は支給されません。

◈ 一般教育訓練給付金の支給申請 ◈

　一般教育訓練給付金の支給申請手続は、教育訓練を受講した本人が、受講修了日の翌日から起算して１か月以内に、原則として本人の住所を管轄するハローワークに届出を行います。提出書類は次のとおりです。

a	教育訓練給付金支給申請書
b	教育訓練修了証明書
c	領収書
d	キャリアコンサルティングの費用の支給を申請する場合は、キャリアコンサルティングの費用に係る領収書、キャリアコンサルティングの記録、キャリアコンサルティング実施証明書
e	本人・住所確認書類

f　個人番号(マイナンバー)確認書類および身元確認書類
g　返還金明細書
h　払渡希望金融機関の通帳またはキャッシュカード
i　教育訓練経費等確認書

◇ 特定一般教育訓練給付金の概要 ◇

　特定一般教育訓練給付金は、特に労働者の速やかな再就職及び早期のキャリア形成に資する教育訓練が対象となります。職業に関して必要とされる知識や技能が変化し、多様な職業能力開発が求められる中で従業員の主体的な能力開発の取組を支援し、雇用の安定と再就職の促進を図ることを目的としています。

　業務独占資格、名称独占資格もしくは必置資格に関する養成課程またはこれらの資格取得を訓練目標とする課程や、情報通信技術に関する資格のうち ITSS レベル 2 以上の情報通信技術に関する資格取得を目標とする課程、短時間のキャリア形成促進プログラム及び職業実践力育成プログラムなどの講座が給付の対象となっています。

◇ 特定一般教育訓練給付金の支給対象者 ◇

　特定一般教育訓練給付金は、次の①または②のいずれかに該当する人で、厚生労働大臣が指定する特定一般教育訓練を修了した人に支給されます。
①雇用保険の被保険者(在職者)
　特定一般教育訓練の受講を開始した日において雇用保険の被保険者のうち、雇用保険に加入した期間が 3 年以上ある人。
②雇用保険の被保険者ではない人(離職者等)
　特定一般教育訓練の受講を開始した日において、会社を辞めている等、雇用保険の被保険者でない人で、被保険者資格を喪失した日以降、受講開始日までが 1 年以内(ただし、妊娠、出産、育児、疾病・負傷等の理由により適用対象期間の延長が行われた場合は最大20年以内)で雇用保険に加入した期間が 3 年以上ある人。
　ただし、①②ともに、初めて教育訓練給付の支給を受けようとする人については、当分の間、雇用保険に加入した期間が 1 年以上あれば申請が可能です。

◇ 特定一般教育訓練給付金の支給額 ◇

　「特定一般教育訓練給付金」の支給額は、受講者本人が教育訓練施設に支払った費用の40％で、支給される上限額は20万円までとなります。ただし、支払った費用の40％にあたる額が 4 千円以下の場合は支給されません。

教
育

◆ 特定一般教育訓練給付金の支給申請 ◆

①受講前の提出書類

特定一般教育訓練給付金の手続きは、受講する本人が、訓練対応キャリア・コンサルタントによる訓練前キャリア・コンサルティングで就業の目標、職業能力の開発・向上に関する事項を記載したジョブ・カードの交付を受けたあと、下記の書類をハローワークへ提出します。

この手続きは、受講開始日の1ヶ月前までに行う必要があります（支給を受けるための支給申請は、別途手続きが必要です）。

a　教育訓練給付金及び教育訓練支援給付金受給資格確認票(マイナンバーの記載が必要)

b　上記のジョブ・カード(訓練前キャリアコンサルティングでの発行から1年以内のもの)

c　本人・住居所確認書類(マイナンバーカード、運転免許証、写真付き住民基本台帳カード等)

d　個人番号(マイナンバー)確認書類および身元確認書類

e　払渡希望金融機関の通帳またはキャッシュカード

f　専門実践教育訓練給付および特定一般教育訓練給付再受給時報告
　　※過去に専門実践教育給付および特定一般教育訓練給付を受給したことがある場合に必要

②支給申請時の提出書類

特定一般教育訓練の教育訓練給付金の支給申請手続は、教育訓練を受講した本人が受講修了後、原則本人の住居所を管轄するハローワークに対して、下記の書類を提出することによって行います。

a　受給資格確認通知書

b　教育訓練給付金支給申請書

c　教育訓練修了証明書

d　特定一般教育訓練実施者が発行する教育訓練経費に関する領収書

e　本人・住所確認書類(マイナンバーカード、運転免許証、写真付き住民基本台帳カード等)

f　個人番号(マイナンバー)確認書類および身元確認書類

g　特定一般訓練教育実施者が発行する返還金明細書

h　教育訓練経費等確認書

i　特定一般教育訓練給付受給時報告書

◆ 専門実践教育訓練給付金の概要 ◆

専門実践教育訓練給付は働く人の主体的で中長期的なキャリア形成を支援し、雇用の安定と再就職の促進を図ることを目的としています。

また、専門実践教育訓練（通信制、夜間制を除く）を受講する方で、受講開始時に45歳未満など一定の要件を満たす方が、訓練期間中、失業状態にある場合に訓練受講をさらに支援するため、「教育訓練支援給付金」が支給されます（ただし、令和7（2025）年3月31日までの時限措置となります）。

◆ 専門実践教育訓練給付金の支給対象者 ◆

　専門実践教育訓練給付金は、次の①または②のいずれかに該当する人で、厚生労働大臣が指定する専門実践教育訓練を修了する見込みで受講している人、および修了した人に支給されます。

①雇用保険の被保険者（在職者）
　一般教育訓練の受講を開始した日に、雇用保険に加入している従業員で、受講開始日までの間に雇用保険に加入した期間が3年以上ある人。

②雇用保険の被保険者ではない人（離職者等）
　一般教育訓練の受講を開始した日に、会社を辞めている等、雇用保険の被保険者ではない人で、被保険者資格を喪失した日以降、受講開始日までが1年以内（ただし、妊娠、出産、育児、疾病・負傷等の理由により適用対象期間の延長が行われた場合は最大20年以内）であり、かつ、雇用保険に加入した期間が3年以上ある人。

　ただし、①②ともに、当分の間、初めて教育訓練給付を受ける人については、雇用保険に加入した期間が2年以上あれば、支給申請が可能です。

　また、専門実践教育訓練給付金を受けるためには、キャリアコンサルタントによる訓練前の面談など、受講開始日の1か月前までに行う必要あります。

◆ 専門実践教育訓練給付金の支給額 ◆

　「専門実践教育訓練給付金」は、専門実践教育訓練を受講している間と、修了後に支給されます。

　受講中に受給できる額は、教育訓練施設に支払った費用の50％で、支給される上限額は、訓練期間が1年間で40万円まで、2年間で80万円まで、3年間で120万円までです。ただし、支払った費用の50％にあたる額が4千円以下の場合は支給されません。

　また、資格取得等をし、かつ修了した日の翌日から1年以内に被保険者として雇用された場合には、教育訓練施設に支払った費用のさらに20％が追加され、合計70％が支給されます。上限額は、訓練期間が1年間で56万円まで、2年間で112万円まで、3年間で168万円までです。ただし、支払った費用の70％にあたる額が4千円以下の場合は支給されません。

　また、専門実践教育訓練を受給する人のうち、昼間通学制の専門実践教育訓練を

教育

受講し、受講開始時に45歳未満であるなど、一定の要件を満たした人が失業状態にある場合に、訓練受講をさらに支援するため、雇用保険の基本手当の日額の80％に相当する額が支給される「教育訓練支援給付金制度」があります。ただし、令和7（2025）年3月31日までの時限措置となります。

◇ 専門実践教育訓練給付金の支給申請 ◇

①受講前の提出書類

　専門実践教育訓練給付金の手続は、教育訓練を受講する本人が、訓練対応キャリアコンサルタントによる訓練前キャリアコンサルティングにおいて就業の目標、職業能力の開発・向上に関する事項を記載したジョブ・カードの交付を受けたあと、下記の書類をハローワークへ提出します。

　この手続は、受講開始日の1か月前までに行う必要があります（支給を受けるための支給申請は、別途手続が必要です。）。

a　教育訓練給付金及び教育訓練支援給付金受給資格確認票
b　上記のジョブ・カード（訓練前キャリアコンサルティングでの発行から1年以内のもの）
c　本人・住居所確認書類
d　個人番号（マイナンバー）確認書類および身元確認書類
e　写真2枚（最近の写真、正面上半身、縦3.0cm×横2.5cm）
　※本手続及びこれに続き今後行う支給申請ごとに個人番号（マイナンバー）カードを提示することで省略可能
f　払渡希望金融機関の通帳またはキャッシュカード
g　専門実践教育訓練給付及び特定一般教育訓練給付再受給時報告
　※過去に専門実践教育訓練給付及び特定一般教育訓練給付を受給したことがある場合に必要

②支給申請時の提出書類

　専門実践教育訓練の教育訓練給付金の支給申請手続は、教育訓練を受講した本人が受講中及び受講修了後、原則本人の住居所を管轄するハローワークに対して、下記の書類を提出することによって行います。

a　教育訓練給付金支給申請書
b　受講証明書または専門実践教育訓練修了証明書
c　教育訓練給付金受給資格者証
d　領収書
e　返還金明細書
f　教育訓練経費等確認書
g　専門実践教育訓練給付金最終受給時報告
　※専門実践教育訓練に係る最後の支給単位期間について教育訓練給付の支給を受けようとする場合に必要
h　専門実践教育訓練給付追加給付申請時報告
　※専門実践教育訓練修了後、資格取得したことにより支給申請した場合に必要

i 資格取得等したことにより支給申請する場合は、資格取得等を証明する書類

■ 様式第33号の2（第101条の2の11、第101条の2の11の2関係）（第1面）

教育訓練給付金支給申請書

帳票種類 `17501`

1.個人番号 `1234010234056`

● 第2面の注意をよくお読みください。
● 支給申請期間は、受講修了日の翌日から1ヵ月以内です。

2.被保険者番号 `5432-987654-1`

3.姓（漢字）`佐藤`

4.名（漢字）`京子`

5.フリガナ（カタカナ）`サトウ　キョウコ`

6.生年月日 `3-601111` 元号　年　月　日 (2 大正 3 昭和 / 4 平成 5 令和)

7.指定番号 `63330-126501-1` 元号　年　月　日

教育訓練施設の名称 `ライフケア　アカデミー`

教育訓練講座名 `実務研修コースⅠ`

8.受講開始年月日（基準日）`5-XX0410` 元号　年　月　日

9.受講修了年月日 `5-XX1031` 元号　年　月　日

10.教育訓練経費 `175800` 円

キャリアコンサルタントの名称

11.キャリアコンサルティングを受けた年月日 `5-` 元号　年　月　日

12.キャリアコンサルティングの費用 円

13.郵便番号 `142-0061`

教育訓練講座の受講をあっせんした販売代理店等及び販売員の名称

（販売代理店等）　（販売員）

14.住所（漢字）※市・区・郡及び町村名 `品川区小山台`

住所（漢字）※丁目・番地 `○-X-○-204`

住所（漢字）※アパート、マンション名等

※公共職業安定所記載欄

15.決定年月日 `5-` 元号　年　月　日

16.未支給区分 （空欄 未支給以外 / 1 未支給）

17.支払区分

18.金融機関・店舗コード　口座番号

特定一般区分 （空欄 一般 / 1 特定）

雇用保険法施行規則第101条の2の11又は第101条の2の11の2の規定により、上記のとおり教育訓練給付金の支給を申請します。

電話番号 `090-XXXX-XXXX`

令和XX年11月10日　品川 公共職業安定所長 殿

申請者　氏　名 `佐藤 京子`

払渡希望金融機関指定届

19. 払渡希望金融機関	フリガナ	バツバツ	ギンコウ	バツバツ	シテン	金融機関コード	店舗コード
	名　称	XX	銀行	XX	本店（支店）	`9999`	`999`
銀行等（ゆうちょ銀行以外）	口座番号	（普通）`7654321`					
ゆうちょ銀行	記号番号	（総合）　-					

備考

※処理欄	決定年月日	令和　　　年　　　月　　　日
	支給決定額	円
	不支給理由	
	通知年月日	令和　　　年　　　月　　　日
	修了証明書	領収書	本人・住所	運受・健出・住印	被保険者証	本・代・郵

※	所長	次長	課長	係長	係	操作者

（この用紙は、このまま機械で処理しますので、汚さないようにしてください。）

2022.3

288

参考資料

- ・「手続きのポイント」一覧表
- ・人事労務担当者の仕事
- ・手続発生の例
- ・各種料率表等

◈「手続きのポイント」一覧表 ◈

◀会社が社会保険に加入する手続き▶

項目	内容
申請書類	健康保険・厚生年金保険新規適用届 健康保険・厚生年金保険保険料口座振替納付申出書
添付書類	・法人事業所の場合：法人(商業)登記簿謄本 ・国、地方公共団体の場合：法人番号指定通知書等のコピー ・個人事業所の場合：事業主の世帯全員の住民票 ※会社の所在地が登記上の所在地等と異なる場合、もしくは個人事業主の住民票の所在地と異なる場合は「賃貸借契約書のコピー」
提出先	日本年金機構または健康保険組合
提出期限	適用事業所に該当してから5日以内
交付物・ 控書類	・健康保険・厚生年金保険新規適用届(事業主控が必要な場合はコピーを添付) ・健康保険・厚生年金保険保険料口座振替納付申出書(事業主控)
その他	必要に応じて、日本年金機構または健康保険組合から確認書類の提出を求められることがある。
参照ページ	第2章　新規加入手続き(36ページ)

◀会社が労働保険に加入する手続き▶

項目	内容
申請書類	労働保険保険関係成立届 労働保険概算保険料申告書
添付書類	・法人(商業)登記簿謄本
提出先	労働基準監督署
提出期限	【労働保険保険関係成立届】 労働保険関係が成立した日の翌日から10日以内 【労働保険概算保険料申告書】 労働保険関係が成立した日の翌日から50日以内
交付物・ 控書類	・労働保険保険関係成立届(事業主控) ・労働保険概算保険料申告書(事業主控)
その他	概算保険料申告書と保険関係成立届を同時に提出できない場合は、後日、期限内に概算保険料申告書を提出することで対応が可能。
参照ページ	第2章　新規加入手続き(41ページ)

◀会社が雇用保険に加入する手続き▶

項目	内容
申請書類	雇用保険適用事業所設置届 雇用保険被保険者資格取得届
添付書類	・「労働保険保険関係成立届」の事業主控(労働基準監督署受理済みのもの) ・法人(商業)登記簿謄本、事業許可証、工事契約書等 ・労働者名簿 ・賃金台帳(雇入れから現在まで) ・出勤簿又はタイムカード(雇入れから現在まで) ・雇用契約書(有期契約労働者の場合) ※事業所の所在地が登記されたものと異なる場合には、事業所の所在地が明記されている書類(公共料金の請求書、賃貸借契約書等)が必要です。
提出先	ハローワーク
提出期限	会社が雇用保険に加入すべき要件を満たした日の翌日から10日以内
交付物・ 控書類	・雇用保険適用事業所設置届事業主控 ・雇用保険被保険者資格取得等確認通知書(被保険者通知用)／雇用保険被保険者証、雇用保険被保険者資格取得等確認通知書(事業主通知用)
その他	必ず先に労働基準監督署へ「労働保険保険関係成立届」の届出を行ってから、ハローワークへ雇用保険加入の手続きを行うこと。
参照ページ	第2章 新規加入手続き(45ページ)

◀標準報酬月額の見直しを行うための手続き▶

項目	内容
申請書類	健康保険・厚生年金保険被保険者報酬月額算定基礎届
添付書類	なし
提出先	日本年金機構または健康保険組合
提出期限	毎年7月1日から7月10日まで
交付物・ 控書類	健康保険・厚生年金保険被保険者標準報酬決定通知書
その他	健康保険組合などでは、賃金台帳などの確認を求められることがある。
参照ページ	第3章 保険料に関する手続き(54ページ)

◀従業員の給料に変更があったときに必要な手続き▶

項目	内容
申請書類	健康保険・厚生年金保険被保険者報酬月額変更届
添付書類	なし
提出先	日本年金機構または健康保険組合
提出期限	変更があった月から4か月目
交付物・控書類	健康保険・厚生年金保険被保険者標準報酬改定通知書
その他	健康保険組合などでは、標準報酬等級が下がる場合は賃金台帳の確認を求められることがある。
参照ページ	第3章　保険料に関する手続き（59ページ）

◀賞与を支払ったときに必要な手続き▶

項目	内容
申請書類	健康保険・厚生年金保険被保険者賞与支払届
添付書類	なし
提出先	日本年金機構または健康保険組合
提出期限	賞与を支給してから5日以内
交付物・控書類	健康保険・厚生年金保険標準賞与額決定通知書
その他	賞与の支払いがない場合は「健康保険・厚生年金保険 賞与不支給報告書」の提出が必要。
参照ページ	第3章　保険料に関する手続き（63ページ）

◀社会保険加入の手続き▶

	内容
申請書類	健康保険・厚生年金保険被保険者資格取得届
添付書類	なし
提出先	日本年金機構または健康保険組合
提出期限	入社日から5日以内
交付物・控書類	・健康保険者証（⇒従業員に渡す） ・健康保険・厚生年金保険資格取得確認および標準報酬決定通知書（⇒従業員に内容を通知する）
参照ページ	第4章　入社したときの手続き（83ページ）

◀従業員が雇用保険に加入するために必要な手続き▶

項目	内容
申請書類	雇用保険被保険者資格取得届
添付書類	なし
提出先	ハローワーク
提出期限	入社日の属する月の翌月10日まで
交付物・控書類	・雇用保険被保険者資格取得等確認通知書（被保険者通知用）／雇用保険証（⇒従業員に渡す） ・雇用保険被保険者資格取得等確認通知書（事業主通知用）（⇒会社が保管する）
参照ページ	第4章 入社した時の手続き（88ページ）

◀会社が移転したときに必要な手続き▶

項目	労働保険	雇用保険	社会保険
申請書類	労働保険名称・所在地等変更届	雇用保険事業主事業所各種変更届	健康保険・厚生年金保険適用事業所所在地・名称変更（訂正）届
添付書類	・法人（商業）登記簿謄本 ・賃貸借契約書のコピー	・法人（商業）登記簿謄本 ・賃貸借契約書のコピー ・労働保険名称・所在地等変更届の控え	・法人（商業）登記簿謄本のコピー ・賃貸借契約書のコピー
提出先	移転後の管轄の労働基準監督署	移転後の管轄のハローワーク	日本年金機構または移転前の年金事務所 ※健康保険組合へ加入している場合は健康保険組合への届出要。
提出期限	変更した日の翌日から10日以内	変更した日の翌日から10日以内	変更した日から5日以内
交付物・控書類	労働保険名称・所在地等変更届（事業主控）	雇用保険事業主事業所各種変更届（事業主控）	控書類なし（事業主控が必要な場合はコピーを添付）
参照ページ	第5章 変更があったときの手続き（97ページ）	第5章 変更があったときの手続き（97ページ）	第5章 変更があったときの手続き（96ページ）

項目	労働保険	雇用保険	社会保険	
申請書類	【社名変更の場合】労働保険名称・所在地等変更届	【社名変更の場合】雇用保険事業主事業所各種変更届	【社名変更の場合】健康保険・厚生年金保険適用事業所所在地・名称変更(訂正)届	【代表者変更の場合】健康保険・厚生年金保険事業所関係変更(訂正)届
添付書類	・法人(商業)登記簿謄本	・法人(商業)登記簿謄本 ・労働保険名称・所在地等変更届の控え	・法人(商業)登記簿謄本のコピー ・健康保険証	なし
提出先	労働基準監督署	ハローワーク	日本年金機構 ※健康保険組合へ加入している場合は健康保険組合への届出要。	日本年金機構 ※健康保険組合へ加入している場合は健康保険組合への届出要。
提出期限	変更した日の翌日から10日以内	変更した日の翌日から10日以内	変更した日から5日以内	変更した日から5日以内
交付物・控書類	労働保険名称・所在地等変更届(事業主控)	雇用保険事業主事業所各種変更届(事業主控)	健康保険・厚生年金保険適用事業所所在地・名称変更(訂正)届(事業主控が必要な場合はコピーを添付)	健康保険・厚生年金保険事業所関係変更(訂正)届(事業主控が必要な場合はコピーを添付)
その他	労働保険・雇用保険では代表者を変更した場合の手続は不要。			
参照ページ	第5章　変更があったときの手続き(102ページ)	第5章　変更があったときの手続き(102ページ)	第5章　変更があったときの手続き(102ページ)	

◀従業員の名前や住所が変わったときに必要な手続き▶

項目	健康保険・厚生年金保険		雇用保険
申請書類	健康保険・厚生年金保険被保険者氏名変更届 ※マイナンバーと基礎年金番号が結びついていない従業員の場合	健康保険・厚生年金保険被保険者住所変更届 ※マイナンバーと基礎年金番号が結びついていない従業員の場合	手続き不要 ※ただし退職時に雇用保険資格喪失届を提出する際、変更前氏名と変更後氏名を記入することで、退職後は変更後氏名で対応可能。
添付書類	健康保険証 ※年金手帳については、会社担当者が新氏名を記入するため、添付不要。	なし	

提出先	日本年金機構 ※健康保険組合へ加入している場合は健康保険組合への届出要。	日本年金機構 ※健康保険組合へ加入している場合は健康保険組合への届出要。	
提出期限	すみやかに	すみやかに	
交付物・控書類	控書類なし（事業主控が必要な場合はコピーを添付） 氏名変更後の健康保険証	控書類なし（事業主控が必要な場合はコピーを添付）	
参照ページ	第5章　変更があったときの手続き（106ページ）		

◀配偶者が健康保険に加入したときに必要な手続き▶

項目	配偶者の年金加入	配偶者の住所変更	配偶者の氏名変更
申請書類	国民年金第3号被保険者関係届 ※配偶者が外国人の場合 国民年金第3号被保険者ローマ字氏名届	国民年金第3号被保険者住所変更届	国民年金第3号被保険者関係届
添付書類	なし	なし	配偶者の年金手帳（基礎年金番号通知書）
提出先	日本年金機構	日本年金機構	日本年金機構
提出期限	該当した日から14日以内	すみやかに	すみやかに
交付物・控書類	控書類なし（事業主控が必要な場合はコピーを添付）	控書類なし（事業主控が必要な場合はコピーを添付）	控書類なし（事業主控が必要な場合はコピーを添付）
参照ページ	第5章　変更があったときの手続き（116ページ）		

項目	社会保険	労働保険
申請書類	【転勤前の事業所】 健康保険・厚生年金保険被保険者資格喪失届 【転勤後の事業所】 健康保険・厚生年金保険被保険者資格取得届	雇用保険被保険者転勤届
添付書類	【転勤前の事業所】 健康保険証 【転勤後の事業所】 なし	雇用保険証 人事異動の辞令のコピーなど
提出先	日本年金機構 ※健康保険組合へ加入している場合は健康保険組合への届出要。	ハローワーク
提出期限	転勤した日から5日以内	転勤した日の翌日から10日以内
交付物・控書類	【転勤前】 健康保険・厚生年金保険資格喪失等確認通知書(⇒会社が保管する) 【転勤後】 ・健康保険証(⇒従業員に渡す) ・健康保険・厚生年金保険資格取得確認および標準報酬決定通知書(⇒従業員に内容を通知する)	雇用保険被保険者転勤届受理通知書(被保険者通知用)／雇用保険被保険者証、雇用保険被保険者転勤届受理通知書(事業主通知用)
参照ページ	第5章　変更があったときの手続き(120ページ)	

◀健康保険証を再発行するときに必要な手続き▶

項目	内容	
申請書類	健康保険被保険者証再交付申請書	健康保険被保険者証回収不能届
添付書類	・健康保険証(き損の場合)	なし
提出先	協会けんぽ	日本年金機構 ※健康保険組合へ加入している場合は健康保険組合への届出要。
提出期限	すみやかに	すみやかに
交付物・控書類	・控書類なし(事業主控が必要な場合はコピーを添付) ・再交付後の健康保険証	控書類なし(事業主控が必要な場合はコピーを添付)
参照ページ	第5章　変更があったときの手続き(124ページ)	

◀年金手帳（基礎年金番号通知書）を再発行するときに必要な手続き▶

項目	内容
申請書類	基礎年金番号通知書再交付申請書
添付書類	き損の場合は、き損した年金手帳または基礎年金番号通知書
提出先	日本年金機構
提出期限	すみやかに
交付物・控書類	・控書類なし（事業主控が必要な場合はコピーを添付） ・再交付後の基礎年金番号通知書
参照ページ	第5章　変更があったときの手続き（128ページ）

◀雇用保険証を再発行するときに必要な手続き▶

項目	内容
申請書類	雇用保険被保険者証再交付申請書
添付書類	き損の場合は、き損した雇用保険証
提出先	ハローワーク
提出期限	すみやかに
交付物・控書類	・控書類なし（事業主控が必要な場合はコピーを添付） ・再交付後の雇用保険証
参照ページ	第5章　変更があったときの手続き（131ページ）

◀全額負担した医療費を払い戻すための手続き▶

項目	内容
申請書類	健康保険被保険者療養費支給申請書
添付書類	領収書原本 診療報酬明細書など
提出先	協会けんぽまたは健康保険組合
提出期限	治療を受けた日から2年
交付物・控書類	・控書類なし（事業主控が必要な場合はコピーを添付） ・支給決定通知書
参照ページ	第6章　ケガや病気の際の手続き（仕事外・通勤途上外）（134ページ）

◀自己負担した医療費が高額になったときの手続き▶

項目	内容
申請書類	【事前申請時】 健康保険限度額適用認定申請書 【事後申請時】 健康保険被保険者高額療養費支給申請書

	【事前申請時】
添付書類	なし
	【事後申請時】
	なし
提出先	協会けんぽまたは健康保険組合
提出期限	診療月の翌月1日から2年以内
交付物・ 控書類	【事前申請時】 ・健康保険限度額適用認定証 【事後申請時】 控書類なし(事業主控が必要な場合はコピーを添付) 支給決定通知書
その他	高額療養費は、保険医療機関等から提出される診療報酬明細書の確認が 必要であることから、支給決定は診療月から3か月以上かかる。
参照ページ	第6章　ケガや病気の際の手続き(仕事外・通勤途上外)(138ページ)

◀従業員がケガや病気で会社を休んだときの手続き▶

項目	内容
申請書類	健康保険傷病手当金支給申請書
添付書類	なし
提出先	協会けんぽまたは健康保険組合
提出期限	労務不能であった日の翌日から2年以内
交付物・ 控書類	・控書類なし(事業主控が必要な場合はコピーを添付) ・支給決定通知書
その他	申請書に医師による「労務不能」の証明を受ける必要あり。また、従業員 が支給開始日以前の12か月以内で事業所の変更があった場合は、以前の 各事業所の名称、所在地及び各事業所に使用されていた期間がわかる書 類を添付する。
参照ページ	第6章　ケガや病気の際の手続き(仕事外・通勤途上外)(145ページ)

◀従業員やその家族がケガや病気で死亡したときの手続き▶

項目	内容
申請書類	健康保険被保険者埋葬料(費)支給申請書
添付書類	【埋葬料】 ・死亡を証明できる書類(死亡診断書等) ・(健康保険の被扶養者以外が申請をする場合)生計維持の確認ができる 　書類 【埋葬費】 ・埋葬に要した費用の領収書 ・埋葬に要した費用の明細書

提出先	協会けんぽまたは健康保険組合
提出期限	死亡日の翌日から2年以内 ※埋葬費の場合は埋葬の日から2年以内
交付物・ 控書類	・控書類なし（事業主控が必要な場合はコピーを添付） ・支給決定通知書
参照ページ	第6章　ケガや病気の際の手続き（仕事外・通勤途上外）（152ページ）

◀従業員が仕事上のケガや病気で治療を受けたときの手続き▶

項目	内容
申請書類	【労災指定医療機関】 療養（補償）給付たる療養の給付請求書 【労災指定医療機関以外】 療養（補償）給付たる療養の費用請求書
添付書類	【労災指定医療機関】 なし 【労災指定医療機関以外】 領収書原本
提出先	【労災指定医療機関】 治療を受けた労災指定病院 【労災指定医療機関以外】 労働基準監督署
提出期限	すみやかに ※遅くとも治療を受けた日の翌日から2年以内
交付物・ 控書類	【労災指定医療機関】 控書類なし（事業主控が必要な場合はコピーを添付） 【労災指定医療機関以外】 控書類なし（事業主控が必要な場合はコピーを添付） 支給決定通知／支払振込通知
その他	業務災害の場合は申請書類に「補償」の記載あり（例：療養補償給付及び複数事業労働者療養給付たる療養の給付請求書）。 通勤災害の場合は申請書類に「補償」の記載なし（例：療養給付及び複数事業労働者療養給付たる療養の給付請求書）。
参照ページ	第7章　ケガや病気の際の手続き（仕事上・通勤途上）（163ページ）

◀従業員が仕事上のケガや病気で会社を休んだときの手続き▶

項目	内容
申請書類	休業(補償)給付支給請求書
添付書類	・事故直前の賃金締切日から起算して3か月分の賃金台帳のコピー(初回のみ) ・事故直前の賃金締切日から起算して3か月分の出勤簿またはタイムカードのコピー(初回のみ)
提出先	労働基準監督署
提出期限	休業した日の翌日から2年以内
交付物・控書類	・控書類なし(事業主控が必要な場合はコピーを添付) ・支給決定通知 / 支払振込通知
その他	仕事上のケガや病気で会社を休んだ場合は、別途「労働者死傷病報告」の提出が必要。 業務災害の場合は申請書類に「補償」の記載あり(例:休業補償給付支給請求書)。 通勤災害の場合は申請書類に「補償」の記載なし(例:休業給付支給請求書)。
参照ページ	第7章　ケガや病気の際の手続き(仕事上・通勤途上)(170ページ)

◀従業員が仕事上のケガや病気で障害が残ったときの手続き▶

項目	内容
申請書類	障害(補償)給付支給請求書
添付書類	・レントゲン写真など ・同一の事由によって障害厚生年金、障害基礎年金等の支給を受けている場合は支給額を証明することのできる書類 ・本人確認書類として「個人番号カード」または「通知カード及び運転免許証のコピー」等 ・通勤災害の場合は「通勤災害に関する事項」を添付
提出先	労働基準監督署
提出期限	ケガや病気が治った日の翌日から5年以内
交付物・控書類	・控書類なし(事業主控が必要な場合はコピーを添付) ・支給決定通知 / 支払振込通知 ・労災年金証書(年金の場合)
その他	業務災害の場合は申請書類に「補償」の記載あり(例:障害補償給付支給請求書)。 通勤災害の場合は申請書類に「補償」の記載なし(例:障害給付支給請求書)。
参照ページ	第7章　ケガや病気の際の手続き(仕事上・通勤途上)(175ページ)

◀従業員が仕事上のケガや病気で死亡したときの手続き▶

項目	内容
申請書類	遺族(補償)年金支給請求書 遺族(補償)一時金支給請求書
添付書類	・死亡診断書、除籍謄本、住民票除票等 ・同一の事由によって遺族厚生年金、遺族基礎年金等の支給を受けている場合は支給額を証明することのできる書類 ・本人確認書類として「個人番号カード」または「通知カード及び運転免許証のコピー」等 ・通勤災害の場合は「通勤災害に関する事項」を添付
提出先	労働基準監督署
提出期限	死亡の日の翌日から5年以内
交付物・控書類	・控書類なし(事業主控が必要な場合はコピーを添付) ・支給決定通知 / 支払振込通知
その他	業務災害の場合は申請書類に「補償」の記載あり(例：遺族補償年金支給請求書)。 通勤災害の場合は申請書類に「補償」の記載なし(例：遺族年金支給請求書)。
参照ページ	第7章　ケガや病気の際の手続き(仕事上・通勤途上)(179ページ)

◀仕事上・通勤途上のケガや病気で死亡し埋葬したときの手続き▶

項目	内容
申請書類	葬祭料(葬祭給付)請求書
添付書類	・死亡診断書、除籍謄本、住民票除票等
提出先	労働基準監督署
提出期限	死亡の日の翌日から2年以内
交付物・控書類	・控書類なし(事業主控が必要な場合はコピーを添付) ・支給決定通知 / 支払振込通知
その他	死亡を確認する添付書類は、遺族(補償)年金や遺族(補償)一時金の支給申請時に添付してあれば不要。
参照ページ	第7章　ケガや病気の際の手続き(仕事上・通勤途上)(183ページ)

◀従業員が仕事上に第三者の行為によってのケガや病気になったときの手続き▶

項目	内容
申請書類	第三者行為災害届
添付書類	交通事故証明書、念書(兼同意書)、示談書のコピー (示談をした場合)
提出先	労働基準監督署
提出期限	事故発生後、遅滞なく
交付物・控書類	・控書類なし(事業主控が必要な場合はコピーを添付)

その他	交通事故証明書の入手ができない場合は、「交通事故発生届」を作成し提出が必要。
参照ページ	第7章　ケガや病気の際の手続き（仕事上・通勤途上）（185ページ）

◀従業員やその家族が出産したときの手続き▶

項目	内容
申請書類	健康保険出産育児一時金支給申請書
添付書類	なし
提出先	協会けんぽまたは健康保険組合
提出期限	出産日の翌日から2年
交付物・控書類	・控書類なし（事業主控が必要な場合はコピーを添付） ・支給決定通知書
その他	出産費用が出産育児一時金の額より少ない場合、その差額が従業員に支給される。申請書に医師・助産師の証明を受ける必要あり。
参照ページ	第8章　出産・育児・介護休業の手続き（196ページ）

◀従業員が出産して会社を休んだときの手続き▶

項目	内容
申請書類	健康保険出産手当金支給申請書
添付書類	なし
提出先	協会けんぽまたは健康保険組合
提出期限	出産のため労務に服さなかった日ごとにその翌日から2年
交付物・控書類	・控書類なし（事業主控が必要な場合はコピーを添付） ・支給決定通知書
その他	申請書に医師・助産師の証明を受ける必要あり。また、従業員が支給開始日以前の12か月以内で事業所の変更があった場合は、以前の各事業所の名称、所在地及び各事業所に使用されていた期間がわかる書類を添付する。
参照ページ	第8章　出産・育児・介護休業の手続き（200ページ）

◀従業員が出生時育児休業を取得したときの手続き▶

項目	内容
申請書類	雇用保険被保険者休業開始時賃金月額証明書 育児休業給付受給資格確認票・出生時育児休業給付金支給申請書
添付書類	・賃金台帳のコピー ・出勤簿またはタイムカード等のコピー ・出産日や育児の事実を確認できる書類のコピー（母子健康手帳など）
提出先	ハローワーク

提出期限	出生日の8週間後の翌日から起算して2か月後の月末まで
交付物・控書類	雇用保険被保険者休業開始時賃金月額証明書（事業主控） 出生時育児休業給付金支給決定通知書（被保険者通知用）
参照ページ	第8章　出産・育児・介護休業の手続き（201ページ）

◀従業員が育児休業に入ったときの手続き▶

項目	内容
申請書類	雇用保険被保険者休業開始時賃金月額証明書 育児休業給付受給資格確認票・（初回）育児休業給付金支給申請書
添付書類	・賃金台帳のコピー ・出勤簿またはタイムカード等のコピー ・出産日や育児の事実を確認できる書類のコピー（母子健康手帳など）
提出先	ハローワーク
提出期限	育児休業開始日から4か月を経過する日の属する日の末日まで
交付物・控書類	雇用保険被保険者休業開始時賃金月額証明書（事業主控） 育児休業給付金支給申請書（次回分）、育児休業給付次回支給申請日指定通知書（事業主通知用）、育児休業給付金支給決定通知書（被保険者通知用）
参照ページ	第8章　出産・育児・介護休業の手続き（207ページ）

◀従業員が育児休業中の社会保険料を免除するための手続き▶

項目	産前産後休業開始時・変更時	産前産後休業終了時	育児休業開始時・延長時	育児休業終了時
申請書類	健康保険・厚生年金保険産前産後休業取得者申出書／変更届	健康保険・厚生年金保険産前産後休業取得者終了届	健康保険・厚生年金保険育児休業等取得者申出書（新規・延長）	健康保険・厚生年金保険育児休業等取得者終了届
添付書類	なし	なし	なし	なし
提出先	日本年金機構または健康保険組合	日本年金機構または健康保険組合	日本年金機構または健康保険組合	日本年金機構または健康保険組合
提出期限	産前産後休業開始年月日から産前産後休業終了後1か月以内	すみやかに	育児休業等開始年月日から育児休業等終了後1か月以内	すみやかに

交付物・控書類	健康保険・厚生年金保険産前産後休業取得者確認通知書	健康保険・厚生年金保険産前産後休業取得者終了確認通知書	健康保険・厚生年金保険育児休業等取得者確認通知書	健康保険・厚生年金保険育児休業等取得者終了確認通知書
参照ページ	第8章 出産・育児・介護休業の手続き(212ページ)	第8章 出産・育児・介護休業の手続き(212ページ)	第8章 出産・育児・介護休業の手続き(213ページ)	第8章 出産・育児・介護休業の手続き(213ページ)

◀従業員が育児休業中に行う手続き▶

項目	内容
申請書類	育児休業給付金支給申請書
添付書類	・賃金台帳のコピー ・出勤簿またはタイムカードのコピー ※ただし、休業期間中に賃金の支払いがなく、上記書類を作成していない場合は省略可能
提出先	ハローワーク
提出期限	ハローワークが指定する支給申請期間の支給申請日
交付物・控書類	育児休業給付金支給申請書(次回分)、育児休業給付次回支給申請日指定通知書(事業主通知用)、育児休業給付金支給決定通知書(被保険者通知用)
参照ページ	第8章 出産・育児・介護休業の手続き(217ページ)

◀従業員が育児休業を終了するときの手続き▶

項目	内容
申請書類	健康保険・厚生年金保険育児休業等取得者終了届 ※ただし当初からの育児休業終了日に変更がない場合は提出不要
添付書類	なし
提出先	日本年金機構または健康保険組合
提出期限	すみやかに
交付物・控書類	健康保険・厚生年金保険育児休業等取得者終了確認通知書
参照ページ	第8章 出産・育児・介護休業の手続き(220ページ)

◀子育てのため、従業員の給料が変更になったときの手続き▶

項目	産前産後休業終了時	育児休業等終了時	
申請書類	健康保険・厚生年金保険産前産後休業終了時報酬月額変更届	健康保険・厚生年金保険育児休業等終了時報酬月額変更届	厚生年金保険養育期間標準報酬月額特例申出書
添付書類	なし	なし	・戸籍謄(抄)本または戸籍記載事項証明書の原本 ・住民票の写しの原本(提出日から遡って90日以内に発行されたもの) ※ただし、被保険者および養育する子どものマイナンバー(個人番号)の両方が申出書に記載されいる場合は「住民票の写し」の添付不要。
提出先	日本年金機構または健康保険組合	日本年金機構または健康保険組合	日本年金機構
提出期限	すみやかに	すみやかに	被保険者から申出を受けたときにすみやかに
交付物・控書類	健康保険・厚生年金保険産前産後休業終了時報酬月額改定通知書	健康保険・厚生年金保険育児休業等終了時報酬月額改定通知書	厚生年金保険養育期間標準報酬月額特例申出受理通知書
参照ページ	第8章 出産・育児・介護休業の手続き(222ページ)	第8章 出産・育児・介護休業の手続き(222ページ)	第8章 出産・育児・介護休業の手続き(223ページ)

◀従業員が介護休業したときの手続き▶

項目	内容
申請書類	雇用保険被保険者休業開始時賃金月額証明書 介護休業給付金支給申請書
添付書類	・賃金台帳のコピー ・出勤簿またはタイムカード等のコピー ・従業員が会社に提出した介護休業申出書 ・介護対象家族の氏名、従業員本人との続柄、性別、生年月日等が確認できる書類(住民票記載事項証明書等) ※ただし、従業員と介護対象家族が同一世帯にあり、申請時に従業員と介護対象家族のマイナンバーを届け出た場合は、従業員と介護対象家族の続柄を確認できる書類は省略可能。
提出先	ハローワーク

提出期限	各介護休業終了日(介護休業が3か月を経過したときは介護休業開始日から3か月が経過した日)の翌日から起算して2か月を経過する日の属する月の末日まで
交付物・控書類	介護休業給付金支給申請書(次回分)、介護休業給付次回支給申請日指定通知書(事業主通知用)、介護休業給付金支給決定通知書(被保険者通知用)
参照ページ	第8章　出産・育児・介護休業の手続き(228ページ)

◀従業員を社会保険から脱退させるときの手続き▶

項目	内容
申請書類	健康保険・厚生年金保険被保険者資格喪失届 ※または、「厚生年金保険被保険者資格喪失届／厚生年金保険70歳以上被用者該当届」 　(70歳到達届)
添付書類	健康保険証 ※または健康保険被保険者証回収不能届 ※70歳以上の場合は健康保険高齢受給者証 ※交付されている場合は、健康保険特定疾病療養受給者証、健康保険限度額適用・標準 　負担額減額認定証
提出先	日本年金機構または健康保険組合
提出期限	資格喪失日から5日以内
交付物・控書類	健康保険・厚生年金保険資格喪失等確認通知書(⇒会社が保管する)
参照ページ	第9章　退職したときの手続き(従業員)(234ページ)

◀従業員を雇用保険から脱退させるときの手続き①(退職後、失業給付をもらわない場合)▶

項目	内容
申請書類	雇用保険被保険者資格喪失届
添付書類	なし
提出先	ハローワーク
提出期限	退職等の翌日から10日以内
交付物・控書類	・雇用保険被保険者資格喪失確認通知書(被保険者通知用)(⇒従業員に渡す) ・雇用保険被保険者資格喪失確認通知書(事業主通知用)(⇒会社が保管する)
参照ページ	第9章　退職したときの手続き(240ページ)

◀従業員を雇用保険から脱退させるときの手続き②（退職後、失業給付をもらう場合）▶

項目	内容
申請書類	雇用保険被保険者資格喪失届 雇用保険被保険者離職証明書
添付書類	①離職の日以前の賃金支払状況等を確認する資料： 　「賃金台帳」、「労働者名簿」、「出勤簿（タイムカード）」等 ②離職理由を確認する資料： 　「退職願（届）」「解雇予告通知書」「就業規則」「解雇予告除外認定申請書」「継続雇用基準についての労使協定」「労働契約書」 ※退職理由によって必要な書類が異なります
提出先	ハローワーク
提出期限	退職日等の翌日から10日以内
交付物・控書類	・「雇用保険被保険者離職票－1資格喪失確認通知書（被保険者通知用）」、「雇用保険被保険者離職票－2」（3枚目）（⇒従業員に渡す） ・「雇用保険被保険者資格喪失確認通知書（事業主通知用）」、「雇用保険被保険者離職証明書（事業主控）」（1枚目）（⇒会社が保管する）
参照ページ	第9章　退職したときの手続き（243ページ）

◀従業員が60歳になり給料額が下がったときの手続▶

項目	内容
申請書類	雇用保険被保険者六十歳到達時等賃金証明書 高年齢雇用継続給付受給資格確認票 高年齢雇用継続給付支給申請書（2回目以降）
添付書類	・賃金台帳のコピー ・出勤簿またはタイムカード等のコピー ・年齢の確認できる書類のコピー 　例）運転免許証、パスポート、住民票記載事項証明書など 　（ただしマイナンバーの届け出がある場合は添付不要）
提出先	ハローワーク
提出期限	最初に支給を受けようとする支給対象月の初日から起算して4か月以内（初回） ハローワークが指定する支給申請日の期間内（2回目以降）
交付物・控書類	雇用保険被保険者六十歳到達時等賃金証明書（事業主控） 受給資格確認通知書 高年齢雇用継続給付支給申請書（2回目以降用）
参照ページ	第10章　60歳・70歳・75歳になったときの手続き（260ページ）

◀教育訓練給付を申請するときの手続き(従業員が行う手続き)▶

①一般教育訓練給付金

項目	内容
支給申請期間	受講修了日の翌日から起算して1か月以内
支給申請手続 <必要書類>	①教育訓練給付金支給申請書 ②教育訓練修了証明書 ③領収書 ④キャリアコンサルティングの費用の支給を申請する場合は、キャリアコンサルティングの費用に係る領収書、キャリアコンサルティングの記録、キャリアコンサルティング実施証明書 ⑤本人・住所確認書類 ⑥個人番号(マイナンバー)確認書類および身元確認書類 ⑦返還金明細書 ⑧払渡希望金融機関の通帳またはキャッシュカード ⑨教育訓練経費等確認書
参照ページ	第11章　教育を受けたときの手続き(280ページ)

②特定一般教育訓練給付金

項目	内容
受講開始前の手続き	受講開始1か月前までに、訓練対応キャリア・コンサルタントによる訓練前キャリア・コンサルティングで就業の目標、職業能力の開発・向上に関する事項を記載したジョブ・カードの交付を受けた後、「教育訓練給付金及び教育訓練支援給付金受給資格確認票」と「ジョブ・カード」をハローワークへ提出することが必要。
受講開始前提出書類	①教育訓練給付金及び教育訓練支援給付金受給資格確認票(マイナンバーの記載が必要) ②上記のジョブ・カード(訓練前キャリアコンサルティングでの発行から1年以内のもの) ③本人・住居所確認書類(マイナンバーカード、運転免許証、写真付き住民基本台帳カード等) ④個人番号(マイナンバー)確認書類および身元確認書類 ⑤払渡希望金融機関の通帳またはキャッシュカード ⑥専門実践教育訓練給付および特定一般教育訓練給付再受給時報告 ※過去に専門実践教育給付および特定一般教育訓練給付を受給したことがある場合に必要
支給申請手続き(必要書類)	①受給資格確認通知書 ②教育訓練給付金支給申請書 ③教育訓練修了証明書 ④特定一般教育訓練実施者が発行する教育訓練経費に関する領収書 ⑤本人・住所確認書類(マイナンバーカード、運転免許証、写真付き住民基本台帳カード等) ⑥個人番号(マイナンバー)確認書類および身元確認書類 ⑦特定一般訓練教育実施者が発行する返還金明細書 ⑧教育訓練経費等確認書 ⑨特定一般教育訓練給付受給時報告書
支給申請期間	(受講開始前)受講開始1か月前まで (支給申請手続き)特定一般教育訓練の受講修了日の翌日から起算して1か月以内
参照ページ	第11章 教育を受けたときの手続き(283ページ)

③専門実践教育訓練給付金

項目	内容
受講開始前の手続き	受講開始前に訓練対応キャリアコンサルタントによる「訓練前キャリアコンサルティング」を受け、就業の目標、職業能力の開発・向上に関する事項を記載した「ジョブ・カード」の交付を受けた後「教育訓練給付金及び教育訓練支援給付金受給資格確認票」と「ジョブ・カード」をハローワークへ提出することが必要。
受給開始前提出書類	訓練受講開始日の原則1か月前までに以下の書類をハローワークへ提出し、受給資格確認手続を行う必要があります。 ① 教育訓練給付金及び教育訓練支援給付金受給資格確認票 ② 上記のジョブ・カード(訓練前キャリアコンサルティングでの発行から1年以内のもの) ③ 本人・住居所確認書類 ④ 個人番号(マイナンバー)確認書類および身元確認書類 ⑤ 写真2枚(最近の写真、正面上半身、縦3.0cm×横2.5cm) ※本手続及びこれに続き今後行う支給申請ごとに個人番号(マイナンバー)カードを提示することで省略可能 ⑥ 払渡希望金融機関の通帳またはキャッシュカード ⑦ 専門実践教育訓練給付及び特定一般教育訓練給付再受給時報告 ※過去に専門実践教育訓練給付及び特定一般教育訓練給付を受給したことがある場合に必要
支給申請手続<必要書類>	① 教育訓練給付金支給申請書 ② 受講証明書または専門実践教育訓練修了証明書 ③ 教育訓練給付金受給資格者証 ④ 領収書 ⑤ 返還金明細書 ⑥ 教育訓練経費等確認書 ⑦ 専門実践教育訓練給付金最終受給時報告 ※専門実践教育訓練に係る最後の支給単位期間について教育訓練給付の支給を受けようとする場合に必要 ⑧ 専門実践教育訓練給付追加給付申請時報告 ※専門実践教育訓練修了後、資格取得したことにより支給申請した場合に必要 ⑨ 資格取得等したことにより支給申請する場合は、資格取得等を証明する書類
支給申請期間	(受講開始前)受講開始1か月前まで (支給申請手続き) 受講開始日から6か月ごとに行う必要があります。この6か月の末日の翌日から起算して1か月が支給申請期間となります。また、訓練修了後は修了日の翌日から1か月が支給申請期間です。
参照ページ	第11章 教育を受けたときの手続き(284ページ)

◆ 人事労務担当者の仕事（年間スケジュール例）◆

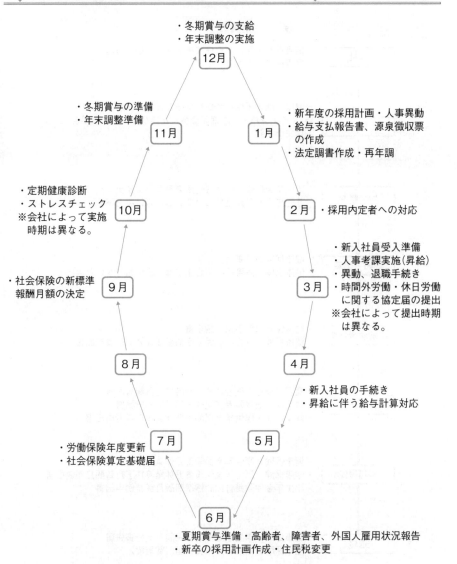

・冬期賞与の支給
・年末調整の実施

12月

・冬期賞与の準備
・年末調整準備

11月

・新年度の採用計画・人事異動
・給与支払報告書、源泉徴収票
　の作成
・法定調書作成・再年調

1月

・定期健康診断
・ストレスチェック
※会社によって実施
　時期は異なる。

10月

2月　・採用内定者への対応

・社会保険の新標準
　報酬月額の決定

9月

・新入社員受入準備
・人事考課実施（昇給）
・異動、退職手続き

3月　・時間外労働・休日労働
　　　　　に関する協定届の提出
※会社によって提出時期
　は異なる。

8月

4月

・新入社員の手続き
・昇給に伴う給与計算対応

・労働保険年度更新
・社会保険算定基礎届

7月

5月

6月

・夏期賞与準備・高齢者、障害者、外国人雇用状況報告
・新卒の採用計画作成・住民税変更

◆ 手続き発生の例 ◆

〈新卒従業員のケース①〉

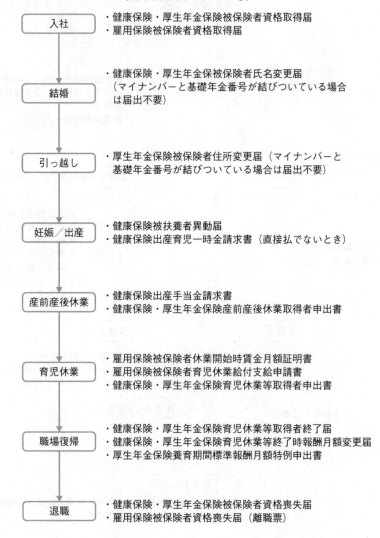

入社
・健康保険・厚生年金保険被保険者資格取得届
・雇用保険被保険者資格取得届

結婚
・健康保険・厚生年金保被保険者氏名変更届
（マイナンバーと基礎年金番号が結びついている場合
は届出不要）

引っ越し
・厚生年金保険被保険者住所変更届（マイナンバーと
基礎年金番号が結びついている場合は届出不要）

妊娠／出産
・健康保険被扶養者異動届
・健康保険出産育児一時金請求書（直接払でないとき）

産前産後休業
・健康保険出産手当金請求書
・健康保険・厚生年金保険産前産後休業取得者申出書

育児休業
・雇用保険被保険者休業開始時賃金月額証明書
・雇用保険被保険者育児休業給付支給申請書
・健康保険・厚生年金保険育児休業等取得者申出書

職場復帰
・健康保険・厚生年金保険育児休業等取得者終了届
・健康保険・厚生年金保険育児休業等終了時報酬月額変更届
・厚生年金保険養育期間標準報酬月額特例申出書

退職
・健康保険・厚生年金保険被保険者資格喪失届
・雇用保険被保険者資格喪失届（離職票）

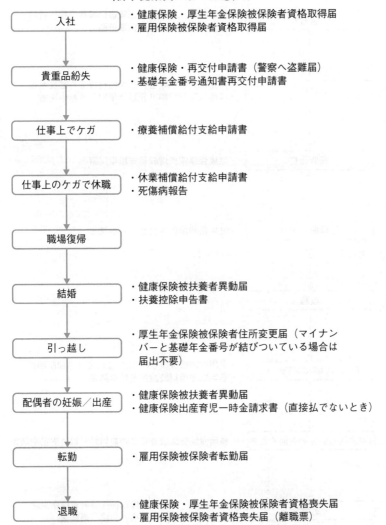

〈新卒従業員のケース②〉

入社
・健康保険・厚生年金保険被保険者資格取得届
・雇用保険被保険者資格取得届

貴重品紛失
・健康保険・再交付申請書（警察へ盗難届）
・基礎年金番号通知書再交付申請書

仕事上でケガ
・療養補償給付支給申請書

仕事上のケガで休職
・休業補償給付支給申請書
・死傷病報告

職場復帰

結婚
・健康保険被扶養者異動届
・扶養控除申告書

引っ越し
・厚生年金保険被保険者住所変更届（マイナンバーと基礎年金番号が結びついている場合は届出不要）

配偶者の妊娠／出産
・健康保険被扶養者異動届
・健康保険出産育児一時金請求書（直接払でないとき）

転勤
・雇用保険被保険者転勤届

退職
・健康保険・厚生年金保険被保険者資格喪失届
・雇用保険被保険者資格喪失届（離職票）

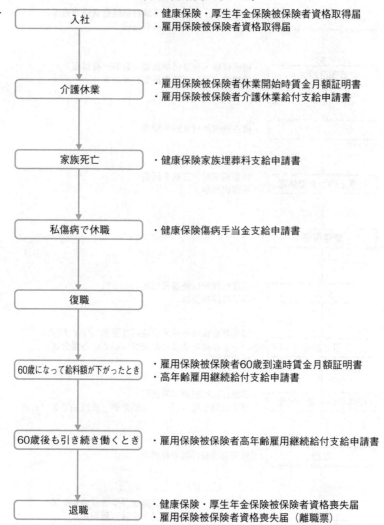

〈中途従業員のケース〉

| 入社 | ・健康保険・厚生年金保険被保険者資格取得届
・雇用保険被保険者資格取得届 |

| 介護休業 | ・雇用保険被保険者休業開始時賃金月額証明書
・雇用保険被保険者介護休業給付支給申請書 |

| 家族死亡 | ・健康保険家族埋葬料支給申請書 |

| 私傷病で休職 | ・健康保険傷病手当金支給申請書 |

| 復職 | |

| 60歳になって給料額が下がったとき | ・雇用保険被保険者60歳到達時賃金月額証明書
・高年齢雇用継続給付支給申請書 |

| 60歳後も引き続き働くとき | ・雇用保険被保険者高年齢雇用継続給付支給申請書 |

| 退職 | ・健康保険・厚生年金保険被保険者資格喪失届
・雇用保険被保険者資格喪失届（離職票） |

◈ 各種料率表等 ◈

● 保険料控除一覧表

名称	内訳	保険料負担	従業員給料からの控除	保険料の精算方法
社会保険	健康保険	事業所＋従業員で折半	あり	当月控除分を翌月末納付
社会保険	介護保険	事業所＋従業員で折半	あり	当月控除分を翌月末納付
社会保険	厚生年金保険	事業所＋従業員で折半	あり	当月控除分を翌月末納付
労働保険	労災保険	事業所負担のみ（従業員負担なし）	なし	年1回または3回分割で納付
労働保険	雇用保険	事業所＋従業員	あり	年1回または3回分割で納付

※従業員から控除した本人負担分の保険料は、事業所でまとめて各保険者に納付します。

● 雇用保険料率
＜令和5年4月1日〜令和6年3月31日＞

事業の種類	負担者 ① 労働者負担（失業等給付・育児休業給付の保険料率のみ）	② 事業主負担		①＋② 雇用保険料率
		失業等給付・育児休業給付の保険料率	雇用保険二事業の保険料率	
一般の事業	6/1,000	9.5/1,000	6/1,000	3.5/1,000	15.5/1,000
（令和4年10月〜）	5/1,000	8.5/1,000	5/1,000	3.5/1,000	13.5/1,000
農林水産・※清酒製造の事業	7/1,000	10.5/1,000	7/1,000	3.5/1,000	17.5/1,000
（令和4年10月〜）	6/1,000	9.5/1,000	6/1,000	3.5/1,000	15.5/1,000
建設の事業	7/1,000	11.5/1,000	7/1,000	4.5/1,000	18.5/1,000
（令和4年10月〜）	6/1,000	10.5/1,000	6/1,000	4.5/1,000	16.5/1,000

（枠内の下段は令和4年10月〜令和5年3月の雇用保険料率）

※園芸サービス、牛馬の育成、酪農、養鶏、養豚、内水面養殖および特定の船員を雇用する事業については一般の事業の率が適用されます。

●労災保険率表　＊保険料は全額事業主負担

(単位：1/1,000)　　　　　　　　　　　　　　　　　　　　　　　　　　　（平成30年4月1日施行）

事業の種類の分類	業種番号	事業の種類	労災保険率
林　　　　業	02又は03	林業	60
漁　　　　業	11	海面漁業(定置網漁業又は海面魚類養殖業を除く。)	18
	12	定置網漁業又は海面魚類養殖業	38
鉱　　　　業	21	金属鉱業、非金属鉱業(石灰石鉱業又はドロマイト鉱業を除く。)又は石炭鉱業	88
	23	石灰石鉱業又はドロマイト鉱業	16
	24	原油又は天然ガス鉱業	2.5
	25	採石業	49
	26	その他の鉱業	26
建　設　事　業	31	水力発電施設、ずい道等新設事業	62
	32	道路新設事業	11
	33	舗装工事業	9
	34	鉄道又は軌道新設事業	9
	35	建築事業(既設建築物設備工事業を除く。)	9.5
	38	既設建築物設備工事業	12
	36	機械装置の組立て又は据付けの事業	6.5
	37	その他の建設事業	15
製　　造　　業	41	食料品製造業	6
	42	繊維工業又は繊維製品製造業	4
	44	木材又は木製品製造業	14
	45	パルプ又は紙製造業	6.5
	46	印刷又は製本業	3.5
	47	化学工業	4.5
	48	ガラス又はセメント製造業	6
	66	コンクリート製造業	13
	62	陶磁器製品製造業	18
	49	その他の窯業又は土石製品製造業	26
	50	金属精錬業(非鉄金属精錬業を除く。)	6.5
	51	非鉄金属精錬業	7
	52	金属材料品製造業(鋳物業を除く。)	5.5
	53	鋳物業	16
	54	金属製品製造業又は金属加工業(洋食器、刃物、手工具又は一般金物製造業及びめっき業を除く。)	10
	63	洋食器、刃物、手工具又は一般金物製造業(めっき業を除く。)	6.5
	55	めっき業	7
	56	機械器具製造業(電気機械器具製造業、輸送用機械器具製造業、船舶製造又は修理業及び計量器、光学機械、時計等製造業を除く。)	5
	57	電気機械器具製造業	2.5
	58	輸送用機械器具製造業(船舶製造又は修理業を除く。)	4
	59	船舶製造又は修理業	23
	60	計量器、光学機械、時計等製造業(電気機械器具製造業を除く。)	2.5
	64	貴金属製品、装身具、皮革製品等製造業	3.5
	61	その他の製造業	6.5
運　　輸　　業	71	交通運輸事業	4
	72	貨物取扱事業(港湾貨物取扱事業及び港湾荷役業を除く。)	9
	73	港湾貨物取扱事業(港湾荷役業を除く。)	9
	74	港湾荷役業	13
電気、ガス、水道又は熱供給の事業	81	電気、ガス、水道又は熱供給の事業	3
その他の事業	95	農業又は海面漁業以外の漁業	13
	91	清掃、火葬又はと畜の事業	13
	93	ビルメンテナンス業	5.5
	96	倉庫業、警備業、消毒又は害虫駆除の事業又はゴルフ場の事業	6.5
	97	通信業、放送業、新聞業又は出版業	2.5
	98	卸売業・小売業、飲食店又は宿泊業	3
	99	金融業、保険業又は不動産業	2.5
	94	その他の各種事業	3
	90	船舶所有者の事業	47

出典：厚生労働省HP

○令和2年9月分（10月納付分）からの厚生年金保険料額表（令和5年度版）（単位：円）

標準報酬		報酬月額		一般・坑内員・船員 （厚生年金基金加入員を除く）	
				全　額	折半額
等級	月額			18.300%	9.150%
		円以上	円未満		
1	88,000	～	93,000	16,104.00	8,052.00
2	98,000	93,000 ～	101,000	17,934.00	8,967.00
3	104,000	101,000 ～	107,000	19,032.00	9,516.00
4	110,000	107,000 ～	114,000	20,130.00	10,065.00
5	118,000	114,000 ～	122,000	21,594.00	10,797.00
6	126,000	122,000 ～	130,000	23,058.00	11,529.00
7	134,000	130,000 ～	138,000	24,522.00	12,261.00
8	142,000	138,000 ～	146,000	25,986.00	12,993.00
9	150,000	146,000 ～	155,000	27,450.00	13,725.00
10	160,000	155,000 ～	165,000	29,280.00	14,640.00
11	170,000	165,000 ～	175,000	31,110.00	15,555.00
12	180,000	175,000 ～	185,000	32,940.00	16,470.00
13	190,000	185,000 ～	195,000	34,770.00	17,385.00
14	200,000	195,000 ～	210,000	36,600.00	18,300.00
15	220,000	210,000 ～	230,000	40,260.00	20,130.00
16	240,000	230,000 ～	250,000	43,920.00	21,960.00
17	260,000	250,000 ～	270,000	47,580.00	23,790.00
18	280,000	270,000 ～	290,000	51,240.00	25,620.00
19	300,000	290,000 ～	310,000	54,900.00	27,450.00
20	320,000	310,000 ～	330,000	58,560.00	29,280.00
21	340,000	330,000 ～	350,000	62,220.00	31,110.00
22	360,000	350,000 ～	370,000	65,880.00	32,940.00
23	380,000	370,000 ～	395,000	69,540.00	34,770.00
24	410,000	395,000 ～	425,000	75,030.00	37,515.00
25	440,000	425,000 ～	455,000	80,520.00	40,260.00
26	470,000	455,000 ～	485,000	86,010.00	43,005.00
27	500,000	485,000 ～	515,000	91,500.00	45,750.00
28	530,000	515,000 ～	545,000	96,990.00	48,495.00
29	560,000	545,000 ～	575,000	102,480.00	51,240.00
30	590,000	575,000 ～	605,000	107,970.00	53,985.00
31	620,000	605,000 ～	635,000	113,460.00	56,730.00
32	650,000	635,000 ～		118,950.00	59,475.00

○　厚生年金保険料率（平成29年9月1日～　適用）
　　一般・坑内員・船員の被保険者等　…18.300%　（厚生年金基金加入員　…13.300%～15.900%）
○　子ども・子育て拠出金率（令和3年4月1日～　適用）　…0.36%
　　［参考］令和2年4月分～令和3年3月分までの期間は0.36%
　　※子ども・子育て拠出金については事業主が全額負担することとなります。

● 平成29年9月分（10月納付分）から、一般の被保険者と坑内員・船員の被保険者の方の厚生年金保険料率が同率となりました。
● 被保険者負担分（厚生年金保険料額表の折半額）に円未満の端数がある場合
　①事業主が、給与から被保険者負担分を控除する場合、被保険者負担分の端数が50銭以下の場合は切り捨て、50銭を超える場合は切り上げて1円となります。
　②被保険者が、被保険者負担分を事業主へ現金で支払う場合、被保険者負担分の端数が50銭未満の場合は切り捨て、50銭以上の場合は切り上げて1円となります。
　（注）①、②にかかわらず、事業主と被保険者の間で特約がある場合には、特約に基づき端数処理をすることができます。
● 納入告知書の保険料額について
　納入告知書の保険料額は、被保険者個々の保険料額を合算した金額となります。ただし、その合算した金額に円未満の端数がある場合は、その端数を切り捨てた額となります。
● 賞与に係る保険料について
　賞与に係る保険料は、賞与額から1,000円未満の端数を切り捨てた額（標準賞与額）に、保険料率を乗じた額になります。また、標準賞与額には上限が定められており、厚生年金保険と子ども・子育て拠出金は1ヶ月あたり150万円が上限となります。
● 子ども・子育て拠出金について
　厚生年金保険の被保険者を使用する事業主の方は、児童手当等の支給に要する費用の一部として子ども・子育て拠出金を全額負担いただくことになります。この子ども・子育て拠出金の額は、被保険者個々の厚生年金保険の標準報酬月額及び標準賞与額に拠出金率を乗じて得た額の総額となります。
● 全国健康保険協会管掌健康保険の都道府県別の保険料率については、全国健康保険協会の各都道府県支部にお問い合わせください。また、全国健康保険協会管掌健康保険の保険料率及び保険料額表は、全国健康保険協会から示されております。
● 健康保険組合における保険料額等については、加入する健康保険組合へお問い合わせください。

出典：日本年金機構HP

●令和5年度の協会けんぽの保険料率は3月分(4月納付分)から改定されます
令和5年度都道府県単位保険料率

北 海 道	10.29%	滋 賀 県	9.73%
青 森 県	9.79%	京 都 府	10.09%
岩 手 県	9.77%	大 阪 府	10.29%
宮 城 県	10.05%	兵 庫 県	10.17%
秋 田 県	9.86%	奈 良 県	10.14%
山 形 県	9.98%	和 歌 山 県	9.94%
福 島 県	9.53%	鳥 取 県	9.82%
茨 城 県	9.73%	島 根 県	10.26%
栃 木 県	9.96%	岡 山 県	10.07%
群 馬 県	9.76%	広 島 県	9.92%
埼 玉 県	9.82%	山 口 県	9.96%
千 葉 県	9.87%	徳 島 県	10.25%
東 京 都	10.00%	香 川 県	10.23%
神 奈 川 県	10.02%	愛 媛 県	10.01%
新 潟 県	9.33%	高 知 県	10.10%
富 山 県	9.57%	福 岡 県	10.36%
石 川 県	9.66%	佐 賀 県	10.51%
福 井 県	9.91%	長 崎 県	10.21%
山 梨 県	9.67%	熊 本 県	10.32%
長 野 県	9.49%	大 分 県	10.20%
岐 阜 県	9.80%	宮 崎 県	9.76%
静 岡 県	9.75%	鹿 児 島 県	10.26%
愛 知 県	10.01%	沖 縄 県	9.89%
三 重 県	9.81%		

※40歳から64歳までの方(介護保険第2号被保険者)は、これに全国一律の介護保険料率(1.82%)が加わります。

●社会保障協定の締結状況（厚生労働省） （令和4（2022）年6月1日現在）

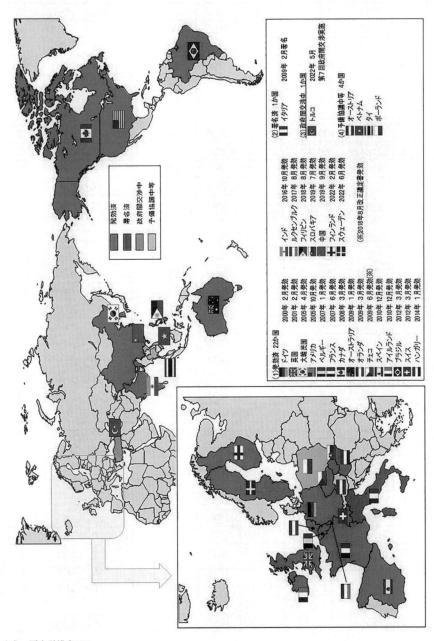

出典：厚生労働省 HP

●年齢早見表　＊令和５年（2023年）における誕生日以降の年齢

和暦	西暦	年齢	和暦	西暦	年齢	和暦	西暦	年齢
大正 5	1916	107	昭和 27	1952	71	昭和 63	1988	35
6	1917	106	28	1953	70	昭和 64／平成 1	1989	34
7	1918	105	29	1954	69	2	1990	33
8	1919	104	30	1955	68	3	1991	32
9	1920	103	31	1956	67	4	1992	31
10	1921	102	32	1957	66	5	1993	30
11	1922	101	33	1958	65	6	1994	29
12	1923	100	34	1959	64	7	1995	28
13	1924	99	35	1960	63	8	1996	27
14	1925	98	36	1961	62	9	1997	26
大正 15／昭和 1	1926	97	37	1962	61	10	1998	25
2	1927	96	38	1963	60	11	1999	24
3	1928	95	39	1964	59	12	2000	23
4	1929	94	40	1965	58	13	2001	22
5	1930	93	41	1966	57	14	2002	21
6	1931	92	42	1967	56	15	2003	20
7	1932	91	43	1968	55	16	2004	19
8	1933	90	44	1969	54	17	2005	18
9	1934	89	45	1970	53	18	2006	17
10	1935	88	46	1971	52	19	2007	16
11	1936	87	47	1972	51	20	2008	15
12	1937	86	48	1973	50	21	2009	14
13	1938	85	49	1974	49	22	2010	13
14	1939	84	50	1975	48	23	2011	12
15	1940	83	51	1976	47	24	2012	11
16	1941	82	52	1977	46	25	2013	10
17	1942	81	53	1978	45	26	2014	9
18	1943	80	54	1979	44	27	2015	8
19	1944	79	55	1980	43	28	2016	7
20	1945	78	56	1981	42	29	2017	6
21	1946	77	57	1982	41	30	2018	5
22	1947	76	58	1983	40	平成 31／令和 1	2019	4
23	1948	75	59	1984	39	2	2020	3
24	1949	74	60	1985	38	3	2021	2
25	1950	73	61	1986	37	4	2022	1
26	1951	72	62	1987	36	5	2023	0

【著者紹介】

　社会保険労務士事務所シエーナ

　「組織と従業員1人1人の成長を、人事労務と人材育成の両面からサポートをする」をミッションとし、「従業員が安心して能力を発揮できる組織作りの専門家」「企業の人に関する伴走者」として、労務顧問、就業規則、人事評価制度、社員研修、管理職向けビジネスコーチング等の人材に関するサポートを幅広く行っている。

　　社会保険労務士事務所 シエーナ　http://sce-na.net
　　　　株式会社シエーナ HP　http://sce-na.com

【監修者紹介】

　吉川直子(よしかわなおこ)

　株式会社シエーナ代表取締役　社会保険労務士事務所シエーナ　代表

　社会保険労務士 /（一財）生涯学習開発財団認定コーチ

　現在、社会保険労務士、ビジネスコーチ、人事コンサルタントとしての活動のほか、コミュニケーションやハラスメント、労務管理に関する企業研修講師や講演会講師を勤める。商工会議所等講演・企業研修実績多数。著書に「人ひとり雇うときに読む本(中経出版)」「中小会社の人事・労務・人材活用図解マニュアル(大泉書店)」等がある。

　本書の内容に関するご質問は、税務研究会ホームページのお問い合わせフォーム（https://www.zeiken.co.jp/contact/request/）よりお願いいたします。なお、個別のご相談は受け付けておりません。

　本書刊行後に追加・修正事項がある場合は、随時、当社のホームページ（https://www.zeiken.co.jp/）にてお知らせいたします。

改訂版

社会保険・労働保険手続きインデックス

平成30年12月10日	初版第1刷発行	（著者承認検印省略）
令和5年3月27日	改訂版第1刷発行	
令和6年2月20日	改訂版第2刷発行	

©監修者　吉 川 直 子
著　者　社会保険労務士事務所
　　　　シエーナ

発行所　税 務 研 究 会 出 版 局
週 刊 ［税務通信／経営財務］ 発行所
代表者 山　根　　　毅
郵便番号100-0005
東京都千代田区丸の内1-8-2　鉄鋼ビルディング
https://www.zeiken.co.jp/

乱丁・落丁の場合は、お取替えします。　　　　印刷・製本 奥村印刷㈱

ISBN978-4-7931-2679-6

人事労務・その他 ──

《2024年1月1日現在》

日本^{から}→海外 海外^{から}→日本 いずれにも対応
海外出張・海外赴任の税務と社会保険の実務ポイント

藤井 恵 著／A5判／432頁

定価 **2,970** 円

海外出張・海外赴任やリモートによる業務に対応するための、法人税や所得税などの税務や労務管理の実務上のポイントをQ&Aで解説。また、日本に外国人を呼ぶケースが中小企業でも増えていることから、本書では、「出る」「入る」両方のケースを1冊でわかるようまとめています。
2024年1月刊行

令和6年1月施行対応版
デジタル化の基盤 電帳法を押さえる

松崎 啓介 著／A5判／288頁

定価 **2,420** 円

電子帳簿等保存制度全般について、最新の情報に基づいて詳細に解説。また、実務で注意すべき項目をQ&A形式で説明し、今後必要となる実務対応、税務行政がデジタル化によってどう変わろうとしているのか、これからのメイン証憑となる電子インボイスと電帳法との関係などについても取り上げています。
2023年11月刊行

〔令和5・6年版〕
事業承継インデックス

税理士法人山田＆パートナーズ・弁護士法人Y&P法律事務所 編
A5判／258頁

定価 **1,870** 円

事業承継に関する確認項目のチェックに便利！親族内の自社株承継や人的事業承継、第三者に対するM&AやIPOまで含めた広い意味での「事業承継」に関わる税務、法務その他の周辺知識をコンパクトな表組にして見やすくまとめています。
2023年10月刊行

〔改訂版〕
社会保険・労働保険手続きインデックス

吉川 直子 監修・社会保険労務士事務所シエーナ 著
A5判／336頁

定価 **2,640** 円

従業員を雇ったとき、ケガをしたとき、出産したとき、退職したときなど、社会保険・労働保険の手続きが必要になる場面ごとにそのポイントと必要な手続き、書式についてすぐにわかるように構成。コンパクトにまとめつつ、実務で役立つよう最新の書式の詳細な記載例を多数収録。
2023年3月刊行

税務研究会出版局 https://www.zeiken.co.jp/

※ 定価は10%の消費税込みの表示となっております。

法人税関係 ───

《2024年1月1日現在》

〔第2版〕ここだけ見ておけば大丈夫！
瞬殺！法人税申告書の見方

中尾 篤史 著／B5判／188頁

定価 **2,420** 円

あまり法人税の知識がない方でも、法人税申告書の必ず見なければならないチェック項目はどこで、そこからどのようなことが読み取れるのかを簡単に理解できるよう、わかりやすく解説。今回の改訂では、令和5年9月現在の最新の様式に対応し、前版発行以降の改正を織り込んでいます。

2023年11月刊行

〔令和5年度版〕中小企業向け特例税制・
適用検討のポイントと手続き

伊原 健人 著／A5判／384頁

定価 **2,750** 円

「中小企業経営強化税制」「中小企業投資促進税制」「少額減価償却資産の特例」などの中小企業向け特例税制の主要な制度に重点を置いて、制度ごとに概要・対象者・対象設備等・適用期間・適用手続き等を解説。令和5年度税制改正の内容を織り込んで改訂。

2023年9月刊行

〔十一訂版〕
法人税基本通達逐条解説

松尾 公二 編著／A5判／2076頁

定価 **9,240** 円

法人税基本通達の全項目について、通達原文、改正の経緯、関連法令の概説、旧通達との関連、条文制定の趣旨、狙いを含めた実務解説、適用時期の形で構成し、詳説。本版は、令和4年6月24日付課法2－14改正通達までを収録した最新の内容となっています。

2023年7月刊行

〔令和5年度版〕法人税申告書
別表四、五（一）のケース・スタディ

成松 洋一 著／B5判／642頁

定価 **3,630** 円

法人税申告書別表四、別表五（一）で申告調整が必要となるケースを具体例に即して説明し、当期と翌期の税務上・決算上の経理処理を示した上で、その記載方法をわかりやすく解説。令和5年度版ではインボイスや保険に関する申告調整事例などを多数追加、305事例で詳しく説明しています。

2023年6月刊行

税務研究会出版局 https://www.zeiken.co.jp/

※ 定価は10%の消費税込みの表示となっております。